法｜学｜研｜究｜文｜丛
—— 刑 法 学 ——

网络传播有害信息的
刑法规制

黄 波◎著

知识产权出版社
全国百佳图书出版单位
—北京—

图书在版编目（CIP）数据

网络传播有害信息的刑法规制／黄波著．—北京：知识产权出版社，2022.1
（2022.10 重印）
　　ISBN 978－7－5130－7773－6

Ⅰ.①网⋯ Ⅱ.①黄⋯ Ⅲ.①互联网络—计算机犯罪—刑法—研究—中国
Ⅳ.①D924.04

中国版本图书馆 CIP 数据核字（2021）第 203889 号

责任编辑：王瑞璞　　　　　　　　　　责任校对：王　岩
封面设计：智兴设计室　　　　　　　　责任印制：孙婷婷

网络传播有害信息的刑法规制
黄　波　著

出版发行：知识产权出版社 有限责任公司	网　　址：http：//www.ipph.cn
社　　址：北京市海淀区气象路 50 号院	邮　　编：100081
责编电话：010－82000860 转 8116	责编邮箱：wangruipu@ cnipr.com
发行电话：010－82000860 转 8101/8102	发行传真：010－82000893/82005070/82000270
印　　刷：北京建宏印刷有限公司	经　　销：新华书店、各大网上书店及相关专业书店
开　　本：880mm×1230mm　1/32	印　　张：9.375
版　　次：2022 年 1 月第 1 版	印　　次：2022 年 10 月第 2 次印刷
字　　数：225 千字	定　　价：58.00 元

ISBN 978－7－5130－7773－6

序

　　网络是信息的集散地，亿万民众参与网络信息的生产、传播，信息的巨量产出和高速流动极大地推动了人类社会的发展。网络也是信息的放大器，一段文字、一张图片、一条短视频便可轻易引发巨大的舆论浪潮。网络中各种信息内容混杂、品质良莠不齐，尤其是暴力恐怖、淫秽色情、煽动犯罪、侮辱诽谤、虚假等有害信息肆意传播将对国家安全、社会秩序和个人利益造成严重损害。党的十九大报告提出要"加强互联网内容建设，建立网络综合治理体系，营造清朗的网络空间"。遏制有害信息传播、营造风清气正的网络生态环境是网络空间治理的重要组成部分，也是当今时代刑事法治重大而紧迫的任务。随着科技的不断发展，网络正全面融入人类社会的各个领域，并且已然从人类生产、生活的工具演化为人类活动的新空间。面对传统空间向网络空间的时空转换、知识转型，基于传统背景设计的刑法规制有害信息传播的路径遭遇巨大冲击和挑战，亟须立法上的持续跟进和教义学上的深入阐释。

　　我的博士生黄波在博士学位论文基础上形成的专著《网络传播有害信息的刑法规制》契合营造风清气正的网络生态环境，构建清朗网络空间的社会关切。本书着眼于四个追问，即"网络之于有害信息的意义是什么""网络之于传播有害信息犯罪的意义是什么""网络之于刑法规制传播有害信息的意义是什么""刑法应如何应对网络传播有害信息的新情势"四个基本问题，系统阐述了网络有害信息的概念和类型、网络传播有害信息犯罪构成要件要素、网络传播有害信息刑法规制的边界、网络传播有害信息刑法规制的理念变动等基础理论，并对网络服务提供者和特定网络用户传播有害信息与监管有害信息刑事责任认定的具体实践展开了分析。本书首次详细解构和界定了"网络有害信息"的基本内涵，从犯罪本质和刑罚正当性两个方面对刑法规制网络传播有害信息边界作出了限制，从刑法谦抑性和预防性刑法观的扩张两个角度对刑法规制网络传播有害信息理念作出了解读，从类型化的视角对网络服务提供者的信息网络安全管理义务作出了厘定，以微信群主、微博"大V"、网络直播主播三类主体为线索对特定网络用户传播有害信息的不作为责任作出了思考，有自己的独到见解和一定的创新。这些研究可以为遏制网络有害信息传播的刑事法治理论研究和司法实践提供参考；可以为进一步加强网络内容建设、提升网络空间治理能力和治理水平、促进网络空间健康有序发展提供指引。

　　黄波博士曾经有六年检察官的经历，有一定的司法实践经验，他辞职求学读博之后，既要夯实刑法理论基础，又要攀登新的研究领域，比起其他同学，更显时间紧迫，更需要勤奋用功。他具有很强的洞察和思考能力，从报刊媒体上敏锐地捕捉到"网络有害信息"这一词汇，意识到"网络""有害""信息"三个要素亟须得到准确的界定，而其中包含的"道德评判""法律评价"的标准是区分罪与非罪的关键点，同时也有必要对"网络有害数据、网络垃圾信息、网络违法信息、网络不良信息"的概念进行辨析。在产生了问题意识之后，以此为研究基点，逐渐扩展为一篇近20万字的博士论文。毕业之后，精雕细琢，成为一本即将出版的专著，这个研究过程是非常值得肯定、借鉴和期待的。我对于黄波的勤奋努力表示赞扬，对其取得的研究成果表示祝贺。

科学技术的发展日新月异，网络对人类社会的改变将愈发深刻，问题会越来越多，需要人们对网络的认识日益深入。就网络有害信息的刑法治理研究而言，仍然有较大的拓展空间，希望黄波博士对这一问题持续关注、不断思考和探索。

李兰英

2021 年 10 月

前　言

　　"忽如一夜春风来，千树万树梨花开"。网络的发展奇妙而神速，在人们不经意间便缔造了一个全新的社会形态——网络社会。人们工作在网络、学习在网络、社交在网络，传统社会的内容绝大多数都能够在网络社会中实现。网络社会最显著的特征是信息的巨量产出、高速流动、大范围传播。网络改变了传统的信息传播模式，人们获取信息不再需要依靠报童"不等天明去派报，一面走、一面叫"，只需轻点鼠标或触控屏幕便能获知天下事。然而，"欲思其利，必虑其害，欲思其成，必虑其败"，网络在为人们获取、传播信息带来巨大便利的同时，也潜藏着巨大的危机，网络有害信息的泛滥便是其中典型的代表。网络有害信息是指网络社会中存在的，内容违反法律规范或者违背社会道德准则，在公众中的传播会对社会造成危害的间接客观存在，包括淫秽色情信息、暴力恐怖信息、虚假信息、侮辱诽谤信息、制售违禁品信息、煽动犯罪信息、宣扬邪教迷信信息等诸多类型。网络有害信息相较于传统有害信息的传播情势发生了深刻变化，主要表现为：网络激活了传统有害信息，使得有害信息呈泛滥之势；网络催生了传播有害信息的新形式；网络显著放大了传播有害信息的社会危害。然而，我国刑事立法和司法却严重滞后于这一情势的变化，对网络传播有害信息中出现的新情况、新问题往往头疼医头、脚疼医脚，手足无措。鉴于此，本书通过研究"网络之于有害信息的意义是什么""网络之于传播有害信息犯罪的意义是什么""网络之于刑法规制传播有害信息的意义是什么""刑法应如何应对网络传播有害信息的新情势"等在网络传播有害信息刑法规制上具有相似性、一般性、共通性的问题，以期实现对网络传播有害信息犯罪的科学、有效治理，从而维护良好的网络生态环境，保障国家安全、社会秩序和公民的合法权益。

目前，我国对于网络传播有害信息刑法规制的研究以有害信息的内容为重心进行分类探讨，诸如网络虚假信息、网络谣言、网络淫秽色情信息的刑法规制等，总体上缺乏对网络传播有害信息刑法规制共性问题的关注。本书将网络传播有害信息的刑法规制作为一个专题，从以下几个方面展开研究。

第一章，网络有害信息的界定。首先，对目前学界有关网络有害信息概念的观点进行了梳理和评析，并且从"网络""有害""信息"三个基本要素入手，对网络有害信息的概念进行了解构，以确定研究的对象。在厘定网络有害信息概念的基础上，分析了网络有害信息的类型。其次，对网络有害数据、网络垃圾信息、网络违法信息、网络不良信息等与网络有害信息相似的概念进行了辨析。最后，从传播者、信息内容、媒介、受众、传播环境、传播目的、传播效果等方面将网络有害信息与传统有害信息进行全方位的比较，以此凸显研究的意义。

第二章，刑法视域下的网络传播有害信息。网络传播有害信息的刑法规制本质上是一个话语体系转换的过程，即将日常生活语境中的网络传播有害信息转换为刑法语境中的网络传播有害信息。主要包括"网络""有害信息"的犯罪构成要素归属、刑法中的传播行为及其网络异化、刑法中"有害"的判断等问题。

第三章，网络传播有害信息刑法规制的边界。从犯罪与刑罚的关系分析，刑法规制边界由犯罪的本质和刑罚的正当性共同决定。犯罪的本质在于法益侵害，网络传播有害信息既侵害传统法益，又侵害网络生态环境法益，刑罚处罚网络传播有害信息的正当性所要考察的行为客观危害、行为人主观恶性、犯罪人或潜在犯罪人的再犯可能等也融入了网络因素。由此引发了刑法规制网络传播有害信息边界相较于传统有害信息的变动。

第四章，网络传播有害信息刑法规制中的理念变动。一方面，谦抑性是刑法的基本理念，但是刑法在规制网络传播有害信息方面呈现出了明显的犯罪化倾向，刑法的谦抑性须适应时代潮流，由"限制的处罚"向"必要的处罚"转向。另一方面，风险社会中刑法呈现了明显的预防性倾向，网络传播有害信息刑法规制表现出的预备行为实行化、共犯行为正犯化、前置处罚持有行为、刑法上合作义务的设置和增加具有正当性。

第五章，网络服务提供者的刑事责任。一方面，网络服务提供者提供的服务内容不同会影响刑事责任认定；另一方面，网络服务提供者是信息技术的核心掌握者和信息流动的实际控制者，刑法赋予其管控信息的合作义务具有必要性和可行性，但应厘清网络服务提供者的信息网络安全管理义务内容。

第六章，特定网络用户的作为义务。网络用户通常只对自己直接或者参与传播有害信息的行为负责，但某些特定的网络用户因网络平台规则、身份等因素具备了管控其他用户传播信息的能力，典型的如微信群主、微博"大V"、网络直播主播。有必要从纯正不作为犯和不纯正不作为犯两条路径探讨特定网络用户管控其他用户传播信息的正当性问题。

目录

CONTENTS

导　论

一、研究背景

　　"忽如一夜春风来，千树万树梨花开。"网络的发展奇妙而神速，在人们不经意间便缔造一个全新的社会形态——网络社会。人们工作在网络、学习在网络、社交在网络，传统社会的内容绝大多数都能够在网络社会中实现。网络社会最显著的特征是信息的巨量产出、高速流动、大范围传播。网络改变了传统的信息传播模式，人们获取信息不再需要依靠报童"不等天明去派报，一面走、一面叫"，只需轻点鼠标或触控屏幕便能获知天下事。然而，"欲思其利，必虑其害，欲思其成，必虑其败"，网络在为人们获取、传播信息带来巨大便利的同时，也潜藏着巨大的危机，淫秽色情、暴力恐怖、煽动犯罪、侮辱、诽谤、谣言等有害信息的泛滥便是其中典型的代表。以淫秽色情信息和恐怖主义信息为例，截至 2021 年 5 月 5 日，在中国裁判文书网上以"传播淫秽物品罪"为案由，检索到一审刑事案件共 2660 件，其中涉及网络的案件有 1580 件，占比为 59.4%；以"宣扬恐怖主义、极端主义、煽动实施恐怖活动罪"为案由，检索到一审刑事案件共 208 件，其中涉及网络的案件有 86 件，占比为 41.3%。

网络引发有害信息传播形势的深刻变化，传播有害信息犯罪向网络的迁移，不是传统犯罪在网络社会的简单"复制、粘贴"。网络有害信息与传统有害信息最直观的区别是网络因素的介入，字面上看似简单的改变，引发的却是有害信息呈现情势的颠覆性变化和刑法规制上的结构性变动。可能很多人会质疑，网络传播有害信息只是有害信息传播诸多形式中的一种，网络的作用在于扩大有害信息的传播范围、加快有害信息的传播速度，导致网络传播有害信息较传统传播有害信息发生"量变"，其在本质上仍与传统传播无异。所以刑法现有规制传播有害信息的规定完全可以应对和解决网络传播有害信息出现的新情况、新问题。

然而，网络传播有害信息刑法规制的现实状况与上述质疑的观点大相径庭。面对网络传播有害信息，刑法出现一系列有别于传统的变动。第一，明显的犯罪化趋势。2015 年《刑法修正案（九）》新增了 8 个与网络传播有害信息密切相关的罪名。❶ 第二，明显的积极预防倾向。刑法规制网络传播有害信息呈现明显的前置化现象，例如，《刑法修正案（九）》将处于恐怖主义犯罪、极端主义犯罪预备阶段的制作、散发宣扬恐怖主义、极端主义有害信息的行为，以及讲授、发布宣扬恐怖主义有害信息的行为独立设置为"宣扬恐怖主义、极端主义罪"等，此为预备行为实行化的现象；《刑法修正案（九）》将为犯罪提供互联网接入、服务器托

---

❶ 这 8 个罪名是宣扬恐怖主义、极端主义、煽动实施恐怖活动罪，利用极端主义破坏法律实施罪，强制穿戴宣扬恐怖主义、极端主义服饰、标志罪，非法持有宣扬恐怖主义、极端主义物品罪，拒不履行信息网络安全管理义务罪，非法利用信息网络罪，帮助信息网络犯罪活动罪，编造、故意传播虚假信息罪。

管、广告推广等网络犯罪的帮助行为单独设立了"帮助信息网络犯罪活动罪"，此为共犯行为正犯化现象；《刑法修正案（九）》将非法持有宣扬恐怖主义、极端主义物品的行为规定为犯罪，此为前置化处罚持有行为现象；《刑法修正案（九）》将网络服务提供者拒不履行信息网络安全管理义务的行为规定为犯罪，此为刑法上合作义务增加的现象等。第三，明显的司法扩张动向。相关司法解释将网络空间解释为公共空间，将网络秩序解释为公共秩序，从而适用"寻衅滋事罪"这一口袋罪处罚网络侮辱、造谣的行为；❶相关司法解释增加了"被转发次数""实际点击次数""浏览次数""视频文件数""音频文件数""注册会员人数"等网络相关情节作为传播有害信息犯罪的入罪或量刑标准。基于刑法的上述变动，可以断言，网络引发刑法规制传播有害信息的结构性变化。

　　除了刑事立法和司法解释的变动，在司法实务中也出现的一些新情况、新问题、新现象对刑法规制网络传播有害信息造成了冲击。以一个现象级事件"黄鳝门"案件为例，2017 年 3 月，直播平台上一名女主播把黄鳝塞入自己下体的淫秽色情视频在网络中热传，并被炒作为网络热点，引起网民广泛而强烈的关注，由此造成极其恶劣的社会影响。经查，该女主播在"老虎"直播平台上从事淫秽色情直播，同时也将直播平台上结识的用户邀请加入自己组建的 QQ 群进行淫秽色情直播，"黄鳝门"淫秽色情视频就是其在 QQ 群直播被录屏流传到网上的。在这起案件的侦办中，

---

❶ 参见 2013 年 9 月《最高人民法院、最高人民检察院关于办理利用信息网络实施诽谤等刑事案件适用法律若干问题的解释》第 5 条第 2 款规定，编造虚假信息，或者明知是编造的虚假信息，在信息网络上散布，或者组织、指使人员在信息网络上散布，起哄闹事，造成公共秩序严重混乱的，依照《刑法》第 293 条第 1 款第 4 项的规定，以寻衅滋事罪定罪处罚。

腾讯等公司对该淫秽色情视频进行技术封堵，并向警方提供线索。2019 年 1 月，法院判决该女主播构成"传播淫秽物品牟利罪"，判处有期徒刑 1 年 9 个月。❶ 这起案件的案情并不复杂，但是在处置上却遇到一些困惑和值得讨论的问题。首先，关于淫秽色情信息的性质。淫秽色情直播作为一个信息场域，该场域中的信息没有有形载体，能否被认定为"传播淫秽物品牟利罪"中的"物品"？淫秽色情直播中的有害信息在"传播淫秽物品牟利罪"犯罪构成中的地位是什么？其次，关于为淫秽色情直播提供服务的网络服务提供者的责任。"黄鳝门"事件的女主播利用腾讯公司提供的服务进行淫秽色情直播，腾讯公司是否应该承担责任，如何承担责任？腾讯公司与"老虎"直播等淫秽色情直播平台的责任是否存在差异？腾讯公司对"黄鳝门"视频采取的技术封堵措施，以及为警方调查提供线索和协助是腾讯公司的自觉行为还是其应当履行的义务？最后，关于"黄鳝门"事件造成的危害。传统观点认为，传播淫秽物品犯罪侵害的法益是善良风俗或正常的性行为观念，但是在传统社会，比"黄鳝门"视频更不雅、不堪的视频有之，它们对善良风俗或正常性行为观念的危害更甚，为何没有掀起更大的波澜？事实上，传播"黄鳝门"视频对善良风俗或正常的性行为观念造成的危害与传播其他内容的淫秽色情视频没有显著差异，"黄鳝门"视频让人不能容忍的更是其在网络中的广泛传播和引起的大量关注，导致网络信息品质的大幅下降。上述问题不单是"黄鳝门"案件所遇到的问题，而是网络传播有害信息案件普遍面临的问题。

---

❶ "黄鳝门"一审宣判 23 人获刑涉事主播被判 1 年 9 个月 [EB/OL]. (2019 - 03 - 10) [2021 - 04 - 25]. http：//bendi. news. 163. com/guangdong/19/0119/13/E5SU05VP04178D6J. html.

二、研究意义

本书研究的意义体现在两个层面。第一个层面是本书之于网络传播有害信息刑法规制的意义。近年来，面对网络有害信息泛滥的严峻形势，最高人民法院、最高人民检察院连续出台多部司法解释指导实践，全国人大常委会《刑法修正案（九）》又增设了"非法利用信息网络罪"等多个与网络传播有害信息密切相关的罪名，旨在完善对网络传播有害信息的规制。但是，网络传播有害信息的现象非但没有偃旗息鼓，反而更加肆虐蔓延，刑事司法上也呈现出疲于应对甚至是手足无措的态势。究其原因，我国的刑事立法和司法多是对实践中遇到的问题采取"头痛医头，脚痛医脚"式的解释或修正，或是对实践中出现的新情况，在网络传播有害信息涉及的诸多罪名中采取病急乱投医式的盲目套用。这将会造成网络传播有害信息犯罪立法和司法"顾头不顾腚"、漏洞百出的局面，也必将破坏刑法规范的整体协调。本书通过研究网络传播有害信息犯罪中具有相似性、一般性、共通性的基础性问题，可以避免网络传播有害信息犯罪的立法和司法陷入上述尴尬的境地。

第二个层面是本书之于网络犯罪理论以及现象研究的意义。网络传播有害信息犯罪是网络犯罪的典型代表，"网络"特征显著。网络传播有害信息犯罪因网络空间被视为公共场所，网络秩序被视为公共秩序，网络进化为犯罪的空间和场所而具有"质变"的基础，对它的研究可以为网络犯罪的研究提供指引。

首先是价值层面的指引。网络传播有害信息犯罪是典型的言论型犯罪，涉及公民言论自由保障和社会秩序维护之间的冲突和平衡，即刑法规制关于自由价值和秩序价值之间的冲突和平衡。

自由价值与秩序价值这一自启蒙运动以来纠葛百年的"冤家"在网络社会中会呈现出怎样的对抗、妥协、融合、共生？刑法应该秉持怎样的立场？这些问题将在网络传播有害信息的刑法规制中被讨论，因为刑法规制网络传播有害信息的边界便是刑法上言论自由的边界。同时，这些问题也是刑法规制网络犯罪的基石，既关涉网络社会中刑事政策的制定，又关涉刑法解释的方向。

其次是规范层面的指引。网络犯罪已经引起刑法规范的震荡和变动。一方面，表现为刑法中传统罪名的网络化改造，主要通过刑事司法解释予以实现。例如，"寻衅滋事罪"中"公共场所"内涵的网络化、"侵犯著作权罪"中"以营利为目的"认定的网络化等，在刑法规范中较为普遍。另一方面，表现为刑法中新增的"非法利用信息网络罪"等网络犯罪相关罪名。不论是刑法中传统罪名的网络化，还是增加网络犯罪相关新罪名，其根本动因都是网络社会引发的刑法所保护法益的变动。这将直接影响刑法中具体犯罪的构造，甚至可能影响刑法文本章节体系的编排。学界对网络社会引起的刑法所保护法益的变动在理解和认识上存在较大争议，这也导致刑法的变动存在一定的盲目性。所以，在对网络传播有害信息刑法规制的研究中，厘清行为侵害的法益是研究的基础和核心，可以确保网络传播有害信息犯罪刑事立法和刑法解释的科学性和严谨性。与此同时，借助对网络传播有害信息犯罪侵害法益的研究，可以为其他网络犯罪侵害法益的确定提供一种方法论上的指引，进而为其他网络犯罪构造的变动提供依据。

最后是技术层面的指引。网络为信息的传播和呈现提供丰富多样的形式，也使某些犯罪行为裹挟更具欺骗性、迷惑性的外衣，或使某些犯罪行为交织着更为复杂的关系。以网络传播有害信息犯罪为例，网络中的点赞、评论、关注等行为是否属于传播行为？

这涉及如何将网络上特有的行为还原为生活中的行为，进而与刑法规定的行为进行匹配，不仅是网络传播有害信息一类犯罪所面临的问题，而且是整个网络犯罪所面临的共同问题。

三、研究现状

在刑法学领域，学者基于不同的视角对网络传播有害信息进行一些颇具价值的研究。通过梳理笔者发现，学界目前对于网络传播有害信息的研究主要包括以下几个视角。

第一，以网络犯罪为视角的研究。"双层社会"概念的提出开创了网络犯罪研究的崭新局面，"网络"之于犯罪的意义亦被重新审视。这个视角的研究重视"网络"作为犯罪对象、犯罪工具、犯罪空间的时代演变，关注传统犯罪的网络异化，以及由此导致的刑法的时代转型。网络传播有害信息犯罪是网络犯罪的典型代表，这一视角的研究都或多或少援用网络传播有害信息犯罪作为样本或论据。同时上述对于网络犯罪的基础性研究也为网络传播有害信息犯罪研究提供了理论支撑。❶

第二，以信息犯罪为视角的研究。在网络有害信息这一概念

---

❶　于志刚，郭旨龙．网络刑法的逻辑与经验［M］．北京：中国法制出版社，2015；于志刚．"双层社会"中传统刑法的适用空间：以"两高"《网络诽谤解释》的发布为背景［J］．法学，2013（10）：102–110；于志刚，郭旨龙．"双层社会"与"公共秩序严重混乱"的认定标准［J］．华东政法大学学报，2014（3）：134–133；于志刚．网络"空间化"的时代演变与刑法对策［J］．法学评论，2015（2）：113–121；刘宪权．网络犯罪的刑法应对新理念［J］．政治与法律，2016（9）：2–12；梁根林．传统犯罪网络化：归责障碍、刑法应对与教义限缩［J］．法学，2017（2）：3–13；阎二鹏．犯罪的网络异化现象评析及其刑法应对路径［J］．法治研究，2015（3）：48–54；张明楷．网络时代的刑事立法［J］．法律科学（西北政法大学学报），2017（3）：69–82；孙道萃．网络犯罪治理的基本理念与逻辑展开［J］．学术交流，2017（9）：128–135；孙道萃．网络刑法知识转型与立法回应［J］．现代法学，2017（1）：117–131．

中，网络是限定语，信息是中心语，故网络传播有害信息犯罪更趋向于信息犯罪。这一视角的研究以信息为中心，主要阐述信息的概念、类型以及信息犯罪的特征。有观点甚至认为信息本身是刑法所保护的一种法益，即信息法益。❶

第三，以网络传播有害信息具体类型为视角的研究。这一视角的研究主要是以有害信息的内容为标准，将有害信息分为淫秽色情信息、暴力恐怖信息、虚假信息等类型进行研究。我国《刑法》对网络传播有害信息的规制以有害信息内容的分类为起点，所以这一视角的研究是网络传播有害信息刑法规制研究的主阵地。❷

第四，以网络传播有害信息基本理论为视角的研究。这一视角的研究关注有害信息的界定和范围❸、网络有害信息犯罪的处罚根据❹、网络传播有害信息的规制与言论自由的平衡❺、网络有害

---

❶ 高德胜. 信息犯罪研究 [D]. 吉林：吉林大学，2008；黄琰. 信息刑法基本问题研究 [D]. 武汉：武汉大学，2012.

❷ 张明楷. 网络诽谤的争议问题探究 [J]. 中国法学，2015 (3)：60 – 79；于志刚. 全媒体时代与编造、传播虚假信息的制裁思路 [J]. 法学论坛，2014 (2)：92 – 100；赵秉志. 略谈惩治淫秽电子信息犯罪的司法解释 [J]. 法制资讯，2010 (2)：21 – 23；于志刚，郭旨龙. 网络恐怖活动犯罪与中国法律应对：基于100个随机案例的分析和思考 [J]. 河南大学学报 (社会科学版)，2015 (1)：11 – 20；皮勇. 全球化信息化背景下我国网络恐怖活动及其犯罪立法研究：兼评我国《刑法修正案 (九) (草案)》和《反恐怖主义法 (草案)》相关反恐条款 [J]. 政法论丛，2015 (1)：68 – 79.

❸ 尹建国. 我国网络有害信息的范围判定 [J]. 政治与法律，2015 (1)：102 – 113.

❹ 时延安. 以刑罚威吓诽谤、诋毁、谣言?：论刑罚权对网络有害信息传播的干预程度 [J]. 法学论坛，2012 (4)：13 – 19.

❺ 刘艳红. 网络时代言论自由的刑法边界 [J]. 中国社会科学，2016 (10)：134 – 152.

信息的法律治理体系❶。

此外，有学者将网络视为传媒的一种形式，分析传媒与犯罪的关系，把传媒及其所传播的有害信息当作引发犯罪社会原因中的一个构成因素，分析传媒与犯罪之间的逻辑关系，从有害信息的内容和发生作用的方式等维度，具体探讨传媒对犯罪的影响。❷也有学者将网络传播有害信息犯罪视为一个复杂的社会问题，单法律层面它就涉及民法上人格权、财产权的保护，行政法上政府管治权的行使，刑法上对犯罪的制裁等，提出应该采用多种方式进行综合治理。❸

目前，我国对于网络传播有害信息刑法规制的研究以有害信息的内容为重心进行分类探讨，呈现出分而治之的局面，总体上缺乏对共性问题的关注。从现有文献来看，在刑事法学领域直接以有害信息或不良信息等相近概念为篇名的文章数量较少，而以网络虚假信息、网络谣言、网络诽谤、网络淫秽信息为篇名的文章数量和内容都较为丰富。所以，在理论研究层面缺乏对不同类型网络传播有害信息犯罪共性问题的思考。事实上，不同类型的网络传播有害信息犯罪在概念、特征、法益侵害、客观行为、刑事责任认定、刑法规制边界、刑法规制理念等方面存在诸多共性，理论上对这些共性问题缺乏关注，必然导致实践的盲目与紊乱。

---

❶ 陈道英. 我国互联网非法有害信息的法律治理体系及其完善 [J]. 东南学术，2020（1）：222 - 228.
❷ 杜雄柏. 传媒与犯罪 [M]. 北京：中国检察出版社，2005；张东平. 传媒与犯罪的相关性解construction与重构 [J]. 兰州学刊，2015（2）：143 - 148.
❸ 张新宝，林钟千. 互联网有害信息的依法综合治理 [J]. 现代法学，2015（2）：53 - 66；张化冰. 互联网内容规制的比较研究 [D]. 北京：中国社会科学院研究生院，2011.

四、研究思路、主要解决的问题

"网络"是本书的关键词，是本书研究区别于传统传播有害信息研究的标签。那么本书对网络传播有害信息刑法规制的研究必然要面对和解决以下四个问题。

问题一：网络之于有害信息的意义是什么？

网络首先是技术层面的概念，是信息提供、传输、收集、处理、存储和交换的环境。然而，网络又不仅是技术层面的概念，还是科技改变生活、科技改造社会的典型代表。目前，我国网民规模已近 10 亿人，网络深刻地融入并且建构着人们的日常生活。人们日常生活的内容整体向网络迁移，网络已然成为生产、生活的新空间，成为交往的全新社会形态，网络社会由此诞生。网络之于有害信息也随着网络社会的形成具有新的意义，网络成为有害信息承载、沉淀的空间。

信息是网络社会的基本要素，信息的运动是网络社会存在和发展的基本形式。网络使得有害信息传播不再依托有形载体，传统社会中淫秽物品、邪教光盘等有害物品的表述已经不再适用于网络社会，信息以一种前所未有的"裸露"形态呈现在人们面前，促使人们不得不面对信息到底是什么这一基本的哲学命题。信息是事物运动的状态？是事物相互作用的外在显现？是事物被反映出来的属性？还是主体对事物的感知，抑或是一种间接客观存在？不同的回答将直接决定网络传播有害信息刑法规制的路径。笔者坚持认为，信息是一种间接客观存在的基本立场，信息具有本体论和认识论上独立的意义和价值。网络有害信息就是这么一种间接客观存在，一旦生成，便具有独立于所依托物质的运动、发展、变化轨迹，可以独立地进行储存、重组、复合、加工、改造和传播。由此，网络传播有害信息具有刑法规制的必要性和可行性。

网络也使得有害信息传播的各要素发生了显著的变化。网络有害信息相较传统有害信息在传播主体、信息内容、媒介、受众、传播环境、传播目的、传播效果等方面的改变打破了有害信息的线性传播模式，导致了有害信息传播模式的结构性变化。有害信息传播过程中各参与者的关系发生了重组、连接、互通，形成了一张巨大的传播网络。网络传播有害信息引起的社会危害亦如其传播模式的改变，不再是线性、单向、狭窄的，而是能够覆盖以时空为经纬的社会生态系统。网络传播有害信息呈现出与传统传播有害信息显著的差异，使得刑法对网络传播有害信息的规制也必将有别于传统，并且根植于传统社会的刑法必然面临着网络的强烈冲击。

问题二：网络之于传播有害信息犯罪的意义是什么？

在技术层面，网络的发展既不是一蹴而就，也不是一成不变的，是一个动态发展变化的过程。网络的发展经历了不同的阶段，网络对于人们生活的意义也经历了不同的阶段。同样，网络之于传播有害信息犯罪的意义也随着网络从人类生产、生活的工具到人类交往空间、场域所处的不同发展阶段经历了从犯罪对象到犯罪工具再到犯罪空间、场所的演变。网络具有人类社会的空间属性决定了网络可以承载人的利益，决定了人类社会自由、秩序、安全等价值要求当然地适用于网络空间。当下，网络空间与现实空间仍然呈现出相互独立的态势，那么网络空间所承载的人的利益便与现实空间所承载的人的利益存在差异。刑法规制网络传播有害信息必须面对网络空间与现实空间所承载的人的利益之间的差异，而这种差异可能带来刑法所保护法益的变动。

此外，网络空间中的有害信息凭借其间接客观存在的属性，依其自身的"使用价值"为犯罪行为服务，成为犯罪的工具。网络也使得传播有害信息犯罪行为的样态迥异于传统社会，评论、点赞、链接、关注、转发都可以被认定为刑法中的传播行为。网络社会的生成还催生网民这一特别的群体，那么网络有害信息中"有害"的刑法判断是受制于网民这一群体的意志还是仍然以全社会一般人的观点成为判断的基准。

问题三：网络之于刑法规制传播有害信息的意义是什么？

刑法规制网络传播有害信息表现出明显的犯罪化趋势、明显的积极预防倾向和明显的司法扩张动向，首先表明网络引起刑法规制有害信息边界的变动。刑法包括犯罪和刑罚两个基本范畴，确定刑法规制的边界应在这两个范畴中探求。对于犯罪和刑罚的关系，学界存在犯罪决定刑罚、刑罚决定犯罪、犯罪与刑罚相互独立、犯罪与刑罚相互融合四种不同观点，不同观点会将刑法规制边界的确定引向不同的路径。笔者认为，犯罪与刑罚既有内在规定性上的一致性，又有各自诉求上的差异性，刑法规制边界的确定应受犯罪与刑罚的双重制约。

在犯罪范畴，应致力于揭示犯罪的本质。关于犯罪的本质，学术界有损害说、普遍恐惧说、规范违反说、法益侵害说等不同主张。笔者提倡法益侵害说，认为犯罪的本质是行为对法益的侵害或者威胁。在犯罪本质视野下，网络引起的刑法规制传播有害信息边界的变动在于行为侵害法益的变动，这种变动源自刑法"体制内"法益的重新配置。学界对这一法益的变动存在网络公共秩序法益说、网络安全法益说、信息安全法益说、文化安全法益说等不同认识。笔者提出网络生态环境法益说的观点，认为网络传播有害信息刑法规制边界的变动是因为网络生态环境法益附着于传统犯罪之上所引起的。

在刑罚范畴，应致力于揭示刑罚的正当性根据。刑罚的正当性根据存在报应主义、功利主义，以及报应与功利相结合的合并主义立场。在合并主义立场之下，报应与功利的实现反映的是动用刑罚的效用，既要根据行为的客观危害、行为人的主观恶性让刑罚与报应挂钩，又要根据犯罪人或潜在犯罪人的再犯可能性让刑罚与功利联结。所以，刑罚的诉求最终反映在设置、调控动用刑罚处罚所要求的行为的客观危害程度、行为人主观恶性大小、法益的重要程度、犯罪人或潜在犯罪人的再犯可能性大小等因素之上。因此，刑罚的诉求落实在考察行为、结果、对象、场所、行为时间等反映行为客观危害的因素，罪过形式、动机、目的等反映行为人主观恶性的因素，身份、职业等反映犯罪人或潜在犯罪人再犯可能性或人身危险性的因素。在刑罚诉求视野下，确定网络传播有害信息刑法规制边界的学术主张、实践做法有以信息传播结果为标准的"明显而即刻的危险"原则、以信息内容为标准的"区分事实和意见"原则、以行为人的主观态度为标准的"实质恶意"原则、以内容 + 结果为标准的"煽动迫切违法行为"原则。事实上，很难用单一的标准设置刑罚处罚网络传播有害信息的限度，应综合考量信息内容、传播结果、行为人的主观心态等因素。此外，网络因素的介入也使得刑法规制有害信息传播的刑罚诉求发生诸多变动，这些都必须一并考虑。

在网络社会的生成中，刑法面对的是一个全新的人类交往空间，传统的刑法理念应随着刑法适用于网络社会所面临的情势作出相应的调整。基于与传统传播有害信息的比较，网络传播有害信息表现出的传播主体对有害信息的控制能力有所降低，不同内容的有害信息复合、杂糅现象更为普遍，有害信息的内容耗散缓慢，有害信息在移动端的传播形势严峻，有害信息的受众范围更广，有害信息更具误导性，有害信息传播效果具有瞬时扩散性和瞬时反馈性等特征，共同反映出网络传播有害信息所能产生的社会风险和实害远远大于传统传播有害信息。面对网络传播有害信息错综复杂的局面和有害信息日益泛滥的态势，刑法的应对理念应该作何调整？呈现怎样的变动趋势？在刑法规制网络传播有害信息方面，变动最明显的是刑法谦抑性理念的更新和预防刑法观的扩张。以"限定的处罚"为内核的刑法谦抑性理念是否契合刑法规制网络传播有害信息的形势、需如何更新，预防性刑法观的扩张在刑法规制网络传播有害信息上是否具有正当性等都是需要澄清的问题。

问题四：刑法应如何应对网络传播有害信息的新情势？

网络因素引发一些新情况、新问题，既给刑法规制传播有害信息带来巨大的冲击，也提供新的思路。类型化是研究网络传播有害信息刑法规制的重要方法，其中的难点在于如何在有益研究的基础上尽量使得类型化更加周延。以结果为特征，将有害信息分为侵害国家利益的有害信息，侵害社会利益的有害信息，侵害公民个人、企业或者其他组织利益的有害信息是以往被认为能够实现有害信息外延周延的分类方式。网络中，有害信息具有平台依附性，网络平台由信息技术所架构，围绕网络平台便产生传播有害信息犯罪的两类新主体——网络服务提供者和与之相对的网络服务使用者（网络用户）。网络传播有害信息几乎都可以归类于网络服务提供者传播有害信息和网络用户传播有害信息。这种分类不仅较为周延，而且能够凸显网络传播有害信息的行为特征，可以为刑法规制提供更有针对性的切入点。事实上，厘清网络服务提供者和网络用户各自承担的传播有害信息的刑事责任便能实现较为周延的刑法规制。

网络服务提供者是在网络中为信息流动提供服务或为公众提供信息服务的单位或个人。网络服务提供者的刑事责任认定包括两个方面：一是网络服务提供者自身参与有害信息传播的刑事责任认定。因为网络服务提供者包括网络接入、传输服务提供者，网络内容服务提供者，网络中介服务提供者等不同类型，它们提供的信息服务存在差异，决定它们参与传播有害信息的行为形态各异，也影响着它们对有害信息的明知程度不同，所以在刑事责任认定方面应以类型化为前提。二是网络服务提供者"代理式监管"的刑事责任认定，即拒不履行信息网络安全管理义务导致有害信息大量传播的刑事责任认定。我国《刑法》第 286 条之一规定了网络服务提供者具有信息网络安全管理义务，但是将信息网络安全管理义务的内容引向法律、法规的规定，导致理论上的争议和实务中的混乱，则需要厘清。

网络用户是网络服务提供者的相对方，是网络服务的使用者。网络用户自身参与传播有害信息的刑事责任认定不存在法理或规范上的障碍。但是基于刑法规制网络传播有害信息的策略或者说现实，出现特定网络用户"代理式监管"的规制需求和走向，即确立或赋予微信群主、微博"大 V"、网络直播主播等特定的网络用户与其信息传播和信息控制能力相匹配的监管其他用户传播有害信息的作为义务。若其不履行该作为义务，则追究不作为犯罪的刑事责任，以敦促特定网络用户参与有害信息的防治。故有必要在刑法解释的层面探究特定网络用户不纯正不作为犯罪的作为义务来源和在立法层面探究赋予特定网络用户纯正不作为犯罪作为义务的正当性和必要性。

网络传播有害信息的刑法规制是一个十分庞杂的研究课题，本书的研究不可能面面俱到。笔者也无意于面面俱到，无意于对网络传播有害信息刑法规制涉及的所有问题作全方位、教科书式的解读，因为这不能凸显"网络"的标签意义。本书围绕上述四个问题展开讨论，对网络传播有害信息与传统传播有害信息的差异导致刑法规制上出现的变动进行探究。

第一章

网络有害信息的界定

第一节 网络有害信息的概念和类型

一、概念解构

在我国法律层面中，最早出现网络有害信息这一表述的是 2000 年 12 月全国人大常委会《关于维护互联网安全的决定》。❶ 该决定采用不完全列举的方式引入网络有害信息的概念，但是没有对其内涵作出规定。之后涉及网络有害信息的规范性文件也基本上采用列举的方式，对网络有害信息的具体

---

❶ 2000 年 12 月 28 日全国人大常委会《关于维护互联网安全的决定》第 2 条规定，利用互联网造谣、诽谤或者发表、传播其他有害信息，煽动颠覆国家政权、推翻社会主义制度，或者煽动分裂国家、破坏国家统一，构成犯罪的，依照刑法有关规定追究刑事责任。第 7 条规定，从事互联网业务的单位要依法开展活动，发现互联网上出现违法犯罪行为和有害信息时，要采取措施，停止传输有害信息，并及时向有关机关报告。任何单位和个人在利用互联网时，都要遵纪守法，抵制各种违法犯罪行为和有害信息。

类型进行罗列。❶ 有学者直接指出我国现有的网络安全相关立法没有关于网络有害信息的准确界定。❷ 相较于立法，学术上对网络有害信息的概念进行了更为深入的探讨，从不同角度对网络有害信息进行了界定：有的界定立足于受众的角度，关注网络有害信息传播可能造成的社会危害；有的界定侧重于对网络有害信息的内容进行实质描述；有的界定包含了网络有害信息载体的特殊形式；有的界定侧重于网络有害信息的具体类型。

（一）网络有害信息界定之纷争

目前学术上对于网络有害信息的界定比较有代表性的观点有以下五种：

第一种观点认为，网络有害信息是指"给某一主体的合法、正当利益带来损害的信息，其形成损害的过程就是其传播过程"❸。第二种观点认为，网络有害信息是指"内容在伦理道德、价值观导向、真实性或合法性等方面存在严重错误，其传播结果可能对国家安全、社会秩序以及个人、法人或其他组织的合法权益构成

---

❶ 国务院制定的《电信条例》第 56 条规定的网络有害信息包括："（一）反对宪法所确定的基本原则的；（二）危害国家安全，泄露国家秘密，颠覆国家政权，破坏国家统一的；（三）损害国家荣誉和利益的；（四）煽动民族仇恨、民族歧视，破坏民族团结的；（五）破坏国家宗教政策，宣扬邪教和封建迷信的；（六）散布谣言，扰乱社会秩序，破坏社会稳定的；（七）散布淫秽、色情、赌博、暴力、凶杀、恐怖或者教唆犯罪的；（八）侮辱或者诽谤他人，侵害他人合法权益的；（九）含有法律、行政法规禁止的其他内容的。"《互联网上网服务营业场所管理条例》第 14 条、《互联网信息服务管理办法》第 15 条也有类似的规定。

❷ 张新宝，林钟千. 互联网有害信息的依法综合治理 [J]. 现代法学，2015（2）：53 - 66.

❸ 时延安. 以刑罚威吓诽谤、诋毁、谣言?：论刑罚权对网络有害信息传播的干预程度 [J]. 法学论坛，2012（4）：13 - 19.

潜在的威胁或造成破坏的信息"❶。第三种观点认为，网络有害信息是指"互联网上一切可能对现存法律秩序或其他公序良俗造成破坏或者威胁的数据、新闻和知识等事实"，并提出有害信息的范围会随着主流意识形态的变化而更迭。❷ 第四种观点认为，网络有害信息是指"由行为人故意放置于互联网上，具有危害国家安全、社会公共利益或者公民个人利益的，以图像、视频、声音、文字等形式表现的信息"❸。第五种观点认为，网络有害信息是指"存在、出现于计算机信息系统及其存储介质中，以图像、文字、声音等形式展现的，含有攻击人民民主专政、社会主义制度，攻击党和国家领导人，破坏民族团结等危害国家安全内容的信息，含有宣传封建迷信、淫秽色情、暴力行凶、教唆犯罪等危害社会治安秩序内容的信息"❹。

（二）网络有害信息界定之评析

由上述观点可以看到，有关网络有害信息的界定并未形成观点分明的学说，主要是关注的重点不同，其中共识是主要的，但也有分歧需要厘清。

第一种观点将网络有害信息中"有害"的判断落脚于信息对主体利益的损害，"有害"一词修饰的是信息传播的后果。笔者认为，任何犯罪行为都是侵害法益的行为，都会对主体的正当、合

---

❶ 张新宝，林钟千．互联网有害信息的依法综合治理［J］．现代法学，2015（2）：53-66．

❷ 左坚卫．互联网有害信息的界定和相关行为的处理刍议［J］．网络信息安全，2005（6）：35-36．

❸ 楼伯坤，王静．网络传播有害信息刑法规制初探［J］．广东行政学院学报，2014（6）：66-71．

❹ 韩红根．网络有害信息与青少年健康成长［J］．青少年保护，2003（4）：27-28．

法利益造成损害，该观点没有揭示有害信息的本质。该观点还提出网络有害信息造成主体正当、合法利益损害的过程是其传播过程。但是"传播"一词与盗窃、抢劫等包含对行为性质否定性评价的行为动词不同，本身是一个中性词，单独的"传播"一词并不蕴含规范评价的内容，该观点并未提及传播行为造成损害的来源。依该观点，淫秽色情、暴力恐怖等信息属于有害信息，同样未经授权擅自传播他人秘密或知识产权作品，也会给权利主体的正当、合法利益造成损害，这种损害也形成于信息的传播过程，也可以认定为有害信息。这样网络有害信息的范围就过于宽泛和模糊。

第二种观点揭示了网络有害信息中"有害"的来源是信息的内容，"有害"形成于信息的传播，"有害"的结果是造成国家、社会、个人权益的损害。该观点较为全面地阐释了有害信息的本质，将秘密信息、知识产权信息等内容不具有有害性的信息排除在有害信息范围之外。但是该观点的不足在于，评价"有害"与否时缺少一个参照的标准。信息内容"有害"与否是相对于信息作用的对象来说的，同一内容的信息作用于不同对象，对信息内容"有害"与否的结论可能不同。例如，淫秽色情图片对于盲人来说是没有意义的，无所谓有益和有害。所以，评价信息内容"有害"与否的前提是选择信息作用的对象。

第三种观点将网络有害信息中的"有害"理解为对法律秩序和公序良俗的破坏，其本质上与第一种观点一致，将"有害"落脚于信息传播的结果有害，与第一种观点存在的"有害"界定不明确的缺陷类似。此外，该观点对网络有害信息概念中非常重要的一个组成元素——"信息"进行解读，认为信息指的是数据、新闻和知识等事实。笔者认为，这一解读过于狭隘且不准确，信息并不限于事实，观点、意见等对事实的看法或艺术创作等以文字、图片、视频等形式呈现都属于信息。此外，信息与数据也不是种属或相同的概念，笔者将在下文中详细论述。

第四种观点与第一种观点和第三关观点存在的问题相似，但是第四种观点强调网络有害信息的呈现形式，即图像、视频、声音、文字等。笔者认为，网络有害信息的呈现形式不是网络有害信息概念的应有之义。因为图像、视频、声音、文字不是网络有害信息所特有的呈现形式，一方面，不能区分"传统"与"网络"，传统有害信息也是以图像、视频、声音、文字等形式呈现；另一方面，不能区分"有益"与"有害"，有益信息的呈现形式也无外乎以上几种。

第五种观点以列举的方式定义网络有害信息，存在外延难以周延的问题。概念存在的意义在于确定事物的内涵和外延，以列举的方式定义网络有害信息实际上是重视外延忽视内涵，是不完整的定义模式。事实上，概念的内涵不确定，外延也不可能周延，不可能对现实中出现的新情况、新现象的性质归属提供一般性的判断依据。

（三）笔者对网络有害信息的界定

上述对网络有害信息概念界定的观点都有疏漏，笔者认为，界定网络有害信息首先应该对"信息"——网络有害信息这一概念的中心语，以及"网络""有害"——网络有害信息这一概念的定语，这三个基本组成要素有准确的理解。

1. 何谓"信息"？

当今社会，信息无处不在，并已然成为和食物、水、空气一样的人类生产、生活甚至是生存不可或缺的存在。加拿大著名媒介理论家、思想家马歇尔·麦克卢汉在 1964 年发表的《理解媒介：论人的延伸》一书中就提出人类从前依靠采集食物生存，现在依靠采集信息生存。❶ 信息如此重要，但信息究竟是什么？国内有研究指出，各学科对信息所作严格意义上的界定不少于两百种。❷ 笔者认为，信息的意义广泛，涉及的学科众多，不应强求统一，而应各有侧重，但是各学科对信息的界定应该坚持两个层面：一是基本的哲学立场；二是根据研究范畴圈定的信息范围。

控制论的创始人诺伯特·维纳提出"信息就是信息，不是物质也不是能量"❸，一方面表明信息特殊的存在意义，另一方面也反映出人们仍然深陷在"信息是什么"的泥沼之中。在哲学范畴内，目前关于信息是什么的理论主要有五种，即"状态说""相互作用说""反映说""意义说"和"间接存在说"。❹ 笔者赞同"间接存在说"，认为"信息是标志间接存在的哲学范畴，是物质存在方式和状态的自身显示，信息只能在物质的相互作用中产生，但其自身具有本体存在论层面上存在的意义和价值，以及认识论层

---

❶ 格雷克. 信息简史 [M]. 高博，译. 北京：人民邮电出版社，2013：5.

❷ 高德胜. 信息犯罪研究 [D]. 吉林：吉林大学，2008.

❸ 维纳. 控制论 [M]. 郝季仁，译. 北京：科学出版社，1963：133.

❹ "状态说"主张信息是指以任何形式表现的事物运动的状态和方式，包括内部结构的状态和方式，以及外部联系的状态和方式。"相互作用说"主张信息是物质的普遍属性，表述它所属的物质系统，在同其他物质系统全面相互作用（或联系）的过程中，以质、能波动的形式所呈现的结构、状态和历史。"反映说"主张信息是被反映的事物属性，或反映出来的事物属性。"意义说"主张信息不能以任何方式归结为物质。它既不是物质内在既成的东西，也不是纯粹的自然现象，更不是可以离开主体而独立存在的纯客观现象和无处不在的普遍现象。哲学含义上的信息是一种非物质的存在，是主体对对象的感知、辨识和建构，也是生命控制系统尤其是神经系统的一种机能；信息是一种属人的认识现象，不存在所谓的"本体论信息"，而只存在认识论意义上的信息。"间接存在说"主张信息是标志间接存在的哲学范畴，是物质存在方式和状态的自身显示。详见：邬焜. 中国信息哲学核心理论的五种范式 [J]. 自然辩证法研究，2011（4）：48－53；黎鸣. 论信息 [J]. 中国社会科学，1984（4）：13－26；肖峰. 重勘信息的哲学含义 [J]. 中国社会科学，2010（4）：32－43.

面上与认识主体和认识客体相区别的独立性存在意义和价值"❶。
信息不是凭空产生的,它依托于直接存在的物质,但是信息自产
生之后便具有超越所依托物质的能力,具有独立于所依托物质的
运动、发展、变化轨迹,可以独立于所依托的物质而进行储存、
重组、复合、加工、改造和传播。"黄鳝门"案件中女主播进行淫
秽色情直播被他人录屏便说明,该淫秽色情信息虽然依托于女主
播而产生,但是自其产生之后便不再依赖于女主播而存在。

　　信息是物质存在方式和状态的自身显示,这决定了信息具有
普遍性。因为信息普遍地存在于世界之中,对其进行研究接近于
在探讨森罗万象的全部世界,❷ 所以除了在哲学范畴可以对信息作
一般性的研究、探讨,其他学科范畴都不可能做到对信息的完全
驾驭,而必须是根据学科的研究范畴圈定信息的范围。例如,遗
传学关注 DNA 分子中储存的生物信息,是对人类尚未认识和掌握
的自在信息的解读;物理学和信息理论学创造信息的计量单位比
特,可以实现了信息的度量;通信工程关注信息传输的效率,可
以防止信息在传输过程中的减损。在上述学科领域亦存在有害信
息。例如,DNA 分子中携带的癌变信息、信息传输中的干扰信息
等都属于各自学科领域中的有害信息。笔者在法学视域内探讨有
害信息。法学是研究调整社会关系的法律及其现象、规律的学科,
所关注的信息必然是人与人交往过程中有人的意志参与的,能够
为人们所认识、利用和改造的社会信息。本书中网络有害信息概
念中的"信息"指的便是社会信息,并且限定于信息所显示的具
有社会意义的内容,因为有害信息是通过特定的内容对信息接受

---

❶ 邬焜. 信息哲学: 理论、体系、方法 [M]. 北京: 商务印书馆, 2005: 42 – 46.
❷ 林紘一郎. 情報法の客体論:「情報法の基礎理論」への第一歩 [J]. 情報通信
　学会誌, 2011, 29 (3): 37 – 48.

者的认识产生影响的。

2. 何谓"网络"?

2016 年 11 月 7 日全国人大常委会通过的《网络安全法》第 67 条规定,网络是对信息进行收集、存储、传输、交换、处理的系统。互联网是网络的典型代表,自 1994 年 5 月中国正式接入国际互联网,这 20 多年来,中国互联网发展的成就举世瞩目。尤其是近些年,网络已经深刻地融入人们生产、生活的各个领域。截至 2020 年 12 月,中国网民规模达 9.89 亿,互联网普及率为 70.4%,其中手机网民规模达 9.86 亿,农村网民达 3.09 亿。❶ 此外,传统的电话网和广播电视网也呈现通过技术改造与互联网融合的趋势。有调查显示,多年前中国城市居民家中电视连接方式,有线数字电视的占比是 82.1%,交互式网络电视(IPTV)和小米等互联网电视盒子的占比达到了 13%。❷ 早在 2001 年《国家"十五"计划纲要》就提出要促进电信网、广播电视网、互联网"三网"融合。之后国家陆续出台了鼓励和支持"三网融合"的政策法规,随着技术的日渐成熟,目前"三网融合"已迈入实质推进阶段,我国的刑事司法亦认可三网融合的趋势。❸

从技术角度来说,网络是收集、存储、传输、交换、处理信

---

❶ 中国互联网络信息中心. 第 47 次中国互联网络发展状况统计报告 [EB/OL] [2021 - 05 - 05] . http://cnnic. cn/hlwfzyj/hlwxzbg/hlwtjbg/202102/P02021020 3334633480104. pdf.

❷ 喻国明,吴文汐,何其聪,等. 移动互联网时代:我国城市居民媒介接触与使用 [M]. 北京:人民日报出版社,2016:65 - 66.

❸ 2013 年 9 月 10 日施行的《最高人民法院、最高人民检察院关于办理利用信息网络实施诽谤等刑事案件适用法律若干问题的解释》第 10 条规定,该解释所称信息网络,包括以计算机、电视机、固定电话机、移动电话机等电子设备为终端的计算机互联网、广播电视网、固定通信网、移动通信网等信息网络,以及向公众开放的局域网络。

息的系统。在社会交往层面，也同样要承认网络的发展催生了全新的社会形态——网络社会。信息是网络社会的基本要素，信息的运动是网络社会存在和发展的基本形式。信息在网络社会中呈现巨量产出、高速传播的特点，使得人们对事物的认知以及人与人之间的交往摆脱了"读万卷书，行万里路"的烦琐与艰难。人们工作在网络、学习在网络、社交在网络、购物在网络、休闲在网络，现实社会的内容绝大部分都能在网络社会得以实现。随着技术的进步，以及人们交往方式的进化，网络社会与现实社会呈现深度融合的趋势，网络社会与现实社会的边界变得日益模糊。尤其是物联网技术通过互联网实现物物相连，现实社会中的任何物体都能通过互联网实现信息交换和通信，任何物体都可以成为网络的终端。典型的如共享单车，若没有网络上信息的实时交互，即使摆放在人们面前，它也不能被使用或者不能被正常使用；若共享单车本身出现硬件故障，网络传输的信息和指令得不到执行，共享单车仍然不能被使用。即使在骑行过程中，共享单车的机械运动与网络平台的实时定位也一直在协同工作。网络已然成为"生产生活的新空间""经济发展的新引擎""文化繁荣的新载体""社会治理的新平台""交流合作的新纽带""国家主权的新疆域"。❶

　　所以，本书中网络有害信息概念中的"网络"包含两个层面的意思：在技术层面指电信网、广播电视网、互联网"三网融合"的网络，以及其他向公众开放的局域网络；在人类交往层面指与现实社会日趋融合的网络社会。

---

❶ 参见 2016 年 12 月 27 日由中央网络安全和信息化领导小组批准、国家互联网信息办公室发布的《国家网络空间安全战略》。

3. 何谓"有害"？

"有害"意指有坏处的，与"有益"——有好处的——相对。"有害"是人对信息内容作出的否定性评价。信息作为一种间接存在，在没有人的意志参与下无所谓有益和有害。例如，一段性爱视频，对于公众而言，是有伤风化的，可能妨害青少年身心健康甚至是破坏社会秩序的；对于鉴黄师而言，它又是中性的，只是一种工作的对象，更多的只是一种客观存在；对于某些具有生理功能障碍的人而言，它可能又是一剂良药。又如，甲某用汉语录制一段侮辱少数民族的讲话视频，少数民族人员乙某理解汉语，便会认为该视频内容歧视少数民族或者煽动民族仇恨而在价值层面认定该视频是"有害"的。也有可能出现这样的情况，少数民族人员丙某不懂汉语，不能理解甲某语言表达的内容，反而因为甲某说话时夸张的表情和滑稽的身体动作误认为该视频是娱乐休闲类视频而心情舒畅，丙某在价值层面甚至会给予该视频肯定性评价。由此，当同一信息作用于不同的对象时，对该信息"有害"与否的判断可能截然不同。

"有害"是一个相对的概念，对信息作出"有害"与否判断的前提是必须选择一个信息作用的对象或者参照系。在社会交往视域内，可供选择的信息作用对象有两类——特定的个人和不特定的公众。笔者选取的信息作用对象是不特定的公众，因为若选择以特定的个人为信息作用的对象，那么信息的运动将会限于非常狭小的范围，信息在社会中运动的有害性将非常有限，且有害性问题因人而异、千差万别，必须作个别考察，无法形成一般意义上的共同特征，从而大大减损有害信息在一般意义上的研究价值。

好与坏在社会交往层面属于伦理❶评价的范畴。信息的"有益"与"有害"是在人与信息的作用过程即传播过程中，人基于信息对自身需求的满足状况而作出伦理价值上的肯定性或否定性评价。"信息对人需求的满足状况"解决的是人对信息的识别、利用问题，是人作出伦理价值上肯定性评价或否定性评价的事实基础。"伦理价值上肯定性或否定性的评价"解决的是信息内容"有害"与否的判断依据问题，即是否违背伦理是信息内容是否有害的判断依据。学界关于伦理的理论有很多，包括"主观相对论""文化相对论""神命论"等❷，但是在崇尚理性、摒弃恣意的当下社会，即使各种理论的主张不同，在形式上也都表现为特定社会的法律规范和道德准则。本书中网络有害信息概念中的"有害"指的便是信息在不特定的公众传播过程中，由人作出的信息内容违背法律规范或道德准则的评价，其中信息的内容是"有害"的来源，信息的传播是"有害"的实现方式，特定的社会危害结果是"有害"的呈现形式。

由此，网络有害信息排除了内容上不具有害性，但非法传播具有有害性的信息，例如国家秘密、商业秘密、个人隐私、知识产权等。这些信息从内容上看本身可能还是有益的，只是这些信息的非法传播会产生有害性，它们的有害性来源于传播也实现于传播。这些信息的社会危害可以通过有权主体事后的授权、追认排除，而网络有害信息是自始至终都有害，一般不能通过任何形式排除有害性。网络有害信息排除了内容上具有有害性、传播不

---

❶ 美国《韦氏大辞典》对于伦理的定义是：一门探讨什么是好什么是坏，以及讨论道德责任义务的学科。

❷ 此外还有"康德主义""行为功利主义""规则功利主义""社会契约论""美德论"等。参见：奎因. 互联网伦理：信息时代的道德重构 [M]. 王益民，译. 北京：电子工业出版社，2016.

具有害性的信息，例如甲某已经吃午餐却对别人说没有吃等虚假信息，该信息有悖于诚实、不欺骗的道德准则，但是其传播一般不可能造成任何社会危害，一笑了之即可。❶

4. 网络有害信息的概念和特征

网络有害信息概念的组成要素——"信息""网络""有害"的内涵都是有层次性的。在此基础上，笔者认为，网络有害信息是指网络社会中存在的❷，内容违反法律规范或者违背社会道德准则，在公众中的传播会对社会造成危害的间接客观存在。相对于既有的观点，笔者的界定凸显网络有害信息以下四个特征。

第一，时代性。"网络"的内涵包括两个层面：一是技术层面指电信网、广播电视网、互联网"三网融合"的网络，以及其他向公众开放的局域网络；二是网络作为一种空间形态、非工具形态而存在。前文所述的第三种观点和第五种观点分别见于 2005 年和 2003 年出版的期刊，当时我国的上网用户普及率还处在较低的水平，对网络有害信息的界定具有时代的局限性，不可能认识到网络的社会空间意义。据中国互联网络信息中心调查显示，2004年全国上网用户的普及率仅有 6.2%。❸ 所以，依当时网络所处的发展阶段，网络没有发展到"三网融合"的技术水平，也不具有形成网络空间技术条件，网络只是传播有害信息的一种工具或手段。

第二，社会性。网络有害信息的社会性特征体现在两个方面，

---

❶ 有观点认为，虚假信息必然是有害信息。详见：郭旨龙. 信息犯罪定性和定量的体系化研究 [J]. 上海政法学院学报（法治论丛），2017（2）：100 – 108.

❷ 本书讨论的网络包括在网络上下载、阅读、观看、传播有害信息的情形，但不包括从网络上下载有害信息后在现实社会传播的情形。

❸ 中国互联网络信息中心. 中国区域互联网络发展状况分析报告（2004/2）[EB/OL].（2018 – 12 – 05）[2021 – 04 – 28]. http：//www. cnnic. cn/download/manual/fsbg_13/fszbg – 13. pdf.

一是有害信息指的是社会信息，并且限定于信息所显示的具有社会意义的内容，因为有害信息是通过特定的内容对信息接受者的认识产生影响的。二是有害信息存在于与现实社会日趋融合的网络社会，网络以全新社会形态的存在方式承载着有害信息。

第三，相对性。网络有害信息是一个相对的概念，信息作用于不同的对象，有害与否的结论可能存在差异，脱离作用对象谈信息有害与否是没有意义的。既有的观点几乎没有明确地提出有害信息的作用对象。

第四，客观存在性。阐明信息的哲学属性是界定网络有害信息的前提，因为立足于不同的哲学立场，对网络有害信息的界定将截然不同。如果认为信息只是人们对事物的一种感知，那么网络有害信息便只是主观范畴的概念。笔者认为，有害信息一经生成，便具有独立发展运动的轨迹，是具有本体论和认识论上独立意义的间接客观存在，是客观范畴的概念。

二、类型解构

（一）类型化的意义

类型化是指根据共同特征对事物进行的类属划分。在研究网络有害信息时，经常可以看到类型与范围相混淆的情况。例如，有文章在论述网络有害信息范围判定存在的问题时，使用网络有害信息主要包括政治性有害信息，网络谣言，色情、淫秽信息，违反社会公德信息，侵犯名誉权信息，泄露、侵犯隐私权信息六类的论据，从而得出网络有害信息范围判定标准仍不甚清晰的结论。❶ 事实上，

---

❶ 参见：尹建国. 我国网络有害信息的范围判定 [J]. 政治与法律，2015（1）：102 – 113.

范围和类型有重要区别，范围是由概念的内涵和外延确定的，类型则是对某些事物共同特征和意义的提炼。范围在逻辑上要求周延，而类型在逻辑上不一定是周延的。网络有害信息的类型化具有以下几个重要意义。

1. 实现研究和规制的系统、有序

网络有害信息的类型化可以实现研究和规制的系统、有序，这是网络有害信息类型化最基础的价值。信息具有普遍性，信息的内容广泛、繁杂，无所不涉，研究和规制不可能具体到每一条网络有害信息。若局限于网络有害信息的概念，则研究和规制过于抽象，不能顾及网络有害信息丰富、鲜活的现实形态，也不便于人们理解。类型化可以在网络有害信息概念的抽象与现象的繁杂之间架起联系的桥梁。类型化是在全面、深入地了解网络有害信息的基础上，对网络有害信息进行识别、整理、归纳，并通过一定的标签将能体现共同意义的网络有害信息划归为同一类型，减少研究和规制的盲目性。

2. 实现研究和规制的主动、能动

网络有害信息的类型化可以实现研究和规制的主动、能动。相较于概念的封闭和固化而言，类型更具开放性和包容性。类型化本身并没有要求固定、僵硬的识别标签和遴选特征，只要能体现某一共同意义，就能将某些网络有害信息归属于一定的类型。研究主体可以根据自身研究或者利用的不同需要，选取最合适的标签对网络有害信息进行分类。例如，热衷于研究媒介特征的人，更为关注网络有害信息的载体，可能将网络有害信息分为在微信上传播的网络有害信息、在微博上传播的有害信息、在社交论坛上传播的有害信息等类型；热衷于研究技术特征的人，更为关注网络有害信息的形态，可能将网络有害信息分为文字类有害信息、音频类有害信息、视频类有害信息等类型。笔者认为，类型化可以体现主体对于网络有害信息特征的主动探索、能动把握和积极利用。网络有害信息类型化只要是在实践规律或者逻辑规则的基础上作出的，都是可行的，不存在对与错。

3. 促进研究和规制的全面、完整

网络有害信息的类型化可以促进研究和规制的全面、完整。类型化包含了一种相对的思维过程，即类型化除了是对具体现象的识别、整理、归纳，同时又在特定类型的范围内通过共同特征对个别现象予以识别或解释。研究主体通过类型化识别、整理、归纳网络有害信息，并通过对网络有害信息的全面把握、深入了解，可以发现特定类型的网络有害信息在理论上的一般规律，从而指导设计出法律规制上的一般范式。同时，当现实中出现个别新现象、新情况时，只要能归入特定的类型，即可适用特定的理论或规制策略。

4. 促进研究和规制的协调、统一

网络有害信息的类型化可以促进研究和规制的协调、统一。协调、统一主要指的是不同类型的网络有害信息在规制上的横向协调、统一。不同类型的网络有害信息具有不同的特征，不同特征可能反映网络有害信息不同程度的社会危害性，或是行为人不同的主观恶性，那么在研究和规制网络传播有害信息的时候就可以根据不同类型区分不同层次，拟定不同的策略，体现规制上的轻重缓急。

（二）网络有害信息的分类

网络有害信息类型化的依据是个别现象多次重复出现，且有相似的特征，研究主体根据自身的需要，选取合适的特征对网络有害信息作出分类。基于本书研究的范畴和角度，笔者认为以下四种网络有害信息类型的划分具有重要意义。

1. 以信息内容为特征作出的分类

以信息内容为特征作出的分类是理论和实务中最为常见、常用的分类，即将网络有害信息分为网络煽动、虚假、淫秽色情、暴力恐怖等信息。❶ 这种分类在我国《刑法》中有较多体现❷，因为这一分类能使网络有害信息得到最为直观的展现，但是却存在难以周延的弊端。笔者认为，虽然以内容为特征对网络有害信息作出的分类可能是不周延的，但是网络有害信息的类型化并非一劳永逸的，网络有害信息的各种类型本身就处在不断的分化、重组和更新的过程中。网络有害信息的类型化应该根据现实中发现或出现的新情况、新问题、新现象而持续地进行着。

2. 以行为特征作出的分类

以行为特征作出的分类可以反映出同一行为作用于不同内容的网络有害信息和不同行为作用于同一内容的网络有害信息的差异，从而带来责任认定和分配上的不同。相关的分类有传播网络有害信息，捏造、编造网络有害信息，播放网络有害信息，发布网络有害信息等。这种分类在我国《刑法》和相关司法解释中体现较多，例如《刑法》和相关司法解释出现的有关网络有害信息的行为有出版、发行、制造、宣扬、散布、登载、张贴、发送、播

---

❶ 以内容为特征对网络有害信息作出的分类因研究或规制的层次、角度不同也存在差异。例如，网络煽动信息又可以进一步细分为：煽动抗拒、破坏宪法法律和行政法规实施的信息；煽动颠覆国家政权，推翻社会主义制度的信息；煽动分裂国家，破坏国家统一的信息；煽动民族仇恨、民族歧视，破坏民族团结的信息等。虚假信息又可以进一步细分为侮辱、诽谤信息，谣言，虚假恐怖信息等。

❷ 例如煽动分裂国家罪，煽动颠覆国家政权罪，煽动民族仇恨、民族歧视罪等罪名适用于网络社会时，规制的便是网络煽动类信息；编造、故意传播虚假信息罪等罪名适用于网络社会时，规制的便是网络虚假类信息。

放、演示、编译、编撰、编辑、汇编、设计、散发、邮寄、销售、展示、投递、传输、发布、持有、讲授、编造、捏造等。此外，还可以根据传播行为所处的不同阶段或者不同作用作出分类，例如直接传播网络有害信息的行为、帮助传播网络有害信息的行为、监管网络有害信息传播的行为。

3. 以结果为特征作出的分类

以结果为特征作出的分类是目前被认为能够实现网络有害信息外延周延的分类方式。人类社会的所有利益都可以划归为国家利益、社会利益和个人利益，网络传播有害信息行为造成的危害结果也必然可以归属为对上述三种利益的侵害，故可将网络传播有害信息分为侵害国家利益、侵害社会利益、侵害个人利益的网络有害信息。这种分类在我国《刑法》中的体现便是将不同类型的网络传播有害信息犯罪的罪名设置在不同的章节中，由此区分侵害的不同法益。此种分类能够最直接地判定网络传播有害信息行为的法益侵害性，有利于网络传播有害信息法律规制尺度的把握和规制手段的选择。

4. 以主体为特征作出的分类

这是以网络有害信息传播主体不同作出的分类，包括网络用户传播有害信息、网络服务提供者传播有害信息等，其中网络服务提供者还可以进一步细分。❶ 这种分类在我国《刑法》中亦有体现，例如"拒不履行信息网络安全管理义务罪""帮助信息网络犯罪活动罪"等罪名的规定。此种分类基于不同主体传播有害信息的不同能力，从而区分各自不同的主观心态和注意义务、不同的

---

❶　例如网络提供者、网络接入服务提供者、宿主服务提供者。参见：陈兴良. 在技术与法律之间：评快播案一审判决 [N]. 人民法院报，2016 - 09 - 14（3）.

行为方式、不同的责任范围、不同的责任形式等。

第二节 网络有害信息与相关概念的辨析

一、网络有害信息与网络有害数据

网络数据，在物理属性层面是指能够为计算机等网络终端识别、处理，以二进制 0 和 1 为算法的形式，是特定符号依照特定规律的组合。在网络中，信息的生成、识别、储存、传输、处理都是通过物理数据完成的，"数据"是信息的介质，"信息"和"数据"具有物理意义上的共生性。"数据"是对客观世界的记录，是"信息"的原材料，为"数据"赋予背景，它就成为信息。❶

网络数据这一概念在我国网络安全相关立法中并不鲜见，《网络安全法》便有对网络数据这一概念的明确界定，即"通过网络收集、存储、传输、处理和产生的各种电子数据"。网络有害数据这一概念也早在 1994 年 2 月国务院颁布的《计算机信息系统安全保护条例》中就已经出现。❷ 目前，许多国家的理论和立法都将

---

❶ 祝振媛，李广建. "数据—信息—知识"整体视角下的知识融合初探：数据融合、信息融合、知识融合的关联与比较 [J]. 情报理论与实践，2017（2）：12 – 18.

❷ 1994 年 2 月国务院颁布的《计算机信息系统安全保护条例》（国务院令第 147号）第 23 条规定，故意输入计算机病毒以及其他有害数据危害计算机信息系统安全的，或者未经许可出售计算机信息系统安全专用产品的，由公安机关处以警告或者对个人处以 5000 元以下的罚款、对单位处以 15000 元以下的罚款；有违法所得的，除予以没收外，可以处以违法所得 1 至 3 倍的罚款。

"信息"和"数据"混同使用。❶ 关于网络有害信息与网络有害数据的关系，主要有三种观点：第一种观点认为，网络有害信息是网络有害数据的一种类型，例如1996年5月公安部《关于对〈中华人民共和国计算机信息系统安全保护条例〉中涉及的"有害数据"问题的批复》的规定。❷ 第二种观点认为，有害数据是有害信息的一种类型，例如有人认为网络有害信息包括对法律秩序或公序良俗造成破坏或者威胁的数据。❸ 第三种观点认为，网络有害信息与网络有害数据是相互区分的，网络有害数据指的是病毒等有害程序。❹

由于法律语境不同，"网络信息"和"网络数据"的关系可能存在差异。例如，欧盟的个人信息保护相关立法是以"数据"来指代立法保护对象。❺ 在我国的法律语境中，笔者赞成第三种观点，网络有害信息与网络有害数据是相互分立的两个概念。综观我国网络安全相关立法可以发现，"数据"概念通常都是伴随着计

❶ 梅夏英. 数据的法律属性及其民法定位 [J]. 中国社会科学，2016（9）：164 –183.

❷ 1996年5月公安部《关于对〈中华人民共和国计算机信息系统安全保护条例〉中涉及的"有害数据"问题的批复》规定："有害数据"是指计算机信息系统及其存储介质中存在、出现的，以计算机程序、图象、文字、声音等多种形式表示的，含有攻击人民民主专政、社会主义制度，攻击党和国家领导人，破坏民族团结等危害国家安全内容的信息；含有宣扬封建迷信、淫秽色情、凶杀、教唆犯罪等危害社会治安秩序内容的信息，以及危害计算机信息系统运行和功能发挥，应用软件、数据可靠性、完整性和保密性，用于违法活动的计算机程序（含计算机病毒）。

❸ 左坚卫. 互联网有害信息的界定和相关行为的处理刍议 [J]. 网络信息安全，2005（6）：35 –36.

❹ 张新宝，林钟千. 互联网有害信息的依法综合治理 [J]. 现代法学，2015（2）：53 –66.

❺ 梅夏英. 数据的法律属性及其民法定位 [J]. 中国社会科学，2016（9）：164 –183.

算机系统概念使用的。《计算机信息系统安全保护条例》《电信条例》等即是将网络有害数据置于计算机系统的范畴之中，将"数据"与计算机病毒、应用程序等规定在同一条款或同一类别中。《网络安全法》更是将有关"数据"的内容与有关"信息"的内容分别规定在"网络运行安全"和"网络信息安全"不同的章节中，从而表明网络有害数据是对网络运行安全的侵害，指向的是计算机系统，注重的是信息在网络中的物理存在形式；网络有害信息是对网络信息安全的侵害，指向的是信息显示的内容，注重的是信息的社会意义。我国《刑法》及相关司法解释对"信息"与"数据"概念的界分与《网络安全法》基本相同，涉及计算机系统等网络运行安全的罪名使用"数据"这一概念❶，涉及网络信息安全的罪名使用"信息"这一概念❷。

二、网络有害信息与网络垃圾信息

网络垃圾信息泛滥已经成为严重的社会问题，许多国家都制定了管控垃圾信息的法律，诸如美国的《反垃圾邮件法》、澳大利亚的《互联网领域垃圾邮件实施准则——用于互联网和邮件服务提供商的准则》、新加坡的《垃圾邮件控制法》、日本的《特定电子邮件法》等。虽然网络有害信息与垃圾信息的范围存在重合，但是两者也有明显的差别。

第一，垃圾信息并不必然包含对信息内容有益或有害的价值评价。所谓垃圾信息，就是指接受主体不需要、没有价值、可删除的信息。垃圾信息不仅可以包括有害信息，也可以包括有益信

---

❶ 例如非法获取计算机信息系统数据、非法控制计算机信息系统罪，提供侵入、非法控制计算机信息系统的程序、工具罪，破坏计算机信息系统罪等。

❷ 例如拒不履行信息网络安全管理义务罪、非法利用信息网络罪等。

息。例如，甲某需要买房，房产中介商给其发送一条房屋销售广告，对于甲某来说，该广告能满足他的需要，有时甲某还需付费才能获得这一信息，此处广告属于有益信息。若甲某连续收到100条同一内容的广告，可能对该广告产生极度的厌恶，认为其是垃圾信息。所以根据不同的环境，同一人对同一信息是否归为垃圾信息的态度可以截然相反，或者摇摆不定。

第二，垃圾信息的判断更多是考虑信息接受者个人的态度，有害信息更多是考虑公众的评价。美国的《反垃圾邮件法》、日本的《特定电子邮件法》都将接受者的态度纳入了界定垃圾信息的考量因素。美国《反垃圾邮件法》在开篇便阐明了"防止未经请求的商业电子邮件"的立法目的[1]；日本《特定电子邮件法》规定，初次群发邮件必须提示收件人是否希望今后仍然收到该地址发送的邮件，若收件人明确表示不希望，发件人仍然继续发送的，则可以处以刑罚。[2] 美国和日本采取这种"定出"的立法模式[3]，只要接受者没有表示拒绝接收信息，发送者就可以继续发送信息，不被认定为垃圾信息。而与垃圾信息不同，有害信息自始至终即是有害的，不被允许发送的，不因接受者态度的改变而增加或消减信息的有害性。

---

[1] H. R. 2515 - Anti - Spam Act of 2003. ［EB/OL］. （2018 - 03 - 07）［2021 - 04 - 28］https：//www. congress. gov/bill/108th - congress/house - bill/2515/text.

[2] 中国网络空间研究院. 国外互联网不良信息监管：方法和技术［M］. 北京：法律出版社，2017：60.

[3] 实践中，各国法律对垃圾信息的管控有"定出"和"定入"两种模式，"定出"模式是指垃圾信息传播者可以向任何个人或组织发送信息，直到信息接收者要求他们停止发送为止。"定入"模式是指信息发送者在未征得信息接收者同意之前无权向其发送信息，发送者首先必须通过其他途径吸引潜在用户主动发出请求。参见：向玉兰. 关于规制垃圾信息的立法思考［J］. 企业经济，2009（3）：190 - 192.

第三，垃圾信息挤占服务器资源。管控垃圾信息的目的除了基于对个人造成的骚扰，还在于极大地挤占服务器等网络资源。以垃圾电子邮件为例，当人们收到大量垃圾邮件时，除了引起内心的反感，还会影响电子邮件系统的使用体验，人们不得不花费时间去删除垃圾信息，以避免垃圾信息挤占电子邮箱空间，影响正常邮件的收发功能。❶ 美国管制垃圾信息的司法案例中很早就有网络服务提供者以"垃圾信息占用硬盘、消耗计算机电力，挤占处理空间、损害服务器"为理由提出的诉讼。❷

第四，垃圾信息的认定和处置以信息的数量为重点。信息数量对于网络有害信息与网络垃圾信息的意义不同。网络有害信息与垃圾信息在社会危害性评价时都会考虑信息的数量，但是网络有害信息注重信息数量所体现的信息传播"广度"，而网络垃圾信息注重信息数量所体现的信息传播"强度"。网络有害信息面向的是公众，在社会危害性评价时往往采用"实际被点击数""浏览次数""被转发次数"等反映信息在公众中传播范围的量化指标。2017 年，《最高人民法院、最高人民检察院关于利用网络云盘制作、复制、贩卖、传播淫秽电子信息牟利行为定罪量刑问题的批复》明确表示，在追究相关刑事责任时，应充分考虑淫秽电子信息传播的范围等因素。网络垃圾信息面向的是信息接收者，在社会危害性评价时往往考虑接收者收到相同或相似内容信息的数量。

---

❶ 全国企业用户的邮箱系统平均每天接收到的垃圾邮件数量高达 2000 余万封，预计全年总量约为 73 亿封，约占企业用户收到邮件总量的 69.8% 。参见：Coremail 论客、360 互联网安全研究中心 . 2016 中国企业邮箱安全性研究报告 [EB/OL] (2018 – 03 – 08) [2021 – 04 – 28]. http：//zt. 360. cn/1101061855. php？ dtid = 1101062514&did =210105858.

❷ 李昕 . 美国反垃圾信息法及其对中国的启示 [J]. 华中师范大学学报（人文社会科学版），2008（5）：36 – 41.

新加坡《垃圾邮件控制法》规定的垃圾邮件是，"未经许可，在 24 小时之内发送超过 100 次，30 天之内发送超过 1000 次或者一年内发送超过 10000 次的内容相同或者相似的电子邮件"。❶

三、网络有害信息与网络违法信息

相较于网络有害信息的概念，网络违法信息的概念在我国法律规范中更为常见，我国《刑法》中亦有违法信息的表述。❷ 违法信息与有害信息既有联系又有区别。

第一，违法信息立足作用于信息的行为。违法信息关注的是作用于信息的行为，有害信息关注的是信息的内容。违法信息的表述本身是不科学的，甚至可以说是一个伪概念，因为信息并不存在合法与违法的区分，稍有法律常识的人都知道违法指向的是行为，违法修饰的是行为。信息作为类似于物的间接客观存在，可以有有害与有益的区分，但不存在违法与合法的问题。只有当某行为作用于信息时，才能对该行为是否违法作出评价，而不是对信息是否违法作出评价。我国现行的一些规范性文件在使用"违法信息"概念时并没有认识到这一问题，用违法去评价信息的内容。例如，国家互联网信息办公室于 2017 年 9 月发布的《互联网用户公众账号信息服务管理规定》第 18 条使用"发布违法信息"的表述，笔者认为正确的表述应为"违法发布信息"。此外，当不同行为作用于同一信息时，是否违法的判断也可以是不同的。例如，在不区分作用于商业秘密的行为时，无法作出其是合法信

---

❶ 中国网络空间研究院. 国外互联网不良信息监管：方法和技术 [M]. 北京：法律出版社，2017：59.

❷ 我国《刑法》第 286 条之一拒不履行信息网络安全管理义务罪中就有"致使违法信息大量传播"的表述。

息还是违法信息的判断。当作用于商业秘密的行为是"泄露"行为时，可以说"泄露商业秘密"的行为是违法行为；当作用于商业秘密的行为是"保守"行为时，可以说"保守商业秘密"的行为是合法行为。所以，在脱离行为的前提下讨论信息是否违法是没有意义的。

第二，违法信息与有害信息在范围上是交叉关系。即使将违法信息置于有害信息同样的语境中，即信息在公众中传播是违法的，违法信息与有害信息也存在明显的区别。首先，违法信息并不必然是有害信息，有害信息也并不必然是违法信息。❶ 一方面，信息在公众中传播违法，指的是传播行为违法，包括传播行为违反法律的禁止性规定，例如传播贩卖枪支、弹药等违禁品信息；也包括传播行为缺乏有权主体的授权，例如未经著作权人许可，擅自发行其作品的行为。上述例子中，贩卖违禁品信息是有害信息，而作品可以是有益信息，推而广之，个人隐私、知识产权信息、国家秘密、商业秘密等中性的或者有益的信息都可以成为违法信息中的信息。故即使传播信息的行为是违法的，信息既可以是有害的，也可以是中性的，还可以是有益的。另一方面，达到一定程度要求等部分有害信息经过规范评价后成为违法信息，也有部分有害信息经过规范评价后不成为违法信息。例如，并未达到严重危害社会秩序和国家利益的情节，被害人未向人民法院告诉的诽谤信息，是有害信息，但不是违反我国《刑法》的信息，不是刑法视野中的违法信息。其次，即使在公众中传播，违法信息也可以随着情境的变化转变为合法信息，而有害信息在公众中传播无论情境如何变化，一般也不会改变有害的性质。仍然以作

---

❶ 有观点认为，有害信息当然是违法信息。详见：张新宝，林钟千. 互联网有害信息的依法综合治理 [J]. 现代法学，2015（2）：53 – 66.

品信息为例，未经著作权人许可，擅自发行的作品，是违法信息，但是取得著作权人许可甚至是著作权人事后的追认，都可以消减行为的违法性，该作品信息即转变为合法信息。有害信息则不存在这样的情况，有害便是自始至终有害，其性质不会因为被害人的态度变化而发生改变。

四、网络有害信息与网络不良信息

网络有害信息与网络不良信息的概念极为相似，两个概念混同使用的情况较为普遍。例如，有的论文用有害信息定义不良信息，❶ 有的论文直接提出有害信息与不良信息内涵差不多，没有严格区分。❷ 笔者认为，不良信息和有害信息的共同之处在于两者都侧重对信息内容的评价，但是两者在评价上把握的尺度不同。

从字面上理解，不良信息没有对信息内容在价值层面上作出否定性评价的程度要求，而有害信息则有程度上的要求。有害信息要求在结果上造成国家利益、社会利益或个人合法利益的损害或者有损害的危险，不良信息泛指一切不好的信息，可能损害国家、社会或者他人的合法利益，也可能与利益无关，只是信息接收者或者公众对信息的主观感受不佳。前文已有论述，有害信息违背法律或者社会道德准则，而不良信息可以是违背比社会道德准则要求更高的社会美德，例如炫富言论、拜金言论等违背勤俭

---

❶ "网络不良信息是指通过互联网散布的不符合法律规定、有违社会公共秩序与道德、对社会产生有害影响的信息。"详见：崔执树. 试论网络不良信息法律规制的完善［J］. 情报理论与实践，2005（3）：264–267.

❷ "目前学者们使用最多的是'有害信息'、'不良信息'等称呼，由于它们的内涵差不多，所以大多互换使用，并没有作严格区分。"详见：王勇. 媒介融合环境下网络有害信息传播与治理研究述评［J］. 昆明理工大学学报（社会科学版），2013（1）：79–85.

朴素的社会美德，误导人的价值观，将这类言论归为有害信息似有不妥，但可归入不良信息。

有害信息与不良信息的关系类似于我国《刑法》第 144 条"生产、销售有毒、有害食品罪"中的有毒、有害食品与第 143 条"生产、销售不符合安全标准的食品罪"（原生产、销售不符合卫生标准的食品罪）中不符合安全标准的食品（原不符合卫生标准的食品）的关系。可以说，有毒、有害食品都是不符合安全标准的食品，并且指的是严重不符合安全标准的食品，但是不符合安全标准的食品并不都是有毒、有害的食品。同理，有害信息都是不良信息，并且指的是有害性程度严重的信息，但是不良信息并不都是有害信息。

第三节　网络有害信息与传统有害信息之比较

一、信息传播的基本要素

网络从技术层面和人类交往层面深刻地改造了传统有害信息，使得有害信息的存在范围及运动方式发生了结构性的改变。网络有害信息和传统有害信息都是社会信息的一种形式，只有在人与人之间流动才具有评价的意义。传播是信息流动的基础，是信息运动的基本形式，信息的全部社会意义只有通过传播才能实现，没有不带传播特性的信息❶，有害信息亦然。因此，网络有害信息与传统有害信息的区别在信息传播过程中得以显现，网络所引发

---

❶ 戴元光，金冠军．传播学通论［M］．上海：上海交通大学出版社，2000：3.

的传播模式的结构性变化成为两者比较之关键。

在信息网络传播出现之前，传统的大众传播一直都是一种线性的信息传播模式，即信息通过传播者于某种传播渠道传递给受众，信息的传播呈线性特点。在传播学中，线性传播模式存在不同的理论主张❶，但最为经典、最能普遍应用的是拉斯韦尔提出的"五 W"模式❷。"五 W"模式指明了传播者、信息、媒介、受众、传播效果等传播学研究的五大基本范畴和内容。时至今日，人们仍然不能脱离这五大基本范畴和内容讨论信息的传播问题。在拉斯韦尔提出"五 W"模式的 10 年之后，美国学者理查德·布雷多克增加了在什么环境下（What environment）和以什么目的（What aim）两项内容，将"五 W"模式发展成为"七 W"模式，从而使得该模式得到补充和完善。

网络有害信息与传统有害信息比较的目的是以传统有害信息为参照，彰显网络有害信息的特点，所以本书以"七 W"模式为参照，挖掘网络因素引发的有害信息传播模式的结构性变化。

二、基于"七 W"传播模式的比较

"七 W"传播模式对应的是信息传播中的传播者、信息的内容、媒介、受众、传播环境、传播目的和传播效果。网络有害信息相较于传统有害信息，在以上七个方面都存在显著的差异。

---

❶ 典型的有拉斯韦尔的"五 W"模式、香农的数学模式、拉扎斯菲尔德的两级传播模式、施拉姆的循环模式和德弗勒的双循环模式。

❷ 1948 年，美国政治学家哈德罗·拉斯韦尔在《社会传播的结构与功能》一文中首次提传播过程实际上是对——谁（Who）、说什么（Say What）、通过什么渠道（In Which Channel）、对谁（To whom）、取得什么效果（With what effects）——五个问题的回答。

（一） 网络有害信息传播者的特点

1. 传播者对网络有害信息的控制能力降低

传播者是有害信息的发出者，是传播有害信息行为的发动者。在传统线性信息传播模式中，传播者作为有害信息传播链条中的第一个环节，不仅决定着有害信息的内容，控制着有害信息的流量，还主导着有害信息的流向，进而掌控着有害信息传播的存在和发展。传播者可以通过有害信息载体的数量决定有害信息传播的范围，也可以通过有害信息载体投放的地域决定有害信息传播的空间等。❶ 在网络环境下，传播者对有害信息的控制权被瓦解。一方面，信息巨量产出、高速传播使得信息传播不再为少数个人或组织垄断，强迫受众接受的标准化信息亦丧失存在的条件，受众获得极大的自由选择信息的空间。这为受众甄别信息的好坏提供基础，为受众个性化、个别化选择信息提供可能。另一方面，传播者与受众的身份界限变得模糊，信息的受众可以随时随地、零成本、无门槛地转化为信息的传播者。传播者对信息的控制权也在这种模糊的情势下被分化。网络社会中，人人都可以成为信息传播的门户和信息流动的节点。在微博中转发有害信息、在微信朋友圈中分享有害信息，其实在不经意间便将有害信息引向自己的人际圈，延展了有害信息的存在空间，甚至导致原本微不足道的有害信息形成"燎原"之势。这也往往超越有害信息制造者和初始发布者所能预见和控制的范围。网络上出现的电影《唐人街探案 2》联合编剧程某某有害言论事件便是典型的例证。电影《唐人街探案 2》中有一个身穿阿根廷 10 号球衣的侏儒症患者角

---

❶ 正如拉斯韦尔所指出的：研究"谁"的学者察看传播者启动并指引传播行为的因素，并将有关传播者的研究称为控制分析。参见：拉斯韦尔. 社会传播的结构与功能 [M]. 何道宽，译. 北京：中国传媒大学出版社，2013：35 - 36.

色，因为现实中阿根廷球星梅西穿的也是 10 号球衣，且梅西幼年曾患过侏儒症，网友指责这是对梅西的侮辱和歧视。可是该电影联合编剧程某某在知乎网上轻佻的回应激怒了网友，网友进而披露出程某某几年前在微博上低俗及侮辱抗日先烈的言论。❶ 对于程某某而言，几年前发表的有害言论传播的范围、引起的效果不及几年后网友披露后之万分之一，即使其删除相关有害言论也无法消除、无法控制它们的传播。

2. 网络有害信息传播者的身份更为隐秘

传统社会中，信息的传播成本较高，且壁垒重重。例如，造谣、传谣行为往往口耳相传、"偏居一隅"❷，淫秽信息依托有形载体在有限的群体中传播，犯罪方法的传授也在一对一或极少的人群中实现。有害信息的传播极易留下痕迹，传播者的身份往往附随于信息的传播过程中。网络社会中，有害信息的传播者身份呈现出显著的隐匿性。

第一，网络社会的匿名性和异名性❸可以为有害信息传播者隐匿身份提供条件。网络社会中，识别有害信息的传播者变得困难，人们在网络的遮掩下，可以隐藏工人、农民、律师、医生等职业身份，隐藏父亲、母亲、子女等伦理身份，隐藏男人、女人的性

---

❶ 网易新闻［EB/OL］（2018 - 03 - 18）［2021 - 04 - 28］. http：//news. 163. com/18/0224/22/DBEO1DCR0001899N. html.

❷ 刘宪权 . 网络造谣、传谣行为刑法规制体系的构建与完善［J］. 法学家，2016（6）：105 - 119.

❸ 匿名性分为狭义的匿名性和广义的匿名性。狭义的匿名性是指在网络交往中不使用任何账号或者代号的情形，例如以游客的方式进入网络论坛，但是现在多数网络平台都限制或禁止匿名用户，故狭义的匿名方式存在的范围较小。广义的匿名性不仅包括狭义的匿名性，还包括异名性，即在网络交往中对自身身份进行更换、改造，从而区别于现实社会真实身份的情形。通常所说的网络具有匿名性是一种广义的说法。

别身份，化身为一个与现实社会断绝的网络代号。加之，网络社会的进入门槛极低，有害信息的传播者可以轻易地进入，可以轻易地静默，可以轻易地消失。匿名性似乎是网络社会的天性，在网络实名制的持续冲击下，网络匿名的价值依然备受推崇。全世界推行网络实名制最早、最彻底的韩国，因为实名制有违公益、侵犯言论自由，在 2012 年被韩国宪法裁判所判决违宪。❶ 匿名是网络的本来属性❷，即使在需要实名认证的情况下，隐匿身份也是一件容易的事情。网络中，账号是人们参与活动的基本单位，身份信息附着于网络账号之上。一般情况下，网络账号要求实名制，要求提供身份证、手机号码等身份信息进行认证，后台甚至可以通过公安系统进行验证。但是，网络账号与自然人实体是可以分离的，可以出现注册账号与使用账号主体不一致即通常所说的"实名不实人"的情形。这导致网络中出现大量盗用、冒用他人身份信息注册、认证账号，或者直接盗用他人已经注册、认证的账号，从事传播有害信息违法犯罪活动的现象。

第二，网络为有害信息传播者隐匿身份提供技术空间。网络虽然是匿名的，但每一个网络终端都配有自己的网络 IP 地址，类似于现实生活中的门牌号码。正常情况下，通过网络 IP 地址可以定位有害信息的发布终端，从而找出有害信息的发布者，即俗话说的"跑得了和尚，跑不了庙"。但是，IP 地址可以通过技术手段轻而易举地隐匿，例如使用代理服务器的情形，便只能追踪到代理服务器的地址，且为保险起见，代理服务器通常会被设置在国

---

❶ 董俊祺. 韩国网络实名制治理及启示 [J]. 中国人民公安大学学报（社会科学版），2015（6）：151 –156.

❷ 周永坤. 网络实名制立法评析 [J]. 暨南学报（哲学社会科学版），2013（2）：2 –7.

境外，让人难以追查。

（二）网络有害信息内容的特点

1. 网络有害信息内容呈现形式更为丰富多样

无论是传统社会还是网络社会，有害信息的内容都可以通过文字、图片、声音、视频等形式予以呈现，但网络有害信息的内容呈现形式更为丰富多样。网络可以为有害信息内容的不同形式呈现提供简单、廉价、便利的技术手段。例如，通过美拍视频制作软件可以随时随地在几秒钟之内免费制作出媲美电影画面的短视频，人人、时时、处处都可以成为一段"微电影"的导演。此外，网络也创新了有害信息的呈现形式，3D 动态淫秽图片、视频裸聊、色情小游戏等都是传统有害信息所不可能具有的新形式。

2. 不同内容的网络有害信息复合、杂糅现象更为普遍

有害信息可以根据内容的不同分为煽动信息、虚假信息、淫秽色情信息、暴力恐怖信息、传授犯罪方法的信息、违禁品信息、赌博诈骗信息等。但是现实中各种有害信息并非都严格地按照不同类型予以呈现的，各种类型也不一定存在泾渭分明的界限。例如，一段宗教极端分子发布的强奸视频，有的人观看后感觉到的是暴力恐怖，有的人感觉到的是淫秽色情，有的人学习到犯罪方法，有的人产生了强奸的犯意并实施，那么这段有害视频归属于某一种类型似乎都不妥当。传统社会中，受制于客观条件的限制，人们传播有害信息的目的较为单一，又因为传播成本较高，传播的时空壁垒重重，有害信息的内容趋于单一、直接、直白。网络社会得益于传播的便捷、廉价，加之人们传播有害信息的目的泛化，淫秽色情、暴力恐怖、煽动犯罪、侮辱诽谤等有害信息经常复合、杂糅在一起，彼此"搭便车"、不易识别和区分。例如，甲某在微博中发布了一条谣言，引起了"大V"的关注和网友大量

转发，乙某为推广自己的色情网站在转发甲某微博谣言的同时在评论区添加色情图片和自己色情网站的链接。乙某转发的微博信息成为谣言与淫秽色情信息的复合体。网络有害信息除了自身不同类型之间发生复合、杂糅，还经常与病毒、木马、流氓软件等复合、杂糅。日常生活中经常能见到的 QQ 软件一旦中病毒，便会自动发送淫秽、色情或是赌博、诈骗信息。另有数据显示，2011年有 93% 的色情视频网站被捆绑木马病毒。❶ 2016 年 3 月 10 日360 互联网安全中心发布的《"舞毒蛾"木马演变报告》也指出，从木马传播源来看，色情播放器是首要传播源，占比为 80%。❷

3. 网络有害信息内容变异性增强

信息本身具有可畸变的特征，在信息传播过程中，每一主体对信息的理解、选择、取舍、改造、重组都可视为对信息的再造。其中必然会发生种种不可预料、无法遏制的信息扭曲、变态、失真，有害信息在网络中的传播尤为明显。一方面，网络社会中有益信息或中性信息易畸变为有害信息。最近引起广泛关注的"儿童邪典片"是典型的例子，米老鼠、艾莎公主、小猪佩奇等本是儿童喜闻乐见、深入人心的经典动画形象，陪伴儿童成长。但是"儿童邪典片"通过对这些单纯、可爱、有益的经典动画形象进行加工，制作成含有色情、暴力、血腥、虐待等内容的视频，危害儿童身心健康。另一方面，网络有害信息本身也容易发生变异。网络是人们交往的大平台，有害信息的传播可以突破时空的限制，

---

❶ 网易新闻. [EB/OL]. (2018 - 03 - 19) [2021 - 05 - 03]. http://news.163.com/11/0426/03/72HMBDJ400014AED.html.

❷ 360 互联网安全中心. "舞毒蛾"木马演变报告 [EB/OL]. (2018 - 03 - 19) [2021 - 05 - 03]. http://zt.360.cn/1101061855.php? dtid = 1101061451&did = 1101671549.

能迅速抵达亿万民众，其中不乏煽风点火者、添油加醋者、心怀不轨者、情绪激进者，他们对有害信息的内容加以改造重新传播。人们经常可以在微信朋友圈看到类似这样的信息：近日某地医院接诊数个某症状病人，均抢救无效死亡，请转告自己的亲人朋友近期不能使用某药，不要食用某物，不要接触某类人。但是每次看到这类信息时，却是不同的时间、不同的医院、不同的症状等，旧谣言被重新改造后再利用。

4. 网络有害信息的内容更为隐秘

有害信息危害国家安全、社会秩序、人民利益，管制有害信息已是世界潮流。俗话说"道高一尺，魔高一丈"，有害信息也在不断地变换着自己的伪装，意图逃避监管。网络可以为有害信息的内容隐藏提供简单、廉价的技术手段。以文字类有害信息为例，网络上对文本类有害信息的监测多采用信息过滤技术[1]，包括对含有预设关键词的文本信息进行屏蔽，而有害信息的传播者通过将信息由文本格式转换为图片格式，或者发布有害信息链接，或者将有害信息制作成压缩文件，就能轻松规避监测。

5. 网络信息内容的有害性认定标准发生变化

网络社会生成了一个特殊的群体——网民，他们与从未上过网的人对信息的感受能力、鉴别能力、忍受阈值是不同的。即使在网民内部，经常上网与偶尔上网的人的上述能力也存在差异。网络上，衣着暴露的美女图片随处可见，网民们对此习以为常、见怪不怪，可从未上过网的人看到这类图片往往面红耳赤、羞愧难当。在网络社会，信息被巨量传播，网民长期接受各种信息激

---

[1]　李丽蓉. 网络社会的信息传播模式及不良信息监测技术 [J]. 山西警官高等专科学校学报，2012（2）：64－66.

荡、交锋的洗礼，对有害信息的免疫力提高，某些在传统社会传播、可能引发危害的信息，在网络社会根本无法掀起任何波澜。

6. 网络有害信息的内容耗散缓慢

信息的内容具有可耗散性，因为信息的内容是由载体的特定结构模式来负载的，载体特定结构模式的改变、损害或丧失将使得对应的信息内容发生改变、模糊或丢失。❶ 传统社会中，信息的传播壁垒重重，有害信息的社会危害性也往往因为时间、空间、媒介等因素被逐渐削弱。网络社会中，相关信息载体不因时空等因素而减损❷，使得有害信息大量沉淀于网络空间，有害信息的影响变得持续而宽泛。

（三）网络有害信息媒介的特点

1. 网络有害信息具有平台依附性和平台易替换性

媒介是信息传播得以扩大、延展的工具。❸ 网络社会，信息的传播再也不需要快马加鞭、飞鸽传书，不需要"不等天明去派报，一面走、一面叫"，城市天桥下、地下通道里也难觅盗版书籍和盗版光盘的贩卖者。可以说，技术的进步使得基于人类器官功能的信息传播行为已经极度弱化、虚化，人们除了敲击键盘、点击鼠标，几乎不再需要其他身体动作，信息便可跨越千山万水，直达亿万受众。信息传播过程中，人们在受益于技术进步带来身体解放的同时，也陷入对技术提供者的高度依赖。网络中信息的生成、加工、处理、传输、呈现都是通过一系列数字化技术实现的。网络中信息的数字化传播过程不是单个自然人依靠身体动作就能够

---

❶ 邬焜. 信息哲学：理论、体系、方法 [M]. 北京：商务印书馆，2005：67.
❷ 人为删除信息的除外。
❸ 施拉姆，波特. 传播学概论 [M]. 陈亮等，译. 北京：新华书店出版社，1984：144.

实现的，必须依托特定的网络服务提供者，即通常说的网络平台。人们发布信息必须通过微信、QQ、微博、网站、论坛等网络平台，离开这些网络平台，人们就是网络社会的"聋哑人"，离开网络平台，信息便寸步难行。由此也导致传播主体向网络服务提供者和网络服务使用者（网络用户）的两极分化：一方面是网络服务提供者利用自己的技术、资源传播有害信息或者帮助用户传播有害信息；另一方面是网络用户通过网络服务提供者的技术服务传播有害信息。

此外，网络除了限定信息的传播必须依托特定的平台，还可以为信息的传播提供丰富的可选平台。日常生活中，一些紧跟时事、新鲜出炉的虚假信息往往能引起极大的社会关注，在微博、微信、论坛、门户网站等平台上同时传播。目前有害信息的传播已经显示出跨平台联动的态势。

2. 网络有害信息媒介呈现融合趋势❶

总体上说来，传统有害信息的传播媒介包括语言媒介、印刷媒介、广电媒介等形态，受技术因素的制约，在特定的历史时期某种特定的媒介占据主导地位，且各媒介之间泾渭分明、互不交融。得益于以数字化为基础的技术发展，网络再造❷传统媒介，并打破了传统媒介之间的壁垒，使它们呈现深度融合的趋势。从

---

❶ 媒介融合主要指三个层面的融合：第一，工具层面上的融合，是媒介融合的基础，是媒介融合中一项相当重要的实质性内容。第二，传播业务和经营业务层面的融合，这是媒介产业的融合。第三，理念层面的融合，这是对媒介融合趋势的正视与回应。详见：丁柏铨. 媒介融合：概念、动因及利弊 [J]. 南京社会科学，2011（11）：92 - 98.

❷ 再造是一种媒介补救另一种媒介的呈现，它包含着整治、修复、补救、调和、改革、重塑、重建等含义。参见：党东耀. 媒介再造：媒介融合的本质探讨 [J]. 新闻大学，2015（4）：100 - 108.

"电子书""电子报""网络电视"等词汇中便能窥其一二。有害信息的媒介也包含在媒介融合的大趋势之中。以直播为例,通常人们理解的直播是指电视节目的现场直播,当网络对电视直播进行再造之后变成网络直播,表现出人人都能做直播、人人都能做主播的特征。与此同时,网络直播平台也成了传播色情等有害信息的重灾区,斗鱼网主播直播性行为、熊猫 TV 直播被爆不雅视频截图等类似事件层出不穷。

3. 网络有害信息在移动端的传播形势严峻

2021 年 2 月中国互联网络信息中心发布的第 47 次《中国互联网络发展状况统计报告》显示,截至 2020 年 12 月,中国网民规模 9.89 亿,其中手机网民规模达 9.86 亿,手机网民的数量几乎与整个网民的数量相当。有学者调查了西安、青岛、天津三个城市使用互联网的情况,结果显示,移动互联网的使用比例已经达到了 74.9%,PC 端使用比例为 78.9%,二者已经相当接近了。❶ 移动手机等移动终端在经历 3G、4G,进而向 5G 网络迈进的发展阶段后,其上网体验与计算机终端几无差别,在计算机终端显示的有害文字、图片、视频在手机终端中一样具有清晰、完整的呈现效果。人们可以利用碎片化的时间和精力去获取、传播网络信息,有害信息的传播甚至因为手机等移动终端便捷上网而更具广泛性和时效性。微信、微博等网络有害信息传播的重灾区便根植于移动终端。

(四)网络有害信息受众的特点

1. 网络有害信息的受众范围更广、人数更多

受众又称受传者,是大众传播的信息接收者,生活中常用的

---

❶ 喻国明,吴文汐,何其聪,等. 移动互联网时代我国城市居民媒介接触与使用 [M]. 北京:人民日报出版社,2016:93.

"读者""听众""观众"等词汇指的便是受众，受众与传播者分别占据了信息传播的两端。受众是传播目的的承受者，没有受众的传播毫无意义。传统大众传播的受众本身就具有人数众多、不计其数的特点，而网络信息传播的受众这一特点尤甚。第一，有害信息在网络中的传播突破了时间的限制。网络对于信息近乎永久的储存功能，一方面可以拉回因时间流逝而遗忘信息的受众，另一方面可以挽回因时间错位而遗漏信息的受众，且这一过程几乎是零成本的。传统有害信息面对时间的限制更多的是束手无策，因为重播等手段需要较高的成本。第二，有害信息在网络中的传播突破了空间的阻隔。网络社会信息在全球的传播近乎于从村头到村尾的距离，大吼一声全村人都听得见。国外发生的事情似乎就是家长里短，经常本国媒体未见报道的新闻，首先出现在外国媒体的报道之中。地球真正地变成一个小村庄。第三，有害信息在网络中的传播突破了载体损耗的制约。传统有害信息的消逝除了法律的管制、真相的揭露等外在的干涉因素，信息载体的损耗也是重要的原因。信息的损耗分人为损耗和自然损耗：人为损耗，例如宣扬恐怖主义的印刷品或者淫秽色情书刊只要立即停印、不再散发，控制受众范围的效果便立竿见影；自然损耗，例如宣扬恐怖主义或者淫秽色情的光碟破裂，亦能有效遏止有害信息受众范围的进一步扩大。网络社会则不然，无论是载体的人为损耗还是自然损耗，对信息受众范围的影响都变得微弱。网络有害信息载体的人为损耗主要表现为删除信息，可是信息是储存在网络服务提供者服务器中的，能否删除、如何删除都不是信息发布者所能决定的，且信息一旦传播出去，受众对信息自行的复制、储存更是信息发布者甚至是网络服务提供者无法左右的。此外，网络有害信息的载体几乎不存在自然损耗。

2. 受众群体难以预估、无法掌控

传统有害信息的传播受众群体往往可以根据传播行为进行研判和控制。例如，如果只在学校门前散发宣扬邪教的传单，那么信息的受众主体应该是教师、学生或附近居民；如果在地方报刊上登载造谣、诽谤信息，那么信息的受众主体应该是当地市民；如果色情光碟只在城市天桥下或地下通道里售卖，那么信息的受众主体应该是过往群众。网络有害信息与此不同，其受众群体难以预测，无法控制。因为网络社会根本不存在预估、掌控信息受众的前提，即对受众身份的识别和对信息传播媒介的控制，因网络的匿名性和传播平台的实时联动而无法实现。

3. 针对受众偏好的个性化信息传播更为突出

受众与传播者互动更为明显，针对受众偏好的个性化信息传播也更为突出。网络传播技术的革新和人类交往空间在网络的延展，不断推动传播者与受众之间关系的变革，受众在信息传播过程中的地位也由被动变为主动。各大门户网站发布信息都会设置评论功能，微博的评论、点赞功能，微信朋友圈的回复功能，视频网站的播放最多、评分最高的排序功能等都是受众充分参与网络传播的体现。有害信息的受众也不再是被动地接受信息，而是主动搜寻、咨询、浏览、分享、反馈目标信息，充分参与到和有害信息传播者或其他受众的对话之中。❶ 此外，基于大数据技术，有害信息的传播者还可以根据受众的信息偏好，向其推送特定的有害信息。例如，甲某注册了某淫秽色情网站会员，并经常观看色情动画视频，之后只要甲某登录该网站，网站首页便向其推送

---

❶ 传统的受众角色即被动的信息接收者将终止，取而代之的是搜寻者、咨询者、浏览者、反馈者、对话者等诸多角色中的任意一种或几种。参见：聂磊. 新媒体环境下大数据驱动的受众分析与传播策略 [J]. 新闻大学，2014（2）：129 – 132.

色情动画。

4. 受众成分类集群化趋势

网络虽然促使大众传播的受众变得更多元、复杂，但是网络传播的开放性为多元、复杂的受众群体分类聚合创造了条件。以一定身份、职业、兴趣、爱好、利益为特征的受众通过微信群、QQ 群、论坛版块等平台成集群化趋势。粉丝是受众分类集群化的典型代表，他们是围绕特定人物、影视剧或某类话题进行互动的"网络迷群"❶。粉丝在现实社会中可能彼此互不相识，但在网络社会中特定的信息会引起粉丝——这类集群化受众共同的强烈反应。例如，对某一明星的诽谤、谩骂信息，便会引起该明星粉丝群体的强烈回击；某明星在其微博中发布煽动犯罪类的有害信息，最先接收该信息且受影响最大的群体也会是粉丝群体。

（五）网络有害信息传播环境的特点

1. 媒介化社会面临更为复杂的风险

传播环境是指能够影响传播活动的特定客观情况和条件的总和。网络有害信息传播环境具有标签意义的因素当然是网络环境，突出的特点是媒介化社会的形成。一方面，媒介渗入于日常工作、生活的全部，成为人们社会交往的必需平台；另一方面，媒介与社会政治、经济、文化系统相互作用、相互影响。❷

媒介化社会面临的风险包括两类：一是媒介外社会风险，包括公共卫生风险、生产安全风险、科技滥用风险等并不依赖媒介而存在的风险，但媒介为这些风险的认知、防范、预警、处置提

❶　雷蔚真. 网络迷群与跨国传播：基于字幕组现象的研究 [M]. 北京：中国传媒大学出版社，2012：3.
❷　周翔，李镓. 网络社会中的"媒介化"问题：理论、实践与展望 [J]. 国际新闻界，2017（4）：137-154.

供信息支持。二是媒介化内生风险，主要包括网络谣言、暴力、色情等有害信息，这类风险内生于媒介运行体系之中，在媒介化社会中被聚集放大、被学习模仿，并且由风险转化为实害的过程在空间上被极大拉伸，在时间上被极大缩短。❶

2. 媒介化社会信息广泛深刻地建构着"社会现实"

网络的发展使得人们接触的信息越来越巨大和复杂，但是人们又不可能对信息所反映的全部现实环境都有亲身的经历，也不可能对信息所反映的全部事实都有经验的认知，容易受有害信息的引导。人们的态度和行为在很大程度上已不再是对实际"社会现实"的反应，而成了对信息显示的拟态环境的反应。某种意义上，网络信息提供了人们态度、行为的发生基础，广泛深刻地建构了"社会现实"。

（六）网络有害信息传播目的的特点

传播目的是传播者对于信息传播的主观心态，自我表现成为有害信息传播的重要目的。网络传播者除了包括依制度化传播的媒体组织，更多的是个性鲜明的网民个体。网民个体的传播能量被激活❷，加之网络的虚拟性和匿名性，使得网民产生了与现实生活中不同的心理需求和满足感❸，他们在网络社会中充分展现个人的主体意识，聚人气、博眼球、求关注、塑形象、受追捧成为他们活动的重要目的。他们沉浸于所传播信息的点击量，在信息被阅读与转载的过程中获得成就感。有学者以 2013 年 9 月 10 日至

---

❶ 参见：刘玮，王戒非. 多元传播环境下的媒介化社会风险 [J]. 现代传播，2014 (7)：164 – 165.

❷ 喻国明，张超，李珊，等. "个人被激活"的时代：互联网逻辑下传播生态的重构——关于"互联网是一种高维媒介"观点的延伸探讨 [J]. 现代传播，2015 (5)：1 – 4.

❸ 柳军. 微内容网络舆情传播研究 [M]. 湖北：武汉大学出版社，2015：44.

2014 年 9 月 10 日网络传播的公共事件谣言为样本进行了抽样调查，结果显示，自我表现成为造谣的最主要目的，占比为 23.7%。❶

（七）网络有害信息传播效果的特点

1. 网络有害信息更具误导性

传播效果指的是信息所引起的受众认知及行为的变化。俗话说"无图无真相、有图有真相""照片拍得不够好是因为距离真相还不够近"，但网络社会"有图未必有真相"。一方面，网络社会人们快餐式地消费信息，多了对信息的狼吞虎咽，少了对信息的细嚼慢咽。另一方面，自媒体时代人人都是传播者，信息的内容缺少传统的"媒介把关人"，信息的传播变得更为随意和任性。2013 年 12 月，一组"老外街头扶摔倒大妈遭讹 1800 元"的图片引爆网络，引起广大网友强烈谴责，但事情的真相却是照片中的大妈被老外驾驶摩托车撞倒，大妈实为受害者。❷ 2013 年 7 月，一条名为"福建泉州儿童医院烤死新生儿"的微博在网上传开，同时配发数张触目惊心、惨不忍睹的照片，引起网友一片声讨，但事情的真相却是该婴儿死于感染。❸

2. 网络有害信息传播效果具有瞬时扩散性和瞬时反馈性

一方面，网络传播具有即时性，有害信息一旦在网络上发布

---

❶ 袁会，谢耘耕. 公共事件网络谣言的造谣者研究：基于影响较大的 118 条公共事件网络谣言的内容分析 [J]. 新闻记者，2015（5）：58-65.

❷ 杨雪."老外街头扶大妈遭讹 1800 元"事件调查 [N]. 中国青年报，2013-12-04（5）.

❸ 百度百科. 泉州新生婴儿保温箱内死亡事件 [EB/OL]. (2018-03-20) [2021-05-23]. https：//baike. baidu. com/item/% E6% B3% 89% E5% B7% 9E% E6% 96% B0% E7% 94% 9F% E5% A9% B4% E5% 84% BF% E4% BF% 9D% E6% B8% A9% E7% AE% B1% E5% 86% 85% E6% AD% BB% E4% BA% A1% E4% BA% 8B% E4% BB% B6/8154256.

便能迅速扩散，即使发布者在短时间内删除仍具有弥散的可能性。尤其是意见领袖❶发布的信息能迅速在特定的人群中传播，并能产生影响和改变他人态度和行为的巨大效果。另一方面，受众对于有害信息的反馈也可以是瞬时的。尤其是意见领袖或者自己所关注的人发布的信息一般都有实时推送或提示，微信朋友圈或者微博中的"秒赞""秒回""秒转"便是其中鲜明的例子。

三、网络引发的传播有害信息犯罪新情势

　　网络因素的介入激活了传统有害信息，使得有害信息呈泛滥之势。据中国互联网信息中心统计，2020 年全国各级网络举报部门受理网络违法和不良信息❷举报 1.63 亿件，同比增长 17.4%。❸另以谣言为例，2015 年上半年有 90% 多的网络用户接触过谣言，有 60.4% 的人转发或者分享过谣言；❹2017 年腾讯公司拦截的谣言就超 5 亿次。❺此外，侮辱、诽谤，损害商业信誉、商品声誉等传统社会不常见、不多发的案件，在网络社会中变得高发。近年来，因为在网络上制造、传播有害信息而构成犯罪的案件也层出

---

❶ 意见领袖的概念最早由拉扎斯菲尔德等于 20 世纪 40 年代在《人民的选择》一书中正式提出，是指在人际传播网络中经常为他人提供信息、意见、评论，并对他人施加影响的活跃分子，是大众传播效果形成过程的中介或过滤环节。参见：任福兵. 网络社会危机传播原理 [M]. 上海：华东理工大学出版社，2017：63.

❷ 有害信息和不良信息的含义较为接近，经常出现混同使用的情况。

❸ 中央网信办违法和不良信息举报中心. 2020 年全国网络举报受理情况 [EB/OL]. (2020 – 05 – 05) [2021 – 05 – 23]. https：//www. 12377. cn/tzgg/2021/c93838d1_web. html.

❹ 速途研究院. 2015 年上半年网络谣言调查报告 [EB/OL]. (2018 – 03 – 16) [2021 – 05 – 23]. http：//www. sootoo. com/content/653234. shtml.

❺ 腾讯公司. 2017 腾讯公司谣言治理报告 [EB/OL]. (2018 – 03 – 16) [2021 – 05 – 23]. http：//tech. qq. com/a/20171220/026316. htm.

不穷、屡见不鲜，有的案件还引起极大的社会关注，例如"快播"案❶、"秦火火"案❷等。有学者指出："网络犯罪总量与不法程度较之在物理空间实施的同类犯罪呈现几何级增长。"❸

网络因素的介入催生了传播有害信息的新形式。网络作为新的社会形态，有其特有的存在方式，人们在网络社会中的交往也有异于传统社会的模式。传统社会中，人与人之间的对话依托的是人的生理功能，不聋不哑即可正常地接收和传递信息。网络社会中，人们的交往必须依托特定的平台，例如微信等即时通信平台，网站、微博等信息发布平台。离开了这些网络服务平台，人们就是网络社会的"聋哑人"。新的社会交往方式的产生，伴生了传播有害信息的新形式，例如网络服务提供者拒不履行信息网络安全管理义务的情形、利用信息网络设立用于实施传授犯罪方法网站的情形、帮助信息网络犯罪活动的情形等。

网络因素的介入显著放大了传播有害信息的社会危害。在网络社会中，信息的运动突破主体、时空、媒介、受众的限制，人们交往的时间在过去和未来的层面被极大拉伸，交往空间极大拓展；交往的对象在国别、种族、阶层等方面得到极大的丰富，交往内容极大扩展；交往的媒介脱离了有形载体的束缚，交往的形

---

❶ 深圳市快播科技有限公司是以 P2P 技术为依托的网络视频信息服务提供企业，在向网络用户提供视频服务的过程中不仅拉拽淫秽视频文件存储在缓存服务器里，参与部分不法用户传播淫秽视频的过程，而且在明知其经营、管理的网络服务系统被用于传播淫秽视频的情况下，出于扩大经营、非法牟利目的，拒不履行监管和阻止义务，放任其网络平台大量传播淫秽视频。

❷ 2011 年 7 月 23 日甬温线动车事故发生后，秦某某在该事故善后处理期间，编造政府机关天价赔偿外籍乘客的信息并在网络上散布，起哄闹事，该虚假信息被大量转发，造成公共秩序严重混乱。

❸ 梁根林．传统犯罪网络化：归责障碍、刑法应对与教义限缩［J］．法学，2017（2）：3－13.

式变得复杂多样，交往的效率得到极大的提高。与此相伴，网络有害信息的社会危害也被推进到前所未有的程度。

第四节　小　结

网络有害信息是由"网络""有害""信息"三个要素组成的概念，其中"信息"是中心语，决定网络有害信息的本质；"网络"和"有害"是定语，它们决定网络有害信息的范围。所以，界定网络有害信息的基础和基本路径是对"网络""有害""信息"这三个组成要素有准确的理解。在考察"信息"的哲学属性、"网络"的技术内涵及其社会意义、"有害"的认定等问题之后，笔者提出网络有害信息是指网络社会中存在的，内容违反法律规范或者违背社会道德准则，在公众中的传播会对社会造成危害的间接客观存在。这一界定凸显网络有害信息时代性、社会性、相对性和客观存在性的特征。在理论研究、刑事立法以及司法实践中，网络有害信息经常与网络有害数据、网络垃圾信息、网络违法信息、网络不良信息等概念混同使用，事实上这些概念既有相似性，也存在明显的差异。

传播是信息运动的基本形式，信息只有在人与人之间传播才具有评价的意义。网络有害信息相较于传统有害信息在传播模式上发生了结构性变化，并且这种结构性变化也引发了传播有害信息犯罪的新情势。

第二章

刑法视域下的网络传播有害信息

第一节　网络传播有害信息各要素的
　　　　刑法审视

一、"网络"的犯罪构成要素归属

网络如一个人类生态系统，计算机、手机、电缆、光纤、网卡等硬件设施，传输介质、拓扑结构等网络通信系统，Windows Server 等网络操作系统都是其物质组成，信息是人类在网络社会中活动的对象，并由此形成人与人交往的各种关系。如前文所述，网络的含义包括两个层面：第一个是物理层面，指电信网、广播电视网、互联网"三网融合"的网络，以及其他向公众开放的局域网络；第二个是人类交往层面，指与现实社会日趋融合的网络社会。这就决定了网络在犯罪构成中的地位也具有层次性。基于物理层面的网络，在犯罪构成中通常属于犯罪对象或者犯罪工具；基于人类交往层面的网络，在犯罪构成中可以认定为犯罪空间、犯罪场所。网络作为犯罪对象、犯罪工具、犯罪空间的不同地位不是同步出现的，而是根据技术发展的不同阶段逐渐显现的。

（一）作为犯罪对象的网络

网络最早只是一个技术概念，从犯罪构成的角度来说，"网络最早完全是作为犯罪对象出现的"❶。在网络发展的第一个阶段，即通常所谓的 Web1.0 时代，网络的本质在于聚合、联结、搜索巨量信息，❷ 实现内容与内容的连接。网络通过终端将网民连接起来，但是这种连接是单向的，信息在网络的传播与在报纸、电视等传统媒介的传播一样，仍然是线性的。网民只能被动地接受网络服务提供者提供的信息，不能与其互动，这时门户网站占据了信息传播的中心地位。同时，因为网民到网络服务提供者的信息流动是不通的，网民之间通过网络的互动就不可能实现。所以，在 Web1.0 时代，交往只发生在网民和网络服务提供者之间，矛盾和对立也产生于网民和网络服务提供者之间。他们之间矛盾和对立最直接、最剧烈的呈现形态是通过技术手段实施破坏网络中的采集、储存、分析、处理、检索、传输信息的计算机信息系统❸的犯罪行为，以实现对网络服务提供者的攻击。在这一阶段，网络与作为其物质组成部分的计算机概念经常混同使用，出现网络犯罪与计算机犯罪概念并存的状况，且当时的立法、司法关注的重点是技

---

❶ 于志刚. 网络思维的演变与网络犯罪的制裁思路 [J]. 中外法学，2014（4）：1045－1058.

❷ 刘畅. "网人合一"：从 Web1.0 到 Web3.0 之路 [J]. 河南社会科学，2008（2）：137－140.

❸ 1994 年《计算机信息系统安全保护条例》第 2 条规定，计算机信息系统是指由计算机及其相关的和配套的设备、设施（含网络）构成的，按照一定的应用目标和规则对信息进行采集、加工、存储、传输、检索等处理的人机系统。

术特征明显的计算机犯罪。我国《刑法》第 285 条规定的"非法侵入计算机信息系统罪"、第 286 条规定的"破坏计算机信息系统罪"都是将网络中的计算机信息系统作为犯罪行为直接作用的对象，且几乎可以规制涉网络或计算机犯罪的全部类型。

（二）作为犯罪工具的网络

如果说 Web1.0 时代网络已经实现信息内容与内容的连接，开启了信息的"只读"模式，那么 Web2.0 时代网络就可以实现了人与人的连接，开启了信息的"可写"模式，它允许网民个体广泛、深入地参与网络内容建设和信息交互。微博、微信、QQ、维基、播客、P2P 平台等具有强烈交互性、个性化特征的网络应用是其中的典型代表。Web2.0 时代，网民通过相关网络应用可以拓展社会交往的范围，可以上传文字、图片、音频、视频实现网络信息内容的生产，网络成为人们日常交往的重要工具，网络真正可以"为我所用"。当然网络也可以为犯罪所用，犯罪是人们交往的一种极端形态，利用网络作为工具的传统犯罪也随之显现，并呈爆发式增长。盗窃、诈骗、非法经营、侵犯著作权、窃取国家秘密、伪造证件等绝大多数传统犯罪纷纷出现了网络异化的现象，《刑法》第 287 条"利用计算机实施有关犯罪的提示性规定"对规制相关犯罪发挥了重大作用。《全国人民代表大会常务委员会关于维护互联网安全的决定》又对"利用""通过"网络实施造谣、诽谤，煽动颠覆国家政权等犯罪作出规定。2015 年《刑法修正案（九）》更是直接增设了非法利用信息网络罪，其罪状"利用信息网络实施下列行为"便是典型的将网络作为传统犯罪"新式"工具的表述。

（三）作为犯罪空间的网络

在技术层面，随着移动网络和物联网的发展、普及，网络社会和现实社会开始全面地相互渗透、融合，两者的边界亦变得日益模糊。一方面，人们在现实社会中的全部生活内容几乎都可以在网络社会得到体现，开门七件事——柴米油盐酱醋茶，全可以在网络上置办。另一方面，网络深刻地改造着现实社会，在人手都是智能手机的当下社会，人走到哪儿，网络终端就设置在哪儿，网络就延伸到哪儿。物联网可以将现实社会中的任何物体通过网络实现信息交换和通信，任何物体都可以成为网络的终端，人们工作、生活中实实在在的物质环境成了网络的一部分。甚至通过生物识别技术，人本身也可以成为网络的终端，例如当下渐渐普及的"人脸识别支付""指纹支付"等，这样人也成了网络的一部分。那么，问题来了——什么是现实的，什么是网络的？笔者的回答是"现实的也是网络的，网络的也是现实的"，网络已然演化为人们交往的空间范畴。2013年9月施行的《最高人民法院、最高人民检察院关于办理利用信息网络实施诽谤等刑事案件适用法律若干问题的解释》（以下简称《诽谤案件解释》）第5条第2款即以网络有害信息中的虚假信息为切入点，将网络空间解释为公共场所，实现了刑事司法上将网络认定为犯罪空间、犯罪场所的态度转向。2016年11月发布的《网络安全法》更是首先在法律层面上直接使用了"网络空间主权""网络空间安全和秩序""网络空间治理"等表述。笔者认为，网络传播有害信息中的网络应该定位为犯罪空间、犯罪场所。

第一，网络提供了有害信息传播的发生条件。网络有害信息的生成和传播并不以现实空间中的特定情境为必备条件，人们在网络中的交往具有独特的社会背景和"风土人情"，其本身能够催生有害信息，并为有害信息的传播提供条件。网络社会中人们的交往并不需要以现实空间的场景为依托、为根据。例如，网络社会主体可以有独立于现实社会的身份，网络有害信息的生成不需要建立在主体真实身份的基础之上，而是建立在主体的账号之上。网络社会中主体之间的交往可以有独立于现实社会的环境。在网络游戏中，各玩家的交往建立在虚拟游戏提供的场景，玩家之间可能发生侮辱、诽谤的违法犯罪行为。

第二，网络能够承载有害信息传播的行为和结果。网络能够承载有害信息传播的行为和结果，并且具备有害信息传播空间、场所的留痕要求。网络之所以能作为犯罪空间、犯罪场所而存在，是因为网络能够承载有害信息传播的行为和结果，并且在网络空间中留下犯罪的物理痕迹。网络传播有害信息的痕迹都是以电子形态呈现的，例如 IP 地址等与犯罪人人身相关的痕迹、对删除的有害信息进行恢复等与犯罪行为有关的痕迹。这与作为犯罪工具的网络有很大区别，若网络作为犯罪工具，则行为作用于犯罪工具留下的痕迹必然留存于现实空间。笔者以一个简单的例子便能指出其中的矛盾——甲某在网络论坛上对某匿名发帖用户进行辱骂，甲某的行为、结果及相关行为的痕迹只会在网络上呈现，对现实空间几乎没有影响。

二、"有害信息"的犯罪构成要素归属

有害信息是信息的一个种概念，界定有害信息的犯罪构成要素归属离不开对信息在犯罪构成要素归属的相关学术主张进行审视。目前比较有代表性的观点有两种：一种观点认为信息是刑法所保护的一种法益，另一种观点认为信息是犯罪的对象。但是笔者不赞同这两种观点，认为"有害信息"应该认定为犯罪的工具。

（一）信息作为法益的考察

该观点认为，信息是一种利益，信息法益包括了"信息资源

和与之相关的权利"。❶ 在公民个人信息的刑法保护相关研究中也有观点将信息界定为法益。❷ 笔者认为，将信息界定为法益是不妥当的。法益是法所保护的利益，虽然在信息社会中，信息的价值越来越重要，附着在信息之上的利益也越来越多元、广泛，但是附着在信息之上的利益不能等同于信息本身。一切能够为人所利用的客观存在都可以成为利益之附着，例如财物附着了所有权、占有权等利益，人的身体附着了生命权、健康权等利益。在此意义上信息与物无异。有害信息，更是显然不可能成为刑法所保护的利益。

（二）信息作为犯罪对象的考察

该观点认为，信息在本质上可以视为物，从而可以成为行为的对象。❸ 在公民个人信息的刑法保护相关研究中也有观点将信息界定为犯罪对象。❹ 犯罪对象是犯罪行为所侵害的人或物，体现着刑法所保护的法益，公民个人信息体现着隐私权等刑法所保护的法益，可以成为犯罪的对象。但是，有害信息是一种类似于违禁品的存在，本身并不体现法益。此外，传播行为所侵害的也并非有害信息，因为传播本身是信息运动的方式，信息在传播过程中"发展、壮大"，传播不会造成有害信息的减损，而是通过有害信息实现其他危害结果。例如，通过有害信息侮辱他人，犯罪对象

❶ 详见：高德胜. 信息犯罪研究 [D]. 吉林：吉林大学，2008；黄琰. 信息刑法基本问题研究 [D]. 武汉：武汉大学，2012.
❷ 曲新久教授将"公民个人信息"界定为"个人法益"，且具有"超个人法益"的属性，本质上是将信息界定为一种法益。详见：曲新久. 论侵犯公民个人信息犯罪的超个人法益属性 [J]. 人民检察，2015 (11)：5-9. 也有人直接将信息界定信息社会所独有的法益。
❸ 张明楷. 刑法学 [M]. 5 版. 北京：法律出版社，2016：163.
❹ 即认为公民个人信息是被侵害的对象而非法益。详见：敬力嘉. 大数据环境下侵犯公民个人信息罪法益的应然转向 [J]. 法学评论，2018 (2)：116-127.

应该是被侮辱的人，而不是有害信息，侮辱行为留下的伤疤不在
有害信息上，而是在人心上。

（三）信息作为犯罪工具的考察

所谓犯罪工具，就是供犯罪行为使用之物。笔者认为，网络
传播有害信息中的有害信息不是犯罪行为侵害之物，而是与犯罪
行为结合、供犯罪行为使用之物，应该定位为犯罪工具。

第一，将有害信息定位为犯罪工具符合信息的哲学本质。我
国《刑法》并没有"犯罪工具"的直接规定，而是在第 22 条犯
罪预备规定"为了犯罪，准备工具"；在第 64 条犯罪所用之物的
处理规定"供犯罪所用的本人财物，应当予以没收"。从我国
《刑法》的内在逻辑来看，犯罪工具指的是物。信息是一种间接
客观存在，虽然是依托于物质的相互作用而产生的，但是自其产
生之后便独立于所依托的物质，具有独立存在、发展、运动、消
亡的轨迹，是一种类似于物的存在。有害信息也一样，虽然是信
息扭曲、畸变的形态，但一旦生成，便也具有了独立存在的意
义，有害信息传播、消亡都脱离于、不依赖于产生扭曲、畸变的
基础信息。由此，有害信息便具有成为犯罪工具的"物"的
属性。

第二，有害信息是以其"使用价值"为犯罪行为服务。刑法
理论上关于犯罪工具的认定存在不同观点，主要有"促进理论"❶

---

❶ "促进理论"源于美国，主要是针对洗钱罪、毒品犯罪中没收犯罪工具所适用的
一种理论，即犯罪工具是"行为人以任何方式使用的或者部分使用的，用以实行
犯罪、打算用以实行犯罪，或者促进犯罪实施的一切财物"，认定是否"促进犯
罪"必须根据物是否与犯罪活动有足够联系或者密切联系。详见：王飞跃. 犯罪
工具没收研究 [J]. 中外法学，2010 (4)：615–629.

"直接专门理论"❶"关联理论"❷。因为犯罪工具认定很重要的意义在于对犯罪工具的没收，虽然不同理论在犯罪工具没收范围的具体把握标准上存在分歧，但是它们都认可犯罪工具是以其"使用价值"为犯罪行为服务的。在传播有害信息犯罪中，有害信息就是这么一类以其"使用价值"为犯罪行为服务的存在，与犯罪对象不同，不是犯罪行为侵害之物，而是为犯罪行为服务、促进犯罪实现之物。有害信息本身作为一种间接存在，不是因为犯罪行为的作用使信息改变了原来的状态或属性，而是有害信息与传播等行为相结合，对社会产生了危害。众所周知，有害信息的"使用价值"在于其呈现的内容对受众认识所能造成的负面影响，例如宣扬恐怖主义的信息可以让受众产生对恐怖主义同情、崇拜等情绪，诽谤信息可以导致他人的社会评价贬损，淫秽、色情信息可以激发强奸的犯意等，从而促进恐怖主义犯罪、诽谤罪、强奸罪的发生和完成。有害信息的传播者正是利用了不同类型的有害信息对受众所能产生的不同影响而达到不同犯罪目的的。

第三，司法上对有害信息的处理与对犯罪工具的处理理念一致。司法上对犯罪工具处理的通行做法是没收，以防止其再次成为犯罪的凭借之物，达到预防犯罪的目的。我国《刑法》第 64 条规定，违禁品和供犯罪所用的本人财物，应当予以没收。传统有

---

❶ "直接专门理论"是我国台湾地区认定犯罪工具的通说，所谓"直接"，就是指与犯罪必须有直接关系，仅有间接关系的不属于犯罪工具而不得没收。所谓"专门"，则排除将平常有其他合法用途仅偶尔用于犯罪的物作为犯罪工具对待。详见：王飞跃. 犯罪工具没收研究 [J]. 中外法学，2010（4）：615–629.

❷ "关联理论"的内容包括两个方面：其一是关联点；其二是关联强度。关联点是指物被用于整个犯罪过程中的哪一阶段、物的使用构成犯罪在侵害合法权益方面的哪一功能或者构成哪一功能的一部分，是实行行为还是非实行行为。关联强度是指物与非实行行为相联系的情况下，该物与犯罪联系的紧密程度。详见：王飞跃. 犯罪工具没收研究 [J]. 中外法学，2010（4）：615–629.

害信息具有有形载体，我国司法上通常予以收缴，其效果与没收无异。网络有害信息没有有形载体，没收无法适用，只能在网络上删除。笔者认为，删除在处理理念上与没收相通，在网络上删除有害信息的效果是防止有害信息继续传播，防止再次成为犯罪的工具，以预防犯罪。❶ 此外，司法实践中，对于利用信息网络传播有害信息的犯罪，经常将电脑作为犯罪工具予以没收，在网络已然成为犯罪空间而不是犯罪工具的情况下，笔者认为这是不妥当的。

此处，可以对前文提到的"黄鳝门"案件中淫秽色情信息的性质作出回答。笔者认为，不论是主播的淫秽色情直播还是观众录制的直播视频，都是各自所成立犯罪中的犯罪工具。

三、刑法中的传播行为

（一）我国《刑法》规定的传播行为

在现代汉语中，传播一词意指人与人、人与群体或群体与群体之间传递信息、物品等的过程，其核心含义在于信息、物品等从一个主体向另一个主体的流动。传播虽然是一个动词，但强调的是信息、物品等的动态分享过程，而不是单一的身体动作。根据传播者和受众人数的不同，传播可以分为"一对一、一对多、多对一和多对多"等不同传播形式。❷ 在我国《刑法》中，传播是多个犯罪的构成要件行为，并且主要以三种形态存在。

---

❶ 司法实践中，对于利用信息网络传播有害信息的犯罪，在判决中对传播的有害信息如何处理一般都没有涉及。笔者认为，应该在判决中明确宣告删除网络上的有害信息，禁止传播。由此，将删除特定有害信息的义务上升为刑事判决确定的义务，从而具有更高的执行效力。

❷ 毛玲玲. 传播淫秽物品罪中"传播"行为的性质认定："快播案"相关问题的刑事法理评析［J］. 东方法学，2016（2）：68 –76.

第一种形态是《刑法》文本中直接使用传播一词。在我国《刑法》文本中，犯罪的罪状直接使用传播一词的情况较为多见，并分布于多个章节条款之中，主要包括"走私淫秽物品罪""编造并传播证券、期货交易虚假信息罪""破坏计算机信息系统罪""拒不履行信息网络安全管理义务罪""编造、故意传播虚假恐怖信息罪""编造、故意传播虚假信息罪""泄露不应公开的案件信息罪""妨害传染病防治罪""妨害国境卫生检疫罪""传播性病罪""制作、复制、出版、贩卖、传播淫秽物品牟利罪""传播淫秽物品罪""传染病防治失职罪"等罪名。

第二种形态是刑事司法解释将传播直接解释为犯罪构成要件行为。例如，有司法解释将传播行为解释为《刑法》第 217 条"侵犯著作权罪"中发行行为❶；有司法解释将传播邪教物品的行为解释为《刑法》第 300 条组织、利用邪教组织破坏法律实施罪的行为❷。

第三种形态是《刑法》文本或司法解释虽未使用传播一词，但表达了信息流动的含义。传播的核心含义在于信息在主体之间的流动，我国《刑法》和相关司法解释中，存在虽然没有直接使用传播一词但是其他词语表达了信息流动含义的情形。例如，《刑法》第 120 条之三规定的"宣扬恐怖主义罪"中的"宣扬"一词，第 221 条规定的"损害商业信誉、商品声誉罪"中的"散布"一词，都有分享信息的含义。经过梳理，我国刑事法律规范中类似的词语有出版、发行、制造、宣扬、散布、登载、张贴、发送、播

---

❶ 参见 2011 年《最高人民法院、最高人民检察院、公安部关于办理侵犯知识产权刑事案件适用法律若干问题的意见》的规定。

❷ 参见 2001 年颁布的《最高人民法院、最高人民检察院关于办理组织和利用邪教组织犯罪案件具体应用法律若干问题的解释（二）》的规定。

放、演示、编译、编撰、编辑、汇编、设计、散发、邮寄、销售、贩卖、展示、投递、提供、传输、发布、持有、讲授、编造、捏造等。

由上述梳理可知，我国刑事法律规范中有关传播行为的规定庞杂、混乱。刑法中传播一词的含义究竟是什么？与现实生活中使用的传播一词是否存在差异？在我国刑事法律规范中，对传播一词明确给予界定的有两部司法解释，一部是 2001 年《最高人民法院、最高人民检察院关于办理组织和利用邪教组织犯罪案件具体应用法律若干问题的解释（二）》，它对传播的行为方式作出限定，即传播是指散发、张贴、邮寄、上载、播放以及发送电子信息等行为。另一部是 2013 年《最高人民检察院关于依法严厉打击编造、故意传播虚假恐怖信息威胁民航飞行安全犯罪活动的通知》，它对传播的受众作出了限定，即编造虚假恐怖信息后向不特定对象散布，属于编造、故意传播虚假信息。综合这两部司法解释，刑法中的传播应该理解为向不特定对象散发、张贴、邮寄、上载、播放以及发送电子信息等行为。

根据体系解释的基本理论，"将刑法使用某种概念的所有条文进行比较，很容易确定这种概念的含义"❶。那么上述对于传播行为的界定是否适用于刑法规定的所有传播行为呢？答案是否定的，因为各罪之间无法保持协调。一方面，上述界定不能囊括传播的所有行为方式，有以偏概全之嫌；另一方面，刑法中的传播也并非全部都针对不特定的对象，例如"传播淫秽物品罪""宣扬恐怖主义罪"等就没有针对不特定对象的要求。

笔者认为，对刑法中传播行为的理解应该抱有更开放、包容

---

❶　张明楷．刑法学［M］．5 版．北京：法律出版社，2016：36．

的态度，凡是能表明信息、物品等流动的行为都属于传播行为，包括准备行为和帮助行为。只是在不同的犯罪中，传播行为有针对不特定对象或某些形式要求等特定的面向。具体到网络传播有害信息犯罪中的传播，指的是凡是表明有害信息从一个主体向另一个主体流动的行为，包括相关的准备行为和帮助行为。❶

据此，我国《刑法》中庞杂、混乱的传播行为形式便可根据其所属的传播阶段或对于传播所起的作用进行分类整理。例如，制造、编译、编撰、编辑、汇编、设计、持有、编造、捏造等行为可划归为传播的准备行为；出版、发行、宣扬、散布、登载、张贴、发送、播放、演示、散发、邮寄、销售、贩卖、展示、投递、提供、传输、发布、讲授等可以划归为传播的实行行为；提供书号、刊号等可以划归为传播的帮助行为。

（二）传播行为的网络异化

网络作为新的社会形态，有其特有的存在方式，人们在网络社会中的交往也有异于传统社会的模式。新的社会交往方式的产生伴生了传播有害信息的新形式，传播行为的形态也出现了评论、点赞、链接、关注、转发等迥异于传统的网络异化。

以微博中传播有害信息的行为为例。微博中有害信息的传播形式多样，有的直接提供有害信息本身，将有害信息的内容直接展示给公众，属于传播行为的传统形态，在处罚上也少有争议。但是，微博中还存在一种较为隐秘的间接传播有害信息的形式，即用户不直接提供有害信息给公众，而是给公众提供有害信息的

---

❶ 2002 年《最高人民法院、最高人民检察院关于办理组织和利用邪教组织犯罪案件具体应用法律若干问题的解答》就表明，为了传播而持有、携带邪教宣传品的，数量达到入罪要求的，根据案件情况按犯罪预备或未遂论处。可见，持有、携带可以认定为传播的准备行为。

传播路径，从而规避处罚。微博中，用户提供有害信息传播路径给公众的方式主要有信息内容链接和用户联结两种情形。这两种情形下能否对有害信息传播路径提供者苛以刑责？笔者认为，关键在于提供传播路径的行为是否属于传播行为的判定。

1. 信息内容链接

信息内容链接指的是一个网络页面指向一个目标的连接关系，点击链接便可跳转至被连接的目标，被连接的目标可以是网页、图片、音频、视频或是应用程序等。❶ 微博中，用户可以利用信息内容链接传播有害信息。例如，用户甲在微博中发布用户乙网页的链接，不附加任何文字或图片说明，被链接的网页含有煽动颠覆国家政权的内容。实务中通常都将发布有害信息内容链接的行为认定为有害信息的传播行为从而定罪处罚。这一做法是合理的，因为网络中信息内容链接广泛、常见，稍有常识的人都不会认为用户甲只是提供一串字母、数字或符号，都知道需要点击这一串字母、数字或符号后才能获得信息。显然，用户甲主观上是为传播被链接的信息，客观上也扩大了被链接信息的传播渠道和受众范围。

2. 用户联结

微博是社交化的大众传播平台，具有大众传播与人际交往的双重属性。微博平台为用户设定的功能除了扩大各类信息的链接，还试图增加微博用户的联结，两者相辅相成、彼此促进、相互交融。有的用户因为阅读了某条信息而关注发布该信息的人，有的

---

❶ 信息内容链接分为深度链接和浅度链接两种：深度链接情形下，点击链接不会离开设置链接的页面，被链接的信息内容直接在设置链接的页面中显示，这与直接发布信息内容无异；浅度链接情形下，点击链接会离开设置链接的页面，跳转至其他页面，受众从其他页面中获取信息的内容。

用户因为关注某个人而阅读该人发布的信息。因此，提供某个用户的联结路径事实上就是提供了获得该用户信息的路径。实际存在利用微博"关注－被关注"这种用户联结关系传播有害信息的现象，且比信息内容链接更为隐秘。

图 2－1 是用户甲的个人微博主页，所发布的信息多为转发他人的娱乐、新奇、搞笑短视频，未见任何有害信息。用户甲微博名下方简介栏中的内容是"看关注、找车牌或者看赞"，用户甲意在引导访问者查看自己关注的人，建立起访问者与被关注的人之间的联结关系。用户甲关注的人达 650 人，依用户甲的指引，点击查看其所关注人的列表（见图 2－2），并继续点击查看其所关注的用户乙和用户丙的微博主页（见图 2－3 和图 2－4）。用户乙和用户丙发布的微博信息内容非常相似，都是一些网页链接，但是这些网页链接的目标内容大多都是淫秽、色情视频。用户甲关注的其他用户几乎和用户乙、用户丙微博信息内容一致，都是淫秽、色情视频的网页链接，并且用户甲关注的类似用户在持续更新、增加。

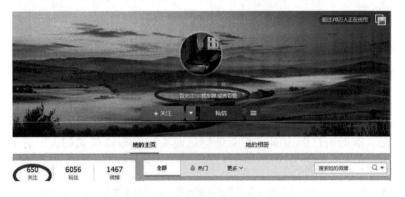

图 2－1　用户甲的个人微博主页

图 2-2　用户甲所关注人的列表

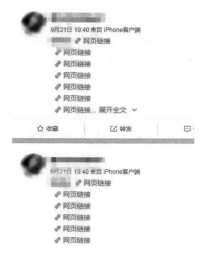

图 2-3　用户甲所关注的用户乙的微博主页

图 2 - 4　用户甲所关注的用户丙的微博主页

用户乙、用户丙及用户甲关注的其他人发布淫秽、色情信息内容链接的行为属于传播淫秽、色情有害信息的行为没有异议，但是用户甲提供用户联结路径的行为是否构成传播淫秽、色情有害信息的行为呢？笔者认为，需要借助刑法中的行为理论予以分析。刑法中的行为理论主要有身体动作说、有意行为说、目的行为说和社会行为说。身体动作说认为，行为是人身体的物理运动，不包含人的主观意识；有意行为说认为行为是在意识的支配下，人的身体动作引起结果的发展过程；目的行为说认为行为是实现行为人预设的一定目标的活动。大陆法系中，有意行为说是通说。❶ 目前，学界很多人主张行为的概念中不应该掺杂主观的因

---

❶　陈兴良. 刑法哲学 [M]. 5 版. 北京：中国人民大学出版社，2015：79.

素，行为应该界定为具有特定社会意义的身体动作。❶ 笔者赞同这一个观点，但同时认为作为行为实施后，司法上对行为性质的反向推演、检验和判定亦可以将目的、行为结果等因素作为依据。故在认定用户甲的行为是否属于传播有害信息的行为时可以综合考察行为的社会意义、行为的目的和行为的结果。

首先，网络社会情境中用户甲集中搜集淫秽、色情视频提供者，并将他们的联结路径提供给访问者的行为具有传播淫秽、色情信息的社会意义。在微博中，进入某个用户的主页后直接呈现给访问者的便是该用户发布的信息。这与现实社会不同，甲给乙介绍一个朋友丙，若丙不说话，乙就无法从丙处获取任何信息，甚至乙也不知道甲介绍丙给自己认识的目的是什么，而微博中的用户一旦建立了联结，便可直接获取对方发布的信息。所以，微博中的"用户"本身是一个信息场域的代名词，提供用户的联结便是提供信息的链接，两者不可分割。用户甲在自己的微博中关注众多的淫秽、色情信息提供者无异于在自己的微博中设置众多淫秽、色情信息的链接。

其次，用户甲的行为带有明显的传播淫秽、色情信息的目的。用户甲在微博简介中标注"看关注、找车牌或者看赞"。第一，"找车牌"的用语在网络社会中具有"指引淫秽、色情信息位置"的引申意义；第二，用户甲也明确指出该位置在"关注的人"一栏内；第三，用户甲事实上在"关注的人"一栏集中明显、大量地提供了淫秽、色情信息的链接。退一步说，即使用户甲微博中没有"看关注、找车牌或者看赞"类似的标注，仍应认定用户甲

---

❶　张明楷教授认为，刑法上的行为指的是行为人实施的客观上侵害法益的身体活动，其中"侵害法益"就是行为的社会意义。参见：张明楷. 刑法学［M］. 5版. 北京：法律出版社，2016：142.

具有传播淫秽、色情信息的目的。因为其他用户可以随意查看自己关注的人是微博平台的一般规则，为用户普遍知晓和实际使用，如若用户甲关注淫秽、色情信息提供者是为了自己观看的方便，那么用户甲应该采取"收藏"❶等私密的方式，而不是采用"关注"的方式将众多淫秽、色情信息提供者的联结路径集中暴露在公众之中。

最后，用户甲的行为可以引起淫秽、色情信息扩散的结果。用户甲将众多的淫秽、色情信息提供者的联结路径集中提供给公众，一方面拓宽了淫秽、色情信息的传播渠道，扩大了受众的范围；另一方面降低了公众获取淫秽、色情信息的难度。

第二节　刑法中"有害"的判断

一、判断意义

"有害"处于网络传播有害信息的核心地位，"有害"的刑法判断直接影响罪与非罪、此罪与彼罪、轻罪与重罪的认定，更是直接关系到网络传播有害信息法律规制工具的选择。

第一，"有害"的判断是立法上区分行为承担何种责任的依据。"有害"的判断是立法上区分网络传播有害信息承担民事责任、行政责任，还是刑事责任的依据。网络传播有害信息中"有害"的有无、"有害"的程度，将直接决定网络传播有害信息行为是受道德谴责、民法调整、行政法惩治，还是刑法规制。网络传

---

❶ 微博平台为用户提供"收藏"功能，用户可以利用该功能定位自己感兴趣的内容，方便以后浏览，其他用户不可见。

播有害信息的刑法规制涉及罪名众多，散见于《刑法》分则的多个章节，既有侵害国家法益的危害国家安全类犯罪，也有侵害社会法益的危害公共安全类犯罪，还有侵害个人法益的侵犯公民人身权利类犯罪。这就意味着，网络传播有害信息的法律规制涉及民法与刑法的交叉、行政法与刑法的交叉，甚至是民法、行政法、刑法三者的交叉。❶

　　第二，"有害"的判断是网络传播有害信息刑事司法持续获得正当性的依据。《刑法》文本具有稳定性，一经制定便不能轻易地或者频繁地更改，但是由于《刑法》文本内容因社会变迁产生新的含义，并且有法条的抽象化特点、立法技术上的缺陷❷，再加上大千世界无奇不有，刑事司法中难免有立法者始料未及之情形出现。因此，需要积极发挥司法之能动性。以损害商业信誉、商品声誉的行为为例，区分行为承担民事责任还是刑事责任的根据是行为的"有害"判断。根据法律的规定，损害商业信誉、商品声誉在承担民事责任还是刑事责任上只有"情节严重"或"重大损失"一线之隔。但是"情节严重"或"重大损失"的内涵与外延十分模糊，需要在刑事司法中予以解释明确。对于"损害商业信誉、商品声誉罪"而言，司法解释规定❸的"重大损失""其他严

---

❶　例如对于侮辱、诽谤行为的法律规制，我国《民法典》第109条规定，自然人的人身自由、人格尊严受法律保护。由第110条规定可知，自然人、法人、非法人组织享有名誉权和荣誉权。《治安管理处罚法》第42条规定，公然侮辱他人或者捏造事实诽谤他人的处拘留或者罚款，情节严重的加重处罚。《刑法》第246条规定，以暴力或者其他方法公然侮辱他人或者捏造事实诽谤他人，情节严重的构成侮辱罪、诽谤罪。《刑法》第221条规定了捏造并散布虚伪事实，损害他人商业信誉，给他人造成重大损失或者有其他严重情节的构成损害商业信誉罪。

❷　黄波. 论刑法解释的技术［J］. 南通大学学报（社会科学版），2017（5）：52 - 57.

❸　详见2010年5月《最高人民检察院、公安部关于公安机关管辖的刑事案件立案追诉标准的规定（二）》第74条。

重情节"包括直接经济损失 50 万元以上等几种情形。那么如果出现新的情形，例如造成重大间接损失 100 万元或者丧失重大交易机会，能否解释为其他重大损失或其他严重情节呢？笔者认为，这需要根据所处的社会情势来判断，因为"重大损失""其他严重情节"的内涵是动态的，会随着社会生活情势的变化而发生变化，刑事司法只有紧跟社会生活情势的变化，更新"重大损失""其他严重情节"等"有害"判断的内涵才能持续获得正当性。

值得注意的是，司法解释对"损害商业信誉、商品声誉罪"中的"重大损失"和"其他严重情节"作出解释，但是仍然留下了"其他重大损失或其他严重情形"这样模糊的兜底表述。❶笔者认为，刑事司法解释的功能在于使刑法文本内容清晰、明确，应该具有相对的终局性。但是，司法解释出现这样留白表述的顾虑是可以理解的，因为这样留白表述很大的原因在于司法机关本身对于刑法规制范围，民行刑交叉界限认定上的不周延、不自信。归根结底是为"其他重大损失或其他严重情形"这一反映信息"有害"与否的不确定法律概念的判断留有空间和余地，以应对新情况、新问题的出现，使得刑事司法持续获得正当性。

第三，"有害"的判断是某些情形下当事人自主选择法律工具的前提。当网络传播有害信息只涉及个人权益而无涉重大公益时，刑法赋予被侵害主体启动或不启动刑事追诉的决定权。此时被侵害人可以自主选择对侵害人不予追究或者请求民事赔偿，抑或是启动刑事自诉程序追究刑事责任。司法实践中，很多达到刑事追诉标准的案件由于当事人选择民事赔偿不启动自诉程序而未纳入

---

❶ 2010 年 5 月《最高人民检察院、公安部关于公安机关管辖的刑事案件立案追诉标准的规定（二）》第 74 条规定，捏造并散布虚伪事实，损害他人声誉、商品信誉……（三）其他给他人造成重大损失或者有其他严重情节的情形。

刑法规制，在事实上缩小了刑法调整的范围，体现了刑法的谦抑价值。但是被侵害人享有自诉权的前提是，侵害行为不存在严重危害社会秩序和国家利益的情形。刑法上如何判断危害社会秩序和国家公共利益的有害程度将直接影响被侵害人自诉权的有无。若刑法认定的严重危害社会秩序和国家公共利益的情形较宽泛，那么很多当事人可以自行协商解决的案件将纳入刑法的规制。所以，刑法视野下信息"有害"的判断直接关系到当事人自主选择法律规制工具权利的有无和范围的大小。

二、判断层次

网络有害信息概念中的"有害"指的是信息在不特定公众之间传播的过程中，由人作出的信息内容违背法律规范或道德准则的评价，其中信息的内容是"有害"的来源，信息的传播是"有害"的实现方式，特定的社会危害结果是"有害"的呈现形式。故"有害"的判断应该分三个层次。第一个层次是信息内容是否有害及有害的程度；第二个层次是信息在公众中传播是否有害及有害的程度；第三个层次是有害信息传播造成的社会危害后果及其程度。这三个层次的判断缺一不可，并且都以上一层次的判断为前提。若上一层次的判断为无害，则下一层次无须进行判断，必然为无害。

（一）信息内容是否有害及有害的程度

信息内容是否有害及有害的程度是网络传播有害信息中"有害"判断的基础环节，它涉及以下两个方面的问题。

第一，信息内容的识别。信息内容的识别解决的是信息有害内容的归属问题。现实中信息有害内容的识别通常存在两种情形：第一，受众识别到的信息内容与主体意在传播的信息内容一致，例如某人有意传播淫秽物品，便在网络中上传了一段偷拍邻居夫妻的性爱视频，网民看后都认为是淫秽视频。第二，受众识别到的信息内容与主体意在传播的信息内容不一致，例如某人有意传播淫秽物品，便转发了一段宗教极端分子发布的强奸视频，有的人观看后感觉到的是暴力恐怖，有的人感觉到的是淫秽色情，有的人学习到了犯罪方法，有的人产生强奸的犯意并实施。从我国《刑法》规制网络传播有害信息的罪名可以发现，刑法对网络传播有害信息的规制以有害信息内容的分类为起点，司法实践中必须将有害信息分门别类之后才谈得上法律的适用。某一信息如果不能归入煽动、虚假、淫秽色情、暴力恐怖信息等类型，或是对归属哪个类别存在争议，则刑法无法对其进行规制。所以信息内容的识别和类型归属的判断便是一个重要的刑法问题。

第二，信息内容是否有害及其程度的判断。在识别信息的基础上，首先，需要判断信息的内容是否有害，例如，一段骂人的文字是不是侮辱诽谤，一张裸体照片是不是色情图片，一段对政府的批评录音是不是颠覆国家政权等。其次，在作出信息内容有害的结论之后还要对信息有害的程度进行鉴别，只有达到严重危害社会程度的有害信息才需要由刑法调整。一张裸露的图片与一段性爱视频，一段隐晦的指桑骂槐和一段直白的恶语相向，对受众的影响是不一样的，在同样传播广度和力度的前提下所产生的社会危害大小也是不一样的。我国刑事司法实践中有对信息内容有害程度考量的规定，2008 年《最高人民检察院、公安部关于公安机关管辖的刑事案件立案追诉标准的规定（一）》第 82 条就区分了网络中淫秽视频、音频、图片、文章、短信息等同一类型不同内容形式的淫秽信息不同的有害程度，从而确立不同的入罪数

量要求。❶

（二）信息在公众中传播是否有害及有害的程度

信息内容有害，但信息在公众中传播并不必然有害。信息在公众中传播是否有害及有害程度是网络有害信息社会危害性实现的关键，是网络信息有害性判断中承上启下的一个重要环节。公众意指不特定的多数人，三人即可成众，公众具有万千种类型，这样信息面向的公众不可能是整齐划一的，不同类型的信息面向不同类型的公众，所具有的有害性也是不同的。为此，可以将信息在公众中的传播分为绝对有害和相对有害。所谓绝对有害，就是指不论公众的类型如何，只要在公众中传播便具有有害性，典型的有危害国家安全的信息、煽动犯罪的信息等。所谓相对有害，就是指信息并非在所有类型的公众中传播都具有有害性，而是在某一类型公众中传播具有有害性，或者在某一类型公众中传播有害的程度较之在其他类型的公众中传播有所增加或减少，典型的如暴力信息、色情信息。暴力、色情信息在未成年人中传播通常被认为是有害的，为刑法所禁止。但是这类有害信息在成年人中传播，有害性大大减损，因而有些国家视为合法。德国刑法中的散发色情文书罪只有针对 18 岁以下人群散发的才成立犯罪。❷ 美国、日本等国家实行的较为成熟的信息分级管理制度便是建立在

---

❶ 2008 年 6 月《最高人民检察院、公安部关于公安机关管辖的刑事案件立案追诉标准的规定（一）》第 82 条规定，……以牟利为目的，利用互联网、移动通信终端制作、复制、出版、贩卖、传播淫秽电子信息，涉嫌下列情形之一的，应予立案追诉：（一）制作、复制、出版、贩卖、传播淫秽电影、表演、动画等视频文件二十个以上的；（二）制作、复制、出版、贩卖、传播淫秽音频文件一百个以上的；（三）制作、复制、出版、贩卖、传播淫秽电子刊物、图片、文章、短信息等二百件以上的……。

❷ 冯军 . 德国刑法典 [M]. 北京：中国政法大学出版社，2000.

区分信息绝对有害和相对有害基础之上的，暴力、色情信息被划分为不同级别，允许或禁止在不同年龄段的公众中传播。

（三）有害信息传播造成的社会危害后果及其程度

有害信息传播造成的社会危害后果包括行为给刑法所保护的法益带来的实害结果和现实危险状态，是法益侵害性最直观的表现和度量。从理论层面来看，在当今刑法理论的学派之争中，不仅结果无价值论者认为刑事违法性的实质根据是法益侵害及其危险的危害后果，而且二元的行为无价值论者❶也承认危害后果对于犯罪构成的重要意义，即便这种意义"只是限制处罚范围的附加因素或条件"❷。具体到网络传播有害信息的刑法规制，如果采纳主观的一元的行为无价值论，完全不考虑危害后果，网络传播有害信息的刑法规制将丧失现实性、外在性和社会性。又因为传播有害信息本身属于涉言论犯罪的范畴，仅仅以行为人的"意思"作为刑事违法性的判断依据，那么让所有受众一笑了之的玩笑话都可能追究传播者的刑事责任，有陷入"思想"入罪的风险。

从实定法层面来看，我国《刑法》对犯罪的定义采用定性＋定量的模式，决定了危害后果的严重程度对成立犯罪的重要意义。我国《刑法》第 13 条规定"……但是情节显著轻微危害不大的，不认为是犯罪"，可见网络传播有害信息即使满足有害判断的前两

---

❶ 行为无价值论在考察是否存在实质违法性时，重视行为人的意思这种"人的"要素。其中，完全不考虑法益侵害及其危险，仅将行为人的"意思"作为违法性判断的立场，称为"主观的一元的行为无价值论"；不仅将行为人的"意思"，而且将法益侵害及其危险也作为违法性判断的立场，称为"二元的行为无价值论"。"主观的一元的行为无价值论"由于存在明显缺陷，现在采取这种观点的学者极为罕见。参见：张明楷. 行为无价值论与结果无价值论［M］. 北京：北京大学出版社，2012：10 - 15.

❷ 张明楷. 行为无价值论与结果无价值论［M］. 北京：北京大学出版社，2012：79.

个层次——内容有害和在公众中传播有害，也有可能因为造成的
社会危害后果显著轻微、达不到刑法所要求的严重危害社会的结
果而不成立犯罪，在有害判断的第三个层次被排除于犯罪之外。
我国《刑法》对犯罪构成采用定性与定量相统一描述模式，第13
条"但书"的规定被视为我国《刑法》关于犯罪成立的量（程
度）的总论性规定。❶ 理论上，任何网络传播有害信息的行为都可
能因为达不到犯罪成立的量或程度的要求而在刑法上被认定为无
害。我国《刑法》分则及相关司法解释中有关网络传播有害信息
的条文、规定亦凸显量的因素对成立犯罪的重要意义。例如，我
国《刑法》第363条"制作、复制、出版、贩卖、传播淫秽物品
牟利罪"及2010年最高人民法院、最高人民检察院的司法解释规
定了以牟利为目的，利用互联网传播淫秽电子信息入罪的量的标
准。❷ 若没有达到法律规定的量的要求，则说明没有达到刑法所要
求的社会危害结果的严重程度，即使向公众传播淫秽电子信息亦
不构成犯罪或不加重处罚。

三、判断依据

　　网络有害信息是指网络上存在的，内容违反法律规范或者违
背社会道德准则，在公众中的传播会对社会造成危害的信息。网

---

❶ 方鹏. 出罪事由的体系和理论［M］. 北京：中国人民公安大学出版社，2011：
　286.
❷ 视频文件10个以上，音频文件50个以上，刊物、图片、文章100件以上，电子
　信息实际被点击数5000次以上，注册会员100人以上，违法所得费用5000元以
　上等；情节严重加重处罚的量的标准为上述标准的5倍以上；情节特别严重加重
　处罚的量的标准为上述标准的25倍以上。详见：2010年2月《最高人民法院、
　最高人民检察院关于办理利用互联网、移动通讯终端、声讯台制作、复制、出
　版、贩卖、传播淫秽电子信息刑事案件具体应用法律若干问题的解释（二）》第
　1条。

络有害信息的来源包括两部分：一部分是淫秽信息、暴力恐怖信息、虚假信息、侮辱信息、诽谤信息等在道德层面能够为民众所普遍认可为有害的信息，民众只须根据最朴素的道德准则便能识别其有害性。另一部分是法律拟制为有害的信息，主要是违禁品信息，也包括部分危害国家安全的信息或政治类有害信息。这部分信息是国家根据管理的需要而由法律直接规定为有害的信息，一般不涉及道德评判。例如关于贩卖枪支、弹药的信息，如果国家实行枪支、弹药管制，则此类信息法律拟制为有害；如果国家不管制，则此类信息无害。所以，从违反法律规范和道德准则两个标准可以囊括有害信息的所有部分，是对有害信息事实层面的界定。

在网络有害信息的界定上，笔者采用了"内容违反法律规范或者违背社会道德准则"的表述，其中的法律规范可以是民法、行政法或刑法。这是对网络有害信息中的"有害"在一般意义上或者说普遍意义上的判断。在法律层面，有害信息中"有害"的判断依据是法律规范，那么在刑法视野中，"有害"的判断依据只能是刑事法律规范还是仍然包括民法、行政法等其他部门法？这一问题涉及刑法理论中的违法一元论和违法相对论之争。

违法一元论与违法相对论争议的焦点在于对违法性的内涵是否应该在所有的部门法领域作统一判断。违法一元论者持肯定的观点，认为违法性的判断应该在所有部门法领域保持统一。违法一元论内部又分为严格的违法一元论和缓和的违法一元论。严格的违法一元论主张民法或者行政法上容许的行为在刑法上也应该认定为正当，民法或者行政法上禁止的行为在刑法上也具有违法性。缓和的违法一元论主张违法性应该在全体法秩序中作统一评价，但是不同部门法有不同的目的，对违法性的质和量要求不同。❶ 缓和的违法一元论者认为，民法或者行政法上容许的行为在刑法上也应该认定为正当，民法或者行政法上禁止的行为在刑法上不一定具有违法性。

违法相对论者持否定的观点，认为刑法上的违法性以是否值得刑罚处罚为判断依据，与民法等其他部门法的违法性判断是不一样的，是相对的。❷ 违法相对论者主张，即使民法或行政法上许可的行为也有可能具有刑法上的违法性，即使民法或行政法上禁止的行为，也可能不具有刑法上的违法性。

笔者认为，严格的违法一元论忽视了各部门法的目的、机能以及法律责任的形式，有明显的缺陷。缓和的违法一元论和违法相对论都认可刑法对违法性的判断具有独立于民法、行政法等其他部门法的意义。它们都赞同民法或行政法上禁止的行为也可能不具有刑法上的违法性，但它们在民法或行政法上许可的行为是否存有刑法上的违法性方面存在分歧。这一分歧仅仅表明缓和的违法一元论和违法相对论在刑法的违法性范围上认识不同。可以这样说，缓和的违法一元论和违法相对论都不反对这样的表述：不论是民法或者行政法上容许或禁止的行为，若要判定具有刑法上的违法性，就必须经过刑法的认可。

具体到刑法语境中"有害"的判断依据，笔者认为"有害"与否必须得到刑法的认可。第一，并非所有网络传播有害信息的行为都能进入刑法的视野，并非所有的网络传播有害信息的行为

---

❶ 王骏. 违法性判断必须一元吗?：以刑民实体关系为视角 [J]. 法学家，2013 (5)：131-147.

❷ 童伟华. 日本刑法中违法性判断的一元论与相对论述评 [J]. 河北法学，2009 (11)：169-172.

都需要刑法的调整。只有达到严重侵害法益或严重危害社会程度要求，才需要刑法的规制。第二，即使某些网络传播有害信息的行为达到了严重侵害法益或严重危害社会的程度要求，若还未经立法者的认可写入刑法的条文，则也不能进入刑法的视野，成为刑法调整的对象。网络传播有害信息本身是先于刑法规制而存在的，但是网络传播有害信息要进入刑法的视野，必须依靠刑事法律规范的认可。于是就可能出现上述现象：在网络传播有害信息的行为中，一部分纳入刑法的调整范围，一部分没有纳入刑法的调整范围；在没有纳入刑法调整范围的行为中，有一些是不应当为刑法所调整的，有一些则可能是应当为刑法调整而刑法还没有将其纳入调整范围。只有从这个意义上说，人们才可以评价网络传播有害信息刑事立法的是非。

依前文分析，需要经过刑法的认可才能认定为刑法中的有害信息，那么道德准则又将置于何种地位？道德准则对于刑法中有害信息的判断是否没有意义？答案是否定的，道德准则在刑法对于信息"有害"与否的判断具有重要意义。道德准则解决了"有害"判断上的尺度问题。例如，刑法认可淫秽色情信息为有害信息，但是刑法不可能精确描述什么样的信息属于淫秽色情信息，在认定上应该把握什么样的尺度，这些就是道德准则所要解决的问题。所以，在刑法视野中，可以认为网络有害信息是网络社会存在，为刑事法律规范所认可的，内容在公众中传播会对社会造成危害的信息，刑事法律规范是评价"有害"与否的依据。这意味着对"有害"的判断是刑法解释论范畴的一个命题。

四、判断标准

刑事法律规范作为"有害"的判断依据，道德准则作为"有害"判断的尺度，它们本身不是精密、精确的；相反，它们有很多原则性、概括性的规定需要在司法实践中具体判断。刑事法律规范犹如一把精确到厘米的标尺，当设定的取值单位为毫米时，不同的丈量者根据各自的经验、对规则的理解和道德标准可能会得出不同的结论。所以，选择"丈量者"对于"有害"的判断至关重要。

当下刑法理论中，主观归罪已被摒弃，主观一元的行为无价值论已遭绝大多数学者切割，转而考量现实性、外在性和社会性的因素所具有的刑法意义。在此背景下，网络传播有害信息中"有害"的判断已经极少有人持"行为人标准"的观点，个别持该观点的学者亦附加了某些限定条件❶，但这已不是时代之主流、争论之重点；与之相反，坚持"有害"的判断标准是客观而非主观的已具广泛共识。时延安教授就曾指出判断信息是否有害的标准应该是客观而不是主观的。❷

理论上迫切、彻底地排除"有害"判断上的主观标准，正说明主观因素与"有害"判断的纠葛。不可否认，"有害"是一个不确定的法律概念，"有害"的判断就是一个不确定法律概念具体化的过程，是一个刑法解释的过程，必然带有强烈的主观色彩。信息内容是否有害及有害的程度受很多因素的影响，包括但不限于主体所处的不同的文化氛围、不同的历史传承、不同的法律制度，主体所具有的不同的教育背景、不同的素质修养、不同的年龄阶段、不同的性别、不同的种族、不同的利益立场等。这些因素直

---

❶　例如有学者主张对"有害"的认定应当以行为人主观意思与受害人所在区域的社会文化背景为基础。参见：楼伯坤，王静. 网络传播有害信息刑法规制初探 [J]. 广东行政学院学报，2014（6）：66 – 71.

❷　时延安. 以刑罚威吓诽谤、诋毁、谣言?：论刑罚权对网络有害信息传播的干预程度 [J]. 法学论坛，2012（4）：13 – 19.

接或潜移默化地影响着主体的主观想法，进而影响着主体作出的最终结论。

（一）"有害"判断的客观化路径

如何将主观的因素挤出"有害"判断的空间呢？刑法理论上对于实现"有害"这类具有强烈主观色彩概念的判断标准客观化的方法有两种：一种是商谈模式，另一种是"社会一般人"判断模式。

1. 商谈模式

商谈模式以解释主体为中心，认为刑法解释是主体在理解文本基础之上对文本意义的重构，承认解释主体多元性导致的解释结论的差异，并主张通过解释主体之间的商谈达成解释结论的共识。商谈模式下，对"有害"的判断进行充分的协商可以有效地消解分歧，控制和化解司法风险，是一种较为安全的尺度把握。但是公众参与使得协商存在走向虚无或狭隘的可能。❶

2. "社会一般人"判断模式

"社会一般人"判断模式以刑法文本为中心，认为刑法解释是对文本意义的探寻。它将刑法解释正当性的实质判断交给"社会一般人"，由此获得解释结论的正当性依据。但是如何确保"社会一般人"的判断不带偏见地被甄别？现实中经过筛选的所谓"社会一般人判断"很可能是从解释者自己的立场或偏见所得出的主观结论。❷

在实质层面，商谈模式和"社会一般人"判断模式都存在走向主观立场和偏见的风险。但是，两害相权取其轻，笔者认为，

---

❶❷ 黄波. 论刑法解释的技术 [J]. 南通大学学报（社会科学版），2017（5）：52－57.

"社会一般人"判断模式相较于商谈模式在"有害"的判断上更为适宜。第一，在形式层面，"社会一般人"判断模式在将"有害"的判断由个体向"社会一般人"的形式转换过程中实现了"有害"的判断由主观向客观的转化。第二，"社会一般人"判断模式的基本前提是"社会一般人"对"有害"的判断标准只能被发现，而不能被代表，限缩了主观恣意的存在范围，由此将个人主观因素在形式上排挤出了"有害"的判断空间。

对"有害"概念判断标准客观化，笔者支持"社会一般人"判断模式。"社会一般人"判断模式代表的是公众的一般认知，这与网络有害信息在公众中传播的特征相契合。但是，网络传播有害信息涉及的公众比传统传播有害信息涉及的公众具有更多种面向，包括网络社会中的一般公众、信息传播指向的公众和全社会的公众，与之对应的就是"网络社会一般人""信息受众中的一般人""全社会一般人"。这三种"社会一般人"所把握的"有害"判断的标准尺度存在差异。

（二）"有害"判断标准的学说及评析

1. "网络社会一般人"标准❶

同一出版物对"成熟的人"与"幼稚的人"的影响不一。❷信息在网络社会的全面浸润，必然导致网民与非网民对同一内容信息的认知偏差。有观点认为，"有害"的判断不能脱离网络环境，必须立足网民这一特定群体，不能以全社会一般人为判断起点。❸

网络社会与现实社会日趋融合，但在两者还未实现融合的时

❶ "网络社会一般人"标准也可以称为网民标准。
❷ 邓瑜. 媒介融合与表达自由［M］. 北京：中国传媒大学出版社，2011：23.
❸ 参见：周新. 淫秽电子信息犯罪研究［D］. 武汉：武汉大学，2014.

代，它们之间必将呈现出一定的差异。网络作为一种社会形态，能够承载传播有害信息的行为和危害结果，但是传播有害信息的行为和结果所造就的人们交往环境与现实社会环境存在巨大差异，并且两极化特征明显。网民犹如高空走钢丝的杂技表演者，他们较之其他人有更高的平衡能力，但是却比其他人处于更危险的境地，一不小心就是万丈深渊。一方面，信息在网络的巨量产出和传播，使得网民长期接受各种信息激荡、交锋的洗礼，与从未上过网的人对信息的感受能力、鉴别能力、忍受阈值不同，对有害信息的免疫力更高。某些在现实社会传播、可能引发危害的信息，在网络社会根本无法掀起任何波澜。另一方面，同样是信息在网络的巨量产出和传播，提供了人们态度、行为的发生基础，信息更加广泛深刻地建构着"社会现实"。人们不可能对信息所反映的全部现实环境都有亲身的经历，也不可能对信息所反映的全部事实都有经验的认知，容易受有害信息的误导，并且这种误导可以在时间和空间上被放大、拉伸，产生复杂的社会风险。

2. "信息受众中的一般人"标准

网络传播有害信息的行为本身是面向公众，而不是面向个体的，那么在理论上也能从受众中提炼出受众中平均、一般的观点，从而实现"有害"判断标准的客观化。网络有害信息的恶害在于对受众的认知造成实际或者潜在的影响，恶害产生的前提是人们接收、浏览了有害信息的内容。所以，其恶害也集聚于信息的受众之中，脱离受众的感受谈信息的"有害"判断无异于纸上谈兵、不切实际。1972 年美国普林斯顿大学的斯坎沦在《一个关于表达自由的理论》一文中便提出受众的理性对于有害信息认定的重要意义。在斯坎沦看来，信息是否有害、是否应该追究信息传播者的法律责任，要看受众是不是一个"自主主体"，如果是，这种传

播行为就不该受到限制或惩罚。因为有害信息对受众行为所起的作用，已由受众自己的判断所取代。❶

3. "全社会一般人"标准

相较于"网络社会一般人"标准和"信息受众中的一般人"标准，笔者认为坚持"全社会一般人"标准更为适当。

第一，"网络社会一般人"是伪概念。因为即使在网络社会和现实社会并未完全融合的时代，有害信息在网络社会中的传播亦非与现实社会绝对隔离，而是相互影响、彼此渗透的，客观上并不存在一个"不食人间烟火"、存粹存在于网络社会的人群。首先，决定人们对信息"有害"判断的根本因素，即人类价值观的形成仍然以现实社会为主导，思想品德教育、爱国主义教育在孩童尚未实质或独立触及网络社会之时，便已经在家庭的熏陶浸润、父母的言传身教、师长的循循善诱之下潜移默化地根植于孩童心智。除非网络社会相较于现实社会的差异是剧烈、颠覆、晴天霹雳的，否则已经成长的心智难以轻易撼动，人们对事物的观点、看法一般也不会出现断崖式的改变，现实社会中形成的价值观将在网络社会延续。其次，对于网民来说，网络社会和现实社会不可能截然分立，对具体的某条网络信息有害性的判断就不可能做到截然地使用"网络社会标准"或者"现实社会标准"。网民从网络中获取的有害信息会不可避免地沦为现实生活中的谈资，网络有害信息对网民认知的影响效果很大部分实现在现实社会等。最后，"见怪不怪""习惯成自然"并不能成为排除信息有害性的事由。若按照网民长期置身于各种有害信息之中，对有害信息的免疫力强，从而适用较高标准判断信息有害性的逻辑，那么就可以

---

❶ 邓瑜. 媒介融合与表达自由［M］. 北京：中国传媒大学出版社，2011：23-25.

为规避传播有害信息的法律责任提供一条路径：传播有害信息务必做到传播量越大越好、范围越广越好、持续时间越长越好，用以增加公众对此信息的耐受程度，从而减弱法律上的有害性，这显然十分荒唐。如果以网络上"见怪不怪""习惯成自然"作为判断信息有害与否的依据，从而使得"有害"的判断标准提高的话，那么其结果是越来越多、越来越严重的有害信息充斥网络。如此将网络作为一个不负责任的言论场所来对待会显著地贬损网络的存在价值。

第二，"信息受众中的一般人"标准无法适用。"信息受众中的一般人"虽然是有害信息最密切的关联人，但是其范围不清、边界不定，且对于同一内容的信息有害判断结论可能存在差异，易造成刑事司法上的不平等、不公正。首先，要厘定"信息受众中的一般人"观点需要确定信息的受众范围，这是一件极其困难的任务。网络有害信息的受众与浏览信息的受众痕迹不一定是重合的，例如存在多个人使用一个账户名浏览、匿名浏览、同一人变换多个账户名浏览信息等情况。其次，即使通过繁杂的方式确定了受众的范围，"信息受众中的一般人"观点也难以提取，因为并非每个受众在浏览了某条有害信息之后都会留下评论，更多的是"潜水"、默默观望。最后，即使每个受众都对有害信息进行了评论，能够提取到每个受众的观点，从而形成一般意义上或平均的看法，也无法保证之后出现的类似有害信息的受众与之前形成的一般意义上的看法一致，从而留有破坏刑事司法统一、协调的空间。

第三，"全社会一般人"标准具有可操作性。刑事司法活动中，"全社会一般人"的标准由法官来考察。民众不能期待每个法官都熟悉网络社会。若生疏于网络社会的法官依据现实社会的一般理念，对某一造谣诽谤信息不堪忍受或对某一淫秽色情信息面红耳赤的时候，如何期待该法官拥有考察"网络社会一般人"观点的理性；若法官生疏于网络社会，如何期待该法官具有考察"网络社会一般人"观点的技能。"全社会一般人"标准根植于法官的心智，只要求法官保有对法律规定的尊重，保有内心的善良，保有对事件的理性，保有社会生活的常识，便能衍生出"全社会一般人"的观点。

第三节　小　结

网络传播有害信息相关要素的刑法意义或者呈现形式较传统传播有害信息发生了显著变化。首先，网络在技术或者说在物理层面经历了从人类生产、生活工具到人类交往空间的代际进化，网络在传播有害信息犯罪的构成要素归属层面也随之经历了从犯罪对象到犯罪工具再到犯罪空间的演变。其次，信息是一种间接客观存在，可以成为人类利益的承载，但信息不是刑法所保护的法益本身。信息可以成为犯罪对象或者犯罪工具，在网络传播有害信息犯罪中，有害信息以其自身的"使用价值"为犯罪服务，应归属于犯罪工具。最后，网络中的行为具有虚拟性，网络传播行为较传统传播行为发生了异化，可以根据行为的社会意义、行为人的目的、行为的后果等因素判断某行为是否属于刑法上的传播行为。

刑法中"有害"的判断是网络传播有害信息刑法规制中的一个关键性问题，关系到罪与非罪、此罪与彼罪、轻罪与重罪的认定。刑法中"有害"的判断有三个重点：一是"有害"的判断层次，即信息内容是否有害及有害的程度、信息在公众中传播是否有害及有害的程度、有害信息传播造成的社会危害后果及其程度三个层次。这三个层次的判断缺一不可，并且都以前一层次的判断为前提。二是刑法中"有害"的判断依据。有害信息的内容违反法律或者违背社会道德准则，在刑法范畴内谈有害信息，"有害"的判断依据当然是刑事法律规范。但是，学界存在严格的违法一元论、缓和的违法一元论和违法相对论的争议，笔者主张信息"有害"与否必须得到刑法的认可。三是刑法中"有害"的判断标准。刑法中"有害"的判断标准应该是客观的，"有害"本身是一个主观色彩浓重的概念，在理论上可以通过商谈模式或者"社会一般人"判断模式实现主观向客观的转化。笔者主张"社会一般人"判断模式，并且坚持"全社会一般人"的标准，而不是"网络社会一般人"的标准（网民标准）或者"信息受众中一般人"的标准进行判断。

第三章

网络传播有害信息刑法规制的边界

第一节　确定刑法规制边界的研究进路

一、研究起点：从犯罪与刑罚的关系谈起

　　对某一事物进行研究的逻辑起点通常是界定该事物的概念，只有在此基础上，才能确定研究的范畴和研究对象的范围，否则会导致研究的混乱。确定刑法规制边界的研究也不例外，必须起始于对刑法概念以及概念中各组成要素之间关系的厘定。刑法是规定犯罪和刑罚的法律规范，犯罪和刑罚是刑法的两个基本范畴，理论上对刑法的概念和范畴几无争议。如此，确定刑法规制的边界必然落实于犯罪的本质和刑罚正当性这两个基本范畴之中。那么，刑法概念中的犯罪和刑罚这两个基本组成要素的关系便决定了确定刑法规制边界的研究进路。理论上关于犯罪和刑罚的关系存在以下四种认识。

第一，犯罪决定刑罚。该观点认为，没有犯罪便没有刑罚，刑罚依附于犯罪而存在，刑罚内在的规定性取决于犯罪的质与量。刑罚作为犯罪的一种法律后果而存在，因而在逻辑上犯罪与刑罚是一种引起与被引起的因果关系，犯罪是刑罚的发生根据，决定着刑罚的目的、内容和边界。依犯罪决定刑罚的认识，犯罪与刑罚具有逻辑上的一致性和内容上的一一对应关系，犯罪决定刑罚意味着在确定刑法规制边界的研究中只需要考察犯罪这一单独因素。换言之，刑法的边界由犯罪决定，在明确了犯罪的内在规定性即犯罪的本质后，便可确定刑法规制的边界。

第二，刑罚决定犯罪。该观点认为，犯罪与其他不法行为最根本的区别在于犯罪的法律后果是刑罚，没有刑罚就无所谓犯罪。刑法之所以将某一行为规定为犯罪，目的在于对行为人施予刑罚处罚。故对某一行为（行为人）施予刑罚处罚的必要性或正当性决定了将某一行为（行为人）评价为犯罪的必要性和正当性。在现实社会生活中，人们对某行为是否应受刑法调整最直观、朴素的表达是"某人该不该被枪毙""某人该不该被判刑"，此处的某人指的是实施了某危害行为的人。在人们最朴素的思维中，危害行为是与刑罚直接挂钩的，即人们只有应该给予某危害行为（行为人）严厉处罚（刑罚处罚）的欲求，才有将该危害行为（行为人）评价为犯罪的必要。故刑罚才是犯罪化的动因，而犯罪只是满足应受刑罚处罚的规范化运作机制，是刑罚得以实现的过程依托。依刑罚决定犯罪的认识，刑罚与犯罪也具有逻辑上的一致性和内容上的一一对应关系，刑罚决定犯罪意味着在确定刑法规制边界的研究中只需要考察刑罚这一单独因素。换言之，刑法的边界由刑罚决定，只要明确刑罚的内在规定性即刑罚的正当性，便可确定刑法规制的边界。

第三，犯罪与刑罚相互独立。该观点认为，犯罪与刑罚各有自身独立的品格，犯罪的种类及其延展范围、刑罚的种类及其适用范围均受它们各自独立品格的控制。刑罚不是对犯罪的机械反应和简单附庸，刑罚的内在规定性和独立品格决定着自身的存在和表现形式，并且反向制约着犯罪的划定和成立。❶ 依犯罪与刑罚相互独立的认识，犯罪与刑罚在逻辑上并不存在一致性，内容上也千差万别，犯罪与刑罚相互独立意味着在确定刑法规制边界的研究中应该分别考察犯罪和刑罚两个独立的因素，换言之，需要分别从犯罪的本质和刑罚的正当性两个方面探寻刑法规制的边界。

第四，犯罪与刑罚相互融合。该观点认为，犯罪与刑罚有共同的起源❷，它们都是伦理、社会、经济、政治发展的产物，它们有共同的理论背景，共同受制于公平、正义、效率等更高的法价值和原则，因此两者在本质上具有相互替代性。依犯罪与刑罚相互融合的认识，犯罪与刑罚在逻辑和内容上相互重合，犯罪与刑罚相互融合意味着只要确定了犯罪或刑罚其中一个的范围，就可以确定另外一个的边界，从而确定刑法的边界。❸

二、双轨并进：犯罪本质与刑罚正当性的互动

犯罪决定刑罚的认识立足于"已然之罪"与刑罚的关系，其基本前提是刑罚面对已然发生、已然危及特定法益的犯罪，罪在刑前、刑在罪后，有罪即有刑。❹ 它主要表征的是刑罚的报应性。刑罚决定犯罪的认识立足于刑罚与"未然之罪"的关系，其基本

❶ 张丽. 论刑罚对犯罪的制约 [D]. 成都：西南财经大学，2009.
❷ 高铭暄，马克昌. 刑法学 [M]. 6 版. 北京：北京大学出版社，2014：217.
❸ 杨春然. 刑法的边界研究 [M]. 北京：中国人民公安大学出版社，2013：20.
❹ 邱兴隆. 刑罚理性导论：刑罚的正当性原论 [M]. 2 版. 北京：中国检察出版社，2018：3.

前提是刑罚置于尚未发生的、可能的犯罪，刑在罪前、罪在刑后，罪是可能的罪，刑是现实的刑，如此刑罚因先于犯罪存在而占据主动、积极的地位。❶ 此处"尚未发生的、可能的犯罪"指的是犯罪人再次实施犯罪的可能性和犯罪人之外的其他人实施犯罪的可能性，即再犯可能性。❷ 对再犯可能性的压制直接表征的是刑罚的预防性。"已然之罪"与"未然之罪"是犯罪的一体两面，单独从"已然之罪"或"未然之罪"界定犯罪与刑罚的关系，难免有失偏颇、滑向极端。

犯罪与刑罚相互独立的认识只看到了犯罪本质与刑罚正当性的差异，忽视两者内在规定性的重合部分；犯罪与刑罚相互融合的认识又只看到了犯罪本质与刑罚正当性内在规定性的重合，忽视两者各自独立的构造。笔者认为，犯罪与刑罚的关系并非简单的决定与被决定的关系，而是彼此建构的关系。犯罪与刑罚既有内在规定性上的一致性、内容上的重合性，又具有品格上的独立性、诉求上的差异性，两者彼此影响、相互制约。

（一）犯罪与刑罚的一致性

第一，道德非难上的一致性。犯罪和刑罚都蕴含着道德非难和否定性评价的象征意义。犯罪会给行为人带来污名，刑罚会给行为人带来痛苦。犯罪带来污名的逻辑前提是对行为人的否定性评价。对于给行为人带来痛苦的刑罚，笔者认为，也蕴含道德非难。能给人施予痛苦的方式很多，唯有与道德非难相结合，痛苦才具有成为刑罚的条件。例如，甲对乙实施监禁，使乙遭受着失去自由的痛苦，若甲是为谋夺乙的财物，则该监禁行为可以被认

---

❶ 邱兴隆. 刑罚理性导论：刑罚的正当性原论［M］. 2版. 北京：中国检察出版社，2018：3.

❷ 马荣春. 罪刑关系论［M］. 北京：中国检察出版社，2006：23.

定为犯罪；若甲是为了让乙戒除毒瘾，则该监禁行为可以被视为治疗；若甲是为了让实施了杀人行为的乙与社会隔离，则该监禁行为有可能被理解为一种刑罚。因此，监禁本身不是刑罚，只有监禁建立在对被监禁者的道德非难基础之上，监禁才属于刑罚的范畴。

第二，国家意志的一致性。犯罪和刑罚体现的都是国家意志，根据马克思主义的观点，刑法是阶级统治的工具，是掌权阶级根据统治的需要，依凭自己的意志作出的哪些行为是犯罪，并苛以犯罪的人何种刑罚处罚的法律规范。一种行为必须由能体现国家意志的机关经过法定的程序才能被规定为犯罪，制刑、求刑、量刑的权力也必须由能体现国家意志的机关行使。并且，这些权力不能以任何方式让渡给任何单位、组织、团体或个人。

（二）犯罪与刑罚的差异性

犯罪与刑罚的内在规定性具有一致的部分，但是犯罪与刑罚在价值诉求上也表现出明显的差异。

犯罪主要立足的是刑法规制的根据。犯罪不是刑法上专有的概念，不同学科对犯罪有不同的界定，不同研究领域对犯罪有不同的研究目的。在犯罪学领域，犯罪主要是作为一种现象而存在的，研究犯罪的目的主要在于观察、发现、总结导致犯罪的原因，提出防治犯罪的对策。在刑法领域界定、研究犯罪，主要在于揭示犯罪的本质从而划定犯罪的范围。❶ 由此，刑法学领域内对犯罪的研究就有两种面向：一种是实质的面向，即在前实定法层面探讨社会政治、经济、文化、道德等犯罪的根基，为划定犯罪提供实质上的依据；另一种是形式的面向，即在实定法层面探讨成立

---

❶ 陈泽宪. 犯罪定义的法治思考［J］. 法学研究，2008（3）：140 - 141.

犯罪的构成要件，为认定犯罪提供形式上的依据。总之，无论是从犯罪的实质面向还是形式面向进行研究，回答的都是行为何以成立犯罪的基础性问题，构成刑法规制的根据。

刑罚主要立足的是刑法规制的效用。❶ 与犯罪不同，刑罚通常与威慑、报应、预防、改造、教育等词语相伴使用，体现出刑法规制的效用。在刑法领域内研究刑罚，重心在于论证刑罚的正当性，而刑罚的正当性亦来源于体现刑法规制效用的报应主义和功利主义理念。报应主义刑罚观将刑罚视为对实施危害行为的人的惩罚，直接表现为施予行为人痛苦，那么痛苦的有无、痛苦的大小、痛苦与危害行为的匹配便成为刑罚正当性所要重点考量的问题。功利主义刑罚观将刑罚视为预防犯罪的手段，那么预防犯罪的效果、效果的大小便成为刑罚正当性所要重点考量的问题。功利主义刑罚观主张，刑罚的效用可以决定刑罚能否适用❷，可以决定犯罪能否成立❸。

犯罪和刑罚对刑法规制边界的确定都有意义，但是犯罪和刑罚对刑法规制边界进行限定所起的作用不同。犯罪提供了确定刑法规制边界的实质根据，刑罚提供了确定刑法规制边界的效用根据。笔者认为，确定刑法规制边界的研究进路应该是实质根据与效用根据的统一，是犯罪本质与刑罚正当性的结合。某一行为，若有评价为犯罪的实质根据，但是没有刑罚处罚上的效用，则不应纳入刑法规制的范围；某一行为，若有刑罚处罚上的效用，但

---

❶ 刑罚的效用指的是适用刑罚的效果和作用，是国家通过刑罚实现一定目的、需求的度量。

❷ 功利主义的代表人物边沁认为，以下四种情况不得适用刑罚：滥用之刑、无效之刑、过分之刑、昂贵之刑。参见：陈兴良. 刑法的启蒙 [M]. 3 版. 北京：北京大学出版社，2018：122 – 123.

❸ 孙战国. 犯罪化基本问题研究 [M]. 北京：中国法制出版社，2013：80.

是没有评价为犯罪的实质根据，也不应该纳入刑法的规制范围。

第二节　犯罪本质与刑罚正当性的双重限制

一、犯罪本质范畴内确定刑法规制边界的标准

（一）损害说

损害说或者称为损害原则，主要存在于英美法系国家，是判断国家所能合法施用于个人的权力限度的基本原则。损害原则的开创者是英国著名哲学家约翰·斯图亚特·密尔，密尔在其所著的《论自由》一书中主张应该对统治者施用于个人的权力进行限制，并且提出要用一条极简的原则对该权力进行限制，即对社会任一成员的自由进行干涉的唯一目的是自我防卫，对社会任一成员施予背离其意志的权力的正当性在于防止对他人的损害。在密尔看来，个人的行动只要不涉及对他人的损害就无须向社会负责交代，如果个人的行动对他人利益造成了损害，则应该接受法律的惩罚❶，损害原则是立法干预自由的唯一有效原则。密尔试图以极简的损害原则限制权力对个人行动的干预，但是损害这一概念本身的模糊性、个人性和主观性使得该原则空洞、缺乏规范适用的条件。事实上，就某一行为是否给他人造成损害，以及某一行为给他人造成的损害大小和恢复可能而言，因个体的差异而千差万别，同一行为对某些人构成损害而对另一些人可能就不构成损害，某些人遭受该行为的损害很容易恢复，某些人遭受该行为的

---

❶　密尔. 论自由［M］. 程崇华，译. 北京：商务印书馆，1959：3 - 4.

损害很难恢复。这些差异都会使权力干涉自由的限度变得混乱。因此损害原则不得不寻求一个判断"损害"的标准。损害原则的继承和发扬者乔尔·范伯格在《刑法的道德界限》一书中便指出损害原则确是为支持法律强制的某种依据，但是损害原则过于空泛而无实际用处，并且没有具体内容的损害原则可能沦为国家无节制地干涉自由的理论支撑，因为在某种程度上任何行为对他人的利益来说都是有利有弊的，如此一来似乎所有行为都应该由国家掌控。❶ 为此，范伯格以刑法干涉个人自由为切入点致力于探索损害原则的具体化，包括对损害、伤害、侵犯、利益、好处、需求、风险等概念的讨论以明确损害的内涵；对损害进行量化、分类以区分损害的严重程度，提出刑法干预导致他人精神不快行为边界的冒犯原则❷作为损害原则的补充。但是范伯格对于损害原则的补充和发展仍具有较大的局限性，在价值层面，范伯格为以损害原则为刑法干预个人自由边界的标准预设了道德合法性的理论前提，但缺乏详细的论述。在技术和规范的层面，范伯格的表达仍然没有摆脱损害原则先天的个人性、主观性特质的缺陷。例如，范伯格将引起他人精神不快的冒犯分为对感官的直接冒犯，恶心与嫌恶，道德、宗教或爱国情感上的刺激，羞耻、尴尬和焦虑，恼怒、厌烦和沮丧，来自威胁、侮辱等的恐惧、怨愤、羞耻和恼怒等六种类型，并提出决定冒犯严重程度的三个因素：精神不快状态的强度和持久性，以及引起该不快反映的可预测性；他人避

---

❶ 范伯格. 刑法的道德界限（第一卷）：对他人的损害［M］. 方泉，译. 北京：商务印书馆，2013：11–12.

❷ 范伯格认为，恼怒、失望、恶心、尴尬、害怕、焦虑等令人不快的精神状态本身并不必然具有损害性，所以损害原则不能论证刑法仅为防止他人陷入上述不快的精神状态而对行为进行干预的正当性，为此范伯格提出冒犯原则以补充损害原则在这一方面的缺失。

开冒犯场景的难易程度；他人是否自愿接受被冒犯的风险。❶

（二）普遍恐惧说

越界或侵权行为最一般的责任形式是对受害者的赔偿，那么是否意味着只要给予了受害者充分的赔偿，越界或侵权行为就是被制度允许的呢？出于对这一问题的澄清，美国著名哲学家罗伯特·诺奇克在其所著的《无政府、国家和乌托邦》一书中提出，如果制度不仅要求越界者或者侵权者给予受害者赔偿，还对越界者或侵权者给予处罚，那么越界或侵权行为就是被禁止的。诺奇克主张处罚越界或侵权行为的原因是行为引起了人们的恐惧，且这种恐惧不是来自具体的越界或侵权行为，而是来自人们对制度上只要给予赔偿就允许越界或侵权行为的普遍恐惧。❷ 诺奇克认为，如果行为会引起人们的普遍恐惧，则刑法规制具有正当性。❸他还提出了私人性的权利侵犯与公共成分的权利侵犯，以区分普遍恐惧的发生领域，从而确定刑法可以干涉的范围。对普遍恐惧说，或者称为普遍恐惧原则，最主要的批评在于普遍恐惧是人们的一种主观心理，在确定刑法规制边界上适用该原则，是否意味着刑法规制的边界建立在主观的基础之上，而并非内生于刑法本身？笔者赞同这一质疑，同时也认为普遍恐惧并非越界或侵权行为造成某个受害人的个体恐惧，而是社会的集体恐惧。当这种缺乏实质内容的集体普遍恐惧与刑法干预相结合时，很容易沦为刑法恣意的工具。

---

❶ 范伯格. 刑法的道德界限（第二卷）：对他人的冒犯［M］. 方泉，译. 北京：商务印书馆，2014：11 – 29.

❷ 诺奇克. 无政府、国家和乌托邦［M］. 姚大志，译. 北京：中国社会科学出版社，2008：68 – 87.

❸ 杨春然. 刑法的边界研究［M］. 北京：中国人民公安大学出版社，2013：134.

（三）规范违反说

规范违反说认为，犯罪的本质在于违反规范之禁止或命令所赋予的义务。对于"规范"的理解，规范违反说内部存在不同的主张。宾丁认为，规范是先于刑法法规存在前实定的不成文法规范；麦耶认为，规范指的是指导生活行动的道德、宗教、习俗、国家承认的文化规范，是一切法规范的前提；小野清一郎认为，规范指的是社会伦理规范。❶ 诚如学界对规范违反说的质疑，也正是笔者所担忧的，规范违反说将犯罪的实质引向对社会伦理、道德的违反，而伦理、道德本身具有多样性，会使得刑法所依据的规范变得虚无、空洞、易变。如此，规范违反说很难成为具有实质意义的确定刑法规制边界的标准。

（四）法益侵害说之提倡

法益侵害说主张，犯罪的本质是行为对法益的侵害或者威胁。法益的概念经历了比恩鲍姆的"法财"、李斯特的"生活利益"、宾丁的"人、物及其状态"等学说的发展、演变和争论。❷ 在我国，关于法益概念的界定比较有代表性的观点是，张明楷教授主张的法益是根据宪法的基本原则，由法所保护的、客观上可能受到侵害或者威胁的人的生活利益。❸ 根据法益侵害说，如果行为没有侵害法益，只是损害道德感情，行为后果只是造成人们感觉上的不舒服，那么不得将该行为规定为犯罪。❹ 笔者支持法益侵害说，赞成将法益侵害作为在犯罪本质范畴内确定刑法规制边界的

---

❶ 于改之. 刑民分界论 [M]. 北京：中国人民公安大学出版社，2007：114 – 120.
❷ 参见：伊东研祐. 法益概念史研究 [M]. 秦一禾，译. 北京：中国人民大学出版社，2014.
❸ 张明楷. 法益初论 [M]. 北京：中国政法大学出版社，2003：167.
❹ 许恒达. 法益保护与行为刑法 [M]. 台北：元照出版有限公司，2016：2.

标准。

第一，法益侵害说为揭示犯罪本质、确定刑法规制边界提供了一个形式明确、外表坚实的标准。一方面，法益侵害说与损害说、普遍恐惧说等标准不同，摒弃了个人、主观的因素，强调一种客观、外化的标准；另一方面，法益侵害说划清了与伦理、道德的界限，避免了伦理、道德层面的多元化争论、多样化特征对刑法规制范围的影响，使得确定刑法规制边界的标准在形式上具有明确性和稳定性。

第二，法益的实质内涵虽然也具有模糊性，但具有明确化的可行路径。相对于损害说、普遍恐惧说、规范违反说等而言，法益侵害说更具可控性。法益侵害说的批评者认为，法益的内涵其实是空洞的或者对控制刑法规制边界是没有作用的，因为若法益是一个规范意义上或者刑法"体制外"的概念，则法益本身来源于什么？是否也要借助伦理、道德予以评判，如此法益侵害说便与规范违反说混同，其标榜的形式明确性也将荡然无存；若法益是一个实证法意义上或刑法"体制内"的概念，则法益本身源自于现行刑法，法益便不具有立法的批判功能，沦为现行刑法的附随。笔者认为，对于规范意义上或者刑法"体制外"法益概念的批评应该寻求刑法制定的根据予以解决，例如有的国家的刑法制定根据为宪法，而在某些宗教国家，刑法的制定根据可能是宗教教义，故对刑法"体制外"法益的概念可以通过宪法或者宗教教义去理解、限定。对于实证法意义上或者说"体制内"法益概念的批评没有注意到刑法"体制内"的法益调整对刑法规制边界的确定也是有意义的，"体制内"法益的变动也会导致刑法规制范围的变动。如果在个罪的范畴内审视刑法的变动就会发现，个罪承载的法益会因社会环境的变化而变动，刑法"体制内"的法益也会随之在个罪之间重新配置。例如，甲行为原本不会对刑法"体制内"的 A 法益造成侵害或威胁，但社会环境发生改变之后，甲行为具有了侵害 A 法益的能力，那么对于 A 法益而言会实现甲行为的犯罪化。

笔者赞同行为对法益的侵害或者威胁是犯罪的本质，主张将法益侵害作为犯罪本质范畴内确定刑法规制边界的标准，刑法规制的边界会随着法益的变动而发生改变。

二、刑罚正当性范畴内确定刑法规制边界的标准

（一）报应主义

报应主义认为，刑罚是针对恶行的恶报，是对犯罪的报应。报应主义立足于"已然之罪"与刑罚之间的关系，强调刑罚是对"已然之罪"的报应，是对行为人所实施犯罪的清算。❶ 与此同时，恶报必须与恶行等价，实现刑罚与犯罪的均衡。报应主义契合了民众"善有善报、恶有恶报"的朴素正义观念，被认为是刑罚的正当性根据。既然刑罚面向的是"已然之罪"的报应，那么刑罚正当性考察的必然是犯罪的恶害，即行为导致的严重社会危害和行为人的主观恶性。

（二）功利主义

功利主义主张刑罚不应该为了制裁而制裁，为了处罚而处罚，应该有一定的目的即预防犯罪才具有意义，故功利主义又称为目的刑论。报应主义基于"已然之罪"与刑罚的关系阐述刑罚的正当性根据，但是当视野转换为"未然之罪"时，报应主义的根基就不复存在，由于刑罚不可能针对没有发生的犯罪实施报应，刑

---

❶ 徐福生. 形势政策学 [M]. 台北：元照出版有限公司，2017：125.

罚的正当性只能是为了预防再犯罪而施予处罚。因此，功利主义关注刑罚对"未然之罪"的遏制，只有在遏制犯罪所必要且有效的限度内，刑罚才具有正当性。❶ 根据目的的不同，功利主义内部又可分为一般预防论和特殊预防论。一般预防论以社会一般人为作用对象，强调通过刑罚威慑阻止社会一般人实施犯罪。特殊预防论以犯罪的人为作用对象，通过刑法惩罚防止其再次实施犯罪。既然刑罚面向的是"未然之罪"的预防，那么刑罚正当性考察的必然是行为侵害法益的重要程度，以及犯罪人或潜在犯罪人的再犯可能性或者说人身危险性等因素。

（三）合并主义之提倡

报应主义或功利主义反映的是刑罚与犯罪的"已然之罪"或"未然之罪"其中一个面向的关系，然而犯罪是"已然之罪"与"未然之罪"的统一，那么报应主义和功利主义都不能完全地诠释刑罚的目的和意义，所以就出现将报应主义与功利主义相调和的合并主义。合并主义认为，刑罚的正当性既包括对犯罪这一恶行的恶报，同时也须有效地预防犯罪的再发生。刑罚的预防目的必须置于报应的范围内，才具有正当性。邱兴隆教授将合并主义刑罚的正当性根据总结为："只有以公正的惩罚预防犯罪的刑罚才是正当的刑罚。"❷

笔者认为，不论是报应主义、功利主义还是合并主义，都必须落实到具体的刑罚诉求❸，即实现刑罚报应、功利的具体要求。

---

❶ 张明楷. 外国刑法纲要［M］. 2 版. 北京：清华大学出版社，2007：364.

❷ 邱兴隆. 刑罚理性导论：刑罚的正当性原论［M］. 2 版. 北京：中国检察出版社，2018：57.

❸ 刑罚诉求指的是动用刑罚时，对行为客观危害、行为人主观恶性、法益重要程度、再犯可能性等因素的要求。也有观点称为刑罚的规范性诉求。参见：杨春然. 刑法的边界研究［M］. 北京：中国人民公安大学出版社，2013：26.

刑罚诉求的表达需要依托影响刑罚正当性的具体因素。在合并主义立场下，刑罚正当性的判断既要考察行为的客观危害、行为人的主观恶性，也要权衡法益的重要程度和犯罪人或潜在犯罪人的危险性等因素。因此，合并主义刑罚的正当性需综合考察：①反映行为客观危害的因素，包括行为、结果、行为对象、场所、行为时间等因素；②反映行为人主观恶性的因素，包括罪过形式、动机、目的等因素；③反映法益重要程度的因素，主要在于区分法益的类型；④反映犯罪人或潜在犯罪人危险性的因素，包括身份、职业等因素。

惯常的思维是，面向"已然之罪"，行为的客观危害因素、行为人主观恶性因素、法益重要程度因素、犯罪人或潜在犯罪人的危险性因素决定着刑罚的有无、刑罚的种类和刑罚的轻重。同时也应该看到，面向"未然之罪"，随着社会环境的发展变化，动用刑罚处罚所要求的行为客观危害程度、行为人主观恶性大小、法益重要程度、犯罪人或潜在犯罪人的危险性大小等因素等也会发生改变，从而影响着刑罚干预社会生活的范围，制约着刑法规制的边界。

第三节　网络传播有害信息刑法规制边界的变动

一、网络传播有害信息侵害的法益

（一）网络传播有害信息侵害法益的变动

法益分为刑法"体制内"的法益与刑法"体制外"的法益。刑法"体制内"的法益是已经为刑法文本所确认的法益，刑法

"体制外"的法益是需要通过宪法、宗教等刑法制定依据寻求确认的法益。我国《刑法》第 1 条规定依据宪法制定刑法，故我国《刑法》"体制外"的法益需要有宪法依据、受宪法控制。法益应该是一个往返于宪法和刑法之间的概念，理论上刑法"体制内"的法益变动有三种情形：第一种情形是宪法已有规定，刑法尚未规定，出于与宪法的衔接，刑法引发"体制内"法益的变动；第二种情形是宪法有新的规定，出于与宪法的衔接，刑法引发"体制内"法益的变动；第三种情形是宪法已有规定，刑法也有规定，由于社会环境的变化，刑法"体制内"对法益重新配置而引起法益变动。网络传播有害信息相较于传统传播有害信息侵害的法益是否发生了变动，如果发生了变动，属于哪一种情形的变动？

有观点认为，网络传播有害信息行为侵害的法益与传统传播有害信息行为侵害的法益并无本质不同，网络传播有害信息所侵害的不是全新的法益，而是传统抽象法益的网络再现。❶ 网络只是传播有害信息的媒介或者工具，与利用其他类型的媒介或者工具传播有害信息一样，并不会因为媒介或工具的不同而影响行为性质的判断，只是社会危害性远超传统犯罪。❷ 网络传播有害信息涉及的犯罪应属于较传统犯罪呈现危害"量变"的犯罪。❸ 易言之，

---

❶ 于志刚. "双层社会"中传统刑法的适用空间：以"两高"《网络诽谤解释》的发布为背景 [J]. 法学，2013（10）：102 – 110.

❷ 时延安. 以刑罚威吓诽谤、诋毁、谣言?：论刑罚权对网络有害信息传播的干预程度 [J]. 法学论坛，2012（4）：13 – 19.

❸ 刘宪权教授认为，较传统犯罪呈现危害"量变"的犯罪主要包括信息散布型犯罪，并以列举的方式将网络有害信息可能触及的犯罪划归信息散布型犯罪。刘宪权教授还指出，网络造谣、传谣行为的本质是线下的传统造谣、传谣行为的互联网化与"升级版"。参见：刘宪权. 网络犯罪的刑法应对新理念 [J]. 政治与法律，2016（9）：2 – 12；刘宪权. 网络造谣、传谣行为刑法规制体系的构建与完善 [J]. 法学家，2016（6）：105 – 119.

网络传播有害信息行为不存在共同侵害的法益，它侵害的法益只能回归到现行《刑法》分则的各个章节去探究。这意味着网络传播有害信息犯罪只能作为有共同犯罪工具的这么一种类型来研究，而不能作为有共同侵害的法益这么一种类罪来研究。

笔者认为，传统法益说已经严重滞后于当下的社会情势，因为传统法益说将网络视为犯罪工具的前提已经不符合时代的特征，网络已经从犯罪工具演变为犯罪的空间、场所。网络传播有害信息涉及的犯罪因网络空间被视为公共场所，网络秩序被视为公共秩序而具有了发生"质变"的基础。最典型的例子便是侮辱行为刑法规制的变迁。侮辱属于传播有害信息的一种行为类型，在传统环境下刑法对其的规制表现为 1997 年我国《刑法》将其规定在分则第四章"侵犯公民人身权利、民主权利"，作为告诉才处理的犯罪，表明侮辱行为侵犯的法益是公民的人身权利，即使具有严重危害社会秩序和国家利益的情形，仍然以"侮辱罪"定罪处罚，说明侮辱行为对个人法益的侵害总体上是大于对社会法益的侵害的。当网络社会生成之后，《最高人民法院、最高人民检察院关于办理利用信息网络实施诽谤等刑事案件适用法律若干问题的解释》（以下简称《诽谤案件解释》）第 5 条将在网络中侮辱他人的行为归于破坏社会秩序的行为，从而以"寻衅滋事罪"定罪处罚。由此可见，网络社会中传播侮辱信息行为侵害的法益发生了转变，由侧重个人法益保护转为侧重社会法益保护。这说明网络传播侮辱信息行为对社会法益的侵害总体上已经超过了对个人法益的侵害，成为主导该罪名的法益。传统法益说只意识到了传统传播有害信息涉及的犯罪侵害的法益不因网络因素的介入而丧失，而没有意识到网络因素介入后可以有新的法益附着或其原本体现的多种法益之间呈现的此消彼长，两者并不是相互排斥、矛盾的。因此，笔者认为，网络传播有害信息犯罪仍然承载着各罪所负载的传统法益，同时也承载着网络空间中新的法益。如此，问题便接踵而至，网络空间中新的法益是如何生成的呢？

第一，网络传播有害信息侵害的法益变动不属于宪法增加新规定，刑法为了与宪法衔接而引起的法益变动。刑法规制网络传播有害信息从本质上来说属于刑法对言论自由的限制，那么考察刑法规制网络传播有害信息的宪法依据在于考察宪法对言论自由限制的规定。尽管因为政治、经济、文化、历史等因素的影响，言论自由在世界各国的内涵和实现方式存在差异，但是言论自由为世界大多数国家宪法所认可，言论自由作为一项共识在世界范围内的确立，是 20 世纪留给 21 世纪最宝贵的遗产之一。❶ 言论自由是一项宪法权利，属于基本人权，它昭示着公民可以自由地表露自己的所见所闻、所思所想，而不受他人约束、干涉和制裁。言论自由对于社会如此重要，对其价值先贤们已早有精辟论述，主要包括以下几种理论：首先，言论自由的价值在于发现真理。该理论的主张者认为，在一个真正开放的意见市场，真理与荒谬应该经常相互对照、检验，让真理在竞争中显现。❷ 其次，言论自由的价值在于保障民众参与民主政治。该理论的主张者认为，言论自由可以为公众提供参与民主政治时所需的资讯，资讯越丰富，民众参与民主政治的程度越深、范围越广，作出的政治决断就越可能全面、正确。最后，言论自由可以促进公民的自我表现。该理论的主张者认为，言论自由的基本价值在于保障个人，"人权

---

❶ 张西明. 从 Non – Regulation 走向 Regulation：网络时代如何保障言论自由 [J]. 法学，2001（7）：47 – 54.

❷ 泽莱兹尼. 传播法：自由、限制与现代媒介 [M]. 张金玺、赵刚，译. 北京：清华大学出版社，2007：34.

之根本系为个人存在"❶，言论展现是人之本性，是人之所以为人独一无二的特征。

虽然言论自由如此珍贵，但言论自由并非绝对。肯定言论自由具有边界，在宪法层面对言论自由进行限制也是世界各国的共识和普遍做法。我国《宪法》第 35 条规定公民有言论的自由，同时也规定了言论自由的边界。《宪法》第 51 条对言论自由作出了总体性限制。❷《宪法》其他条款也有涉及言论自由具体方面的规定，例如《宪法》第 1 条❸、第 4 条❹、第 36 条❺、第 38 条❻、第 41 条❼、第 54 条❽分别在保障社会主义制度安全、民族团结、宗教信仰平等、人格尊严不受侵犯、个人清白、荣誉、名誉等方面为言论自由划定了边界。就网络传播有害信息而言，公民在行使言论相关权利时，不得通过传播有害信息损害国家、社会和公民个人的利益。这便为刑法规制网络传播有害信息提供了依据。

第二，网络传播有害信息侵害的法益变动不属于宪法已有规定，而刑法尚未规定，刑法出于与宪法的衔接而引起的法益变动。

---

❶ 萧文生. 传播法之基础理论与实务［M］. 台北：元照出版有限公司，2017：48.
❷《宪法》第 51 条规定，公民在行使自由和权利的时候，不得损害国家的、社会的、集体的利益和其他公民的合法的自由和权利。
❸《宪法》第 1 条第 2 款规定，禁止任何组织或者个人破坏社会主义制度。
❹《宪法》第 4 条第 1 款规定，禁止对任何民族的歧视和压迫，禁止破坏民族团结和制造民族分裂的行为。
❺《宪法》第 36 条第 2 款规定，不得歧视信仰宗教的公民和不信仰宗教的公民。
❻《宪法》第 38 条规定，公民的人格尊严不受侵犯。禁止用任何方法对公民进行侮辱、诽谤和诬告陷害。
❼《宪法》第 41 条规定，中华人民共和国公民对于任何国家机关和国家工作人员，有提出批评和建议的权利；对于任何国家机关和国家工作人员的违法失职行为，有向有关国家机关提出申诉、控告或者检举的权利，但是不得捏造或者歪曲事实进行诬告陷害。
❽《宪法》第 54 条规定，中华人民共和国公民有维护祖国的安全、荣誉和利益的义务，不得有危害祖国的安全、荣誉和利益的行为。

如果说宪法提出限制言论自由的原则，那么刑法的任务便是要为限制言论自由提出相应的制度安排，为划定言论自由的边界提供具体的标准。2014 年 9 月在巴西里约热内卢召开的第 19 届国际刑法大会的主题是"信息社会与刑法"，其形成的决议在开篇便阐明：在言论自由和接收、收集、处理和传播信息等方面滥用刑法将会产生很大的风险。❶ 我国《刑法》已经设置了很多罪名用以对言论自由进行限制，且罪名散布于《刑法》分则的多个章节，网络传播有害信息的行为可能侵犯国家法益、社会法益和个人法益。这些传统的罪名与宪法限制言论自由的精神一致，同样可以适用于网络传播有害信息犯罪。

第三，网络传播有害信息侵害的法益变动属于宪法有规定、刑法也有规定，由于社会环境变化，刑法"体制内"对法益的重新配置而引起法益变动。传播有害信息的犯罪分散在《刑法》分则的多个章节，各个犯罪承载着不同的法益，包括国家法益、社会法益和个人法益。网络因素介入之后不会阻断、剥离原有的法益承载：不论是在网络社会还是现实社会，宣扬煽动分裂国家的信息都会危害国家安全；不论是在网络社会还是现实社会，传播侮辱、诽谤信息都会侵害公民的人身权利、民主权利；不论是在网络社会还是现实社会，编造、故意传播虚假信息都会扰乱公共秩序。所以，分析网络传播有害信息犯罪侵害法益的基本前提是承认各罪仍然承载着各自的传统法益。但不得不面对的问题是，在网络因素的催化下，网络传播有害信息犯罪各罪承载的法益在膨胀，各罪作为承载法益的容器，有的已经无法承载法益的"生长"，发生法益"外溢"的现象。前文提到的"侮辱罪"就是典型

---

❶ 参见 2014 年 9 月 *NINETEENTH INTERNATIONAL CONGRESS OF PENAL LAW*。

的例子。现实社会中侮辱行为即使具有严重危害社会秩序和国家
利益的情形，仍然以"侮辱罪"定罪处罚，而在网络社会中，侮
辱他人被归于破坏社会秩序的行为，以"寻衅滋事罪"定罪处罚。
这说明网络传播侮辱信息行为对社会法益的侵害总体上已经超过
了对个人法益的侵害，成为主导该罪名的法益。侮辱行为侵害的
法益在网络社会发生"生长"或膨胀，侮辱罪"这个容器"已经
无法承载，发生法益的"外溢"，故转而寻求具有明显兜底性质的
"寻衅滋事罪"这一更大更适合的"容器"予以承载。

笔者认为，"生长"或者"外溢"的法益并没有突破现有的刑
法体制，只是现有刑法"体制内"法益的重新配置。网络传播有
害信息侵害的法益之所以与传统传播有害信息侵害的法益不同，
在于网络由犯罪工具向犯罪空间的演变，网络作为人类社会空间
而存在，那么网络便承载了人类社会所要求的秩序、安全等价值，
以及由秩序、安全等价值延伸的利益。网络中秩序、安全等价值
延伸的利益仍嵌于人类社会秩序、安全价值延伸的总体利益之中，
只是这些利益有新的呈现形态。笔者认为，网络传播有害信息行
为侵害的网络空间相关法益属于社会管理秩序的范畴，是对社会
管理秩序的妨害，就该法益的形态而言，是与我国《刑法》第六
章"妨害社会管理秩序罪"中的社会公共秩序、司法秩序、国边
境管理秩序、文物管理秩序、公共卫生秩序、环境资源保护秩序
等内容相并列的一类法益。这类法益内生于刑法体制之内，并配
置给传统的传播有害信息犯罪的相关罪名，使得传统罪名发生了
法益的添加，引起犯罪"质"的改变。前文提到的"黄鳝门"案
件，正是因为在网络社会中，传播淫秽物品牟利罪除了负载善良
风俗或者正常的性行为观念传统法益，还发生了法益的添加，淫
秽色情直播和视频传播的社会危害才会显著大于传统传播淫秽色

情信息。

（二）网络传播有害信息侵害法益的学术争议和评析

长久以来，刑法学界对信息的属性莫衷一是，对信息的法律地位看法不一，对涉及信息犯罪侵害的法益观点各异。尤其是网络社会生成之后，信息之于人类生产生活的意义凸显，信息全面渗透于网络社会的各个角落，承载着更为丰富多样的利益形式，导致学者们给出的涉"网络信息"犯罪侵害的法益答案更是五花八门。对于所有涉"网络信息"犯罪侵害的法益面临的共同性争议是信息本身是不是一种法益。基于信息是一种间接客观存在的哲学立场，笔者否认信息本身是一种法益，在前文已有论述，此处不再赘言。如果否认信息本身是一种法益，那么所有涉及信息的犯罪侵害的法益就缺乏一个共同的指向，不可能通过一个共同的法益将所有涉及信息的犯罪统括在一起。为此，就必须面对信息的各种面向或类型，探寻不同面向或类型的信息所承载的利益，进而确定不同的行为作用于不同面向或类型的信息所侵害的法益。例如，侵犯公民个人信息的行为侵犯的法益不是信息，而是公民的隐私权或是个人生活的安宁或是公共信息安全或是个人信息专有权等❶；非法传播知识产权信息的行为侵犯的法益不是信息，而是国家知识产权管理秩序和权利人的知识产权。网络传播有害信息行为侵害的法益也面临着多种争议，现阶段主要聚焦于以下几种观点之争。

---

❶ 刑法学界对于侵犯公民个人信息行为侵害的法益存在较大争议，大体存在隐私权或是个人生活的安宁或是公共信息安全或是个人信息专有权等争议。参见：于冲.侵犯公民个人信息罪中"公民个人信息"的法益属性与入罪边界［J］.政治与法律，2018（4）：15－25；敬力嘉.大数据环境下侵犯公民个人信息罪法益的应然转向［J］.法学评论，2018（2）：116－127.

1. 网络公共秩序法益说

该观点认为，网络传播有害信息的行为不仅侵害了传统法益。还侵害了网络公共秩序法益。网络公共秩序法益是网络传播有害信息行为侵犯的同类法益。该观点的提出以网络进化为犯罪的空间、场所为背景。2005 年 5 月最高人民法院、最高人民检察院的司法解释❶，2010 年最高人民法院、最高人民检察院、公安部的司法解释❷将在网络上建立赌博网站或者为赌博网站担任代理、接受投注等行为认定为开设赌场的行为，即将网络中的赌博网站认定为赌场，刑事司法上已经初见将网络视为空间和场所的端倪。及至《诽谤案件解释》明示网络空间为公共场所，网络秩序为公共秩序。对于将网络空间视为公共场所，网络秩序视为公共秩序，刑法学界有两条认识路径。依据两条不同认识路径确定的网络传播有害信息犯罪侵害的法益结论相差巨大。

一条认识路径主张网络公共秩序等同于现实公共秩序，因为网络社会与现实社会已经深度融合、彼此浸润、相互交织，是一个不可分割的整体，并已然形成了由网络社会与现实社会构成的"双层社会"。❸ 在此情景下，在网络社会中传播有害信息的行为和

---

❶ 2005 年 5 月《最高人民法院、最高人民检察院关于办理赌博刑事案件具体应用法律若干问题的解释》第 2 条规定，以营利为目的，在计算机网络上建立赌博网站，或者为赌博网站担任代理，接受投注的，属于《刑法》第三百零三条规定的"开设赌场"。

❷ 2010 年《最高人民法院、最高人民检察院、公安部关于办理网络赌博犯罪案件适用法律若干问题的意见》第 1 条第 1 款规定："利用互联网、移动通讯终端等传输赌博视频、数据，组织赌博活动，具有下列情形之一的，属于刑法第三百零三条第二款规定的'开设赌场'行为：（一）建立赌博网站并接受投注的；（二）建立赌博网站并提供给他人组织赌博的；（三）为赌博网站担任代理并接受投注的；（四）参与赌博网站利润分成的。"

❸ 于志刚．"双层社会"中传统刑法的适用空间：以"两高"《网络诽谤解释》的发布为背景［J］．法学，2013（10）：102－110．

结果必将渗透于现实社会，在现实社会传播的有害信息也难免浸染网络社会，人们在茶余饭后谈论从网络上浏览到的有害信息或将茶余饭后听闻到的有害信息在网络上发布是再正常不过的生活场景，怎能将网络社会与现实社会进行割裂，精确地划分出网络社会和现实社会各自的领地？在此情境下，信息有害性判断在精神层面所依托的道德、价值也不可避免地在网络社会与现实社会之间发生整合，共同体现出人类社会的整体道德和价值。由此，网络传播有害信息的行为不会侵害新的法益，只是传统法益的网络呈现。

　　另一条认识路径也认可网络社会与现实社会日益融合的趋势，但是提出网络公共秩序与现实社会秩序仍呈现出相互独立的态势。❶ 因为从逻辑上来说，承认"双层社会"便等同于已经承认了网络社会与现实社会的差异，若两者已经完全融合，何来"双层"的划分，而应该呈现出浑然一体的样态。不可否认，某些有害信息只有在网络社会才能爆发出严重的社会危害，某些有害信息只能在网络社会实现向公众的传播。虽然网络社会或网络公共秩序与现实社会或现实社会秩序没有泾渭分明的界限，但毕竟具有"男女有别"的性质差异。由此，网络公共秩序应具有区别于现实社会秩序的意义，其代表的是网络社会公共交往所必须遵守的秩序。在此情境下，网络传播有害信息犯罪便会侵害网络公共秩序法益。

　　笔者认为，将网络公共秩序作为网络传播有害信息犯罪侵害的同类法益有两方面的缺陷：第一，在网络传播有害信息犯罪外部，网络公共秩序法益所具有的识别网络有害信息犯罪的标签意

---

❶ 王肃之. 网络犯罪法益的公共化与刑法回应路径探析 [J]. 北京邮电大学学报（社会科学版），2017（2）：7–16.

义不足。因为除了网络传播有害信息犯罪侵害网络公共秩序法益，还有大量犯罪可以侵害网络公共秩序法益。我国《刑法》分则第六章第一节"扰乱公共秩序犯罪"中的使用虚假身份证件、盗用身份证件罪，非法获取国家秘密罪等大部分犯罪都可以在网络社会实施，侵害的也都是网络公共秩序这一同类法益，无法将传播有害信息犯罪与上述这些犯罪区分开来。因此，以网络公共秩序为同类法益区分网络传播有害信息犯罪的意义不大。第二，在网络传播有害信息犯罪内部，网络公共秩序法益所具有的涵摄能力或代表能力不足。因为从通常意义上来说，网络公共秩序法益属于社会法益，而网络传播有害信息犯罪还包括煽动分裂国家、煽动颠覆国家政权等侵害国家法益的犯罪，以及侮辱诽谤等侵害个人法益的犯罪，用网络公共秩序这一社会法益统摄国家法益和个人法益似有不妥。

2. 网络安全法益说

该观点认为，网络传播有害信息类犯罪不仅侵害传统法益，还侵害网络安全法益。网络安全法益说以风险社会理论为逻辑起点，强调技术给网络社会带来的风险。网络社会是信息技术建构的社会，看似高深莫测的信息技术，实则非常脆弱，一个漏洞或者一个后门即可引发整个网络的系统性风险。所以在网络社会，刑法的主要目标是防控信息技术带来的社会风险，保障网络社会安全。有学者指出，网络安全法益正整体嵌入和覆盖传统刑法法益并将取代传统法益的主导地位。❶ 将网络安全确定为网络传播有害信息犯罪侵害的法益通过我国《刑法》本身的规定即可证成，因为2015年8月《刑法修正案（九）》第28条增设的"拒不履行

---

❶ 孙道萃. 网络刑法知识转型与立法回应 [J]. 现代法学，2017（1）：117 – 131.

信息网络安全管理义务罪"将"致使违法信息大量传播"规定为
该罪的客观构成，逻辑上认可了网络传播有害信息的恶害是侵害
网络安全，其侵害的法益是网络安全法益。❶

　　相较于网络公共秩序法益说，网络安全法益说能够涵摄网络
传播有害信息犯罪指向的国家法益、社会法益和个人法益，因为
国家安全、社会公共安全和个人安全本身是内嵌于网络安全之中
的。但是网络安全法益说也面临着质疑：第一，有观点认为，安
全是一种价值取向，不能当作法益，刑法的任务本身就是保障法
益的安全。❷ 如果将网络安全当作法益，那么刑法的任务便是保障
网络安全的安全，在逻辑上便已不通畅。第二，网络社会中基于
风险社会理论而发展起来的安全刑法观放大了安全与自由的对立，
使网络社会笼罩在不安全的恐慌之中，为社会管控大开方便之门。
事实上，由网络传播有害信息引发的安全风险绝大部分可以在言
论自由的范畴内予以解决，而并非安全的范畴。第三，网络安全
法益仍然不具有明确的识别网络传播有害信息犯罪的标签作用。
从某种意义上来说，侵害网络安全法益的犯罪远远多于侵害网络
公共秩序法益的犯罪，根据 2016 年 11 月发布的《网络安全法》
的规定，侵害网络安全法益的行为既包括网络攻击、网络入侵等
妨害网络运行安全的行为，也包括侵犯公民个人信息的行为，当
然也包括传播有害信息的行为。

---

❶ 2015 年 8 月《刑法修正案（九）》第 28 条拒不履行信息网络安全管理义务罪规
　定，网络服务提供者不履行法律、行政法规规定的信息网络安全管理义务，经监
　管部门责令采取改正措施而拒不改正，有下列情形之一的，处三年以下有期徒
　刑、拘役或者管制，并处或者单处罚金：（1）致使违法信息大量传播的；（2）致
　使用户信息泄露，造成严重后果的；（3）致使刑事案件证据灭失，情节严重的；
　（4）有其他严重情节的。
❷ 敬力嘉.大数据环境下侵犯公民个人信息罪法益的应然转向 [J].法学评论，
　2018（2）：116 – 127.

3. 信息安全法益说

该观点认为，网络传播有害信息犯罪不仅侵害了传统法益，还侵害了信息安全法益。信息安全有三个属性，即信息的保密性、完整性和可用性❶，破坏信息安全的任何一个属性都是对信息安全的侵害。有学者指出，网络有害信息违背了信息安全中的可用性要求，侵害了信息安全。❷ 我国《网络安全法》也将网络传播有害信息的行为规定在"网络信息安全"一章❸，表明了立法者对于网络传播有害信息犯罪是对网络信息安全造成侵害的认可。笔者认为，将网络传播有害信息犯罪侵害的法益确定为信息安全法益是不恰当的，理由如下。

第一，网络有害信息违背信息安全中的可用性要求，从而侵害信息安全的论证进路是对信息可用性属性的曲解。有观点认为，信息安全法益不具有实质内涵。❹ 笔者认为这一批评是草率的，因为信息安全的三个属性可以为信息安全法益提供具体的研讨进路，只是三条进路都未能抵达网络传播有害信息犯罪的核心。信息安全保密性、完整性和可用性三个属性来源于美国国家标准和

❶ 马民虎，马宁. 网络与信息安全法的定位 [J]. 中国信息安全，2014 (9)：62 – 65.

❷ 张新宝，林钟千. 互联网有害信息的依法综合治理 [J]. 现代法学，2015 (2)：53 – 66.

❸ 《网络安全法》第四章"网络信息安全"包括第 40 条至第 50 条的规定，其中第 46 条至第 50 条都有关于网络有害信息的规定。例如，第 46 条规定，任何个人和组织应当对其使用网络的行为负责，不得设立用于实施诈骗，传授犯罪方法，制作或者销售违禁物品、管制物品等违法犯罪活动的网站、通讯群组，不得利用网络发布涉及实施诈骗，制作或者销售违禁物品、管制物品以及其他违法犯罪活动的信息。第 47 条规定，网络运营者应当加强对其用户发布的信息的管理，发现法律、行政法规禁止发布或者传输的信息的，应当立即停止传输该信息，采取消除等处置措施，防止信息扩散，保存有关记录，并向有关主管部门报告。

❹ 敬力嘉. 大数据环境下侵犯公民个人信息罪法益的应然转向 [J]. 法学评论，2018 (2)：116 – 127.

技术研究所制定的 FIPS Publication 199《美国联邦信息和信息系统安全分类标准》❶。依据该标准，信息安全的保密性指的是保留对获取和披露信息的授权限制，包括保护个人隐私和专有信息，保密性的丧失是指未经授权而泄露信息；完整性指的是防止不正当的信息篡改或破坏，包括确保信息的不可否认性和真实性，丧失完整性是未经授权修改或销毁信息；可用性指的是确保及时可靠地访问和使用信息，丧失可用性是对信息或信息系统的访问或使用的中断。笔者发现，信息安全中的可用性内容与信息的有害性内容可谓大相径庭，可用性指的是信息具有的能够为人们所利用、使用的外部客观条件，即信息的供给不中断、停滞，而有害性是对信息内容的价值评判。举例而言，某人在线观看淫秽色情视频，若网络信号良好、不卡顿，则该淫秽色情视频具有可用性，但具有有害性，刑法对淫秽色情信息的管控反而是为了剥夺其可用性。所以，网络信息安全中的有用性与网络传播有害信息中的有害性不是一个范畴的命题。此外，网络信息安全中的保密性与个人信息、国家秘密的保护有关，与传播有害信息关联性不强。网络信息安全中的完整性与有害信息中的虚假性有关，但不能囊括淫秽色情、暴力恐怖、侮辱诽谤、煽动分裂国家、宣扬恐怖主义主义等有害信息的类型。

第二，将信息安全确定为网络传播有害信息犯罪侵害的同类法益与有害信息在犯罪构成中的地位不一致。信息安全作为法益的基本语境是犯罪行为使信息陷入不安全的境地，信息是被犯罪行为侵害之物，在犯罪构成中属于犯罪对象，例如泄露国家秘密、

---

❶ *Standards for Security Categorization of Federal Information and Information Systems*

商业秘密、个人隐私等，这些秘密信息属于被犯罪行为侵害的对象。在网络传播有害信息犯罪中，传播行为并没有使信息陷入不安全的境地，反而是信息使其他为刑法所保护的法益陷入不安全的境地。例如，宣扬恐怖主义信息的情形，宣扬行为没有使恐怖主义信息陷入不安全的境地，而是实现行为人预设的信息存在目的，行为人通过宣扬恐怖主义信息使得公共安全法益陷入不安全的境地。此处，信息不是被犯罪行为侵害的对象，而是犯罪工具，刑法没有保障犯罪工具安全的任务。所以，网络传播有害信息犯罪侵害的不是信息本身的安全，而是通过信息侵害其他为刑法所保护的利益。

4. 文化安全法益说

该观点认为，网络传播有害信息侵害的法益是文化安全。文化安全法益说来源于《国家网络空间安全战略》的规定，明确写明网络有害信息侵蚀文化安全。❶

抛开安全能不能作为法益的争论不谈，单是"文化"这个概念就难以驾驭。从广义上说，人类社会生活的任何内容都可以归结于文化，习俗是文化，艺术是文化，餐饮也被冠以文化的内涵，文化无处不在，有害信息在文化范畴内应该如何安放？从狭义上说，《国家网络空间安全战略》将传播谣言、淫秽、暴力、迷信等有害信息视为对文化安全的侵犯，将传播颠覆国家政权的有害信

---

❶ 2016 年 12 月 27 日，国家互联网信息办公室发布《国家网络空间安全战略》：网络有害信息侵蚀文化安全。网络上各种思想文化相互激荡、交锋，优秀传统文化和主流价值观面临冲击。网络谣言、颓废文化和淫秽、暴力、迷信等违背社会主义核心价值观的有害信息侵蚀青少年身心健康，败坏社会风气，误导价值取向，危害文化安全。网上道德失范、诚信缺失现象频发，网络文明程度亟待提高。

息视为对政治安全的侵害❶，将传播恐怖主义有害信息视为对社会安全的侵害❷。从上述规定来看，文化安全法益涵摄不了传播颠覆国家政权、恐怖主义信息的行为。

（三）网络传播有害信息侵害法益的分析维度

网络传播有害信息侵害法益的观点之争，说明网络因素的介入已经撼动了人们对网络传播有害信息犯罪侵害法益的固有认识。这种撼动可能来自网络传播有害信息犯罪之中的主要矛盾发生了的变化，也可能来自外部新的情势变化。从传统法益坚持者的反复强调就能看出传统法益已经遭受争议，所以有必要寻求对网络传播有害信息侵害法益的共识性认同。

第一，探索信息之于网络社会的意义。在网络中，不论人类赋予信息多少社会意义，信息首先都是物理的，是和土地、空气、水一样的人类在网络社会中生存、生产、生活不可或缺的客观存在。网络社会中的一切活动都必须依赖信息，没有信息人类根本不可能踏入网络这片土地，人类对于信息的汲取犹如对于空气和水的汲取，重要、平常得让人忽视其每一刻存在的意义。惠勒提出的"万物源自比特"在现实社会常常遭到不唯物的批判❸，但在网络社会，比特事实上和原子一样成为建构社会物质环境的单位之一。笔者认为，网络社会中，信息是可以直接或间接影响人类

---

❶ 《国家网络空间安全战略》规定，网络渗透危害政治安全。政治稳定是国家发展、人民幸福的基本前提。利用网络干涉他国内政、攻击他国政治制度、煽动社会动乱、颠覆他国政权，以及大规模网络监控、网络窃密等活动严重危害国家政治安全和用户信息安全。

❷ 《国家网络空间安全战略》规定，网络恐怖和违法犯罪破坏社会安全。恐怖主义、分裂主义、极端主义等势力利用网络煽动、策划、组织和实施暴力恐怖活动，直接威胁人民生命财产安全、社会秩序。

❸ 格雷克. 信息简史 [M]. 高博，译. 北京：人民邮电出版社，2013：349.

生存和发展的一种客观因素,即一种环境因素。信息就像现实社会中的土地、空气和水,土地、空气和水是现实环境的组成部分,那么信息便是网络环境的组成部分。土地、空气和水作为现实社会的环境组成部分具有多种形式的社会意义,可以是生产资料,可以是生活消费品,可以是人们的财产。此外,还涉及公共秩序和国家安全。信息作为网络环境的组成部分也一样,作为个人隐私、商业秘密、国家秘密等存在形式的信息也涉及个人利益、社会利益、国家利益等。而以有害信息形式存在的信息,也正如受污染的土地、空气和水一样,已经不再适合公众浸润其中。网络有害信息与受污染的土地、空气和水对人的作用机理是一样的,人只要浸润其中,便会产生危害或具有遭受危害的危险。

第二,考察社会对于网络传播有害信息恶害的认识。在我国,考察社会对某一事物、某一问题、某一现象的认识有一条捷径,便是考察中国共产党的纲领性文件和政策对某一事物、问题、现象的论述。因为在我国,党的纲领性文件和政策是经广泛调研、有相当民意基础的。❶ 关于网络传播有害信息,2017 年 10 月党的十九大报告提出"加强互联网内容建设,建立网络综合治理体系,营造清朗的网络空间"。2016 年 4 月 19 日,习近平总书记在网络安全和信息化工作座谈会上的讲话强调"网络空间天朗气清、生

---

❶ 以党的十九大报告为例,2017 年 2 月上旬,9 个调研组赴 16 个省区市,就党的十九大报告议题进行调研,召开各级各类座谈会 65 次,2 月 20 日至 3 月 31 日,按照党中央部署的 21 个重大理论和实践问题,59 个承担部门和单位组成 80 个调研组,深入 1817 个基层单位开展实地调研,召开 1501 次座谈会和研讨会,参会或接受访谈人数 21532 人,形成 80 份专题调研报告;5 月下旬,25 个国家高端智库建设试点单位提交了 65 份围绕党和国家发展面临的重大理论与实践问题开展深入调研形成的报告,提供起草组研究参考。详见央视新闻网. 面向新时代的政治宣言和行动纲领:党的十九大报告诞生记 [EB/OL]. (2018 - 06 - 25) [2021 - 04 - 26]. http://news.cctv.com/2017/10/28/ARTIoBpyMmeKyQKfrvs6rJpn171028. shtml.

态良好，符合人民利益，网络空间乌烟瘴气、生态恶化，不符合人民利益"，并且直指不同类型网络有害信息的危害，表明绝不容许网络有害信息大肆传播态度，要为"广大网民特别是青少年营造一个风清气正的网络空间"的决心。❶ 为贯彻落实党的十九大报告和习近平总书记讲话精神，2019 年 12 月 15 日国家互联网信息办公室公布的《网络信息内容生态治理规定》提出，要"建立健全网络综合治理体系、营造清朗的网络空间、建设良好的网络生态"。由此可见，网络传播有害信息破坏了网络空间的清朗环境，破坏了网络良好的生态氛围。

第三，从司法实务中寻觅真知。中国裁判文书网是一个巨大的宝库，网站收录的裁判文书凝聚着司法实务中的智慧和真知灼见。当下，学界对某一事物、问题、现象的分析往往热衷于理论的推演，忽视对实践经验的提炼。网络传播有害信息侵害法益的确定可以尝试从既有的裁判文书中寻觅真知。通过搜索和查阅，笔者发现，网络环境作为一种刑法所保护的法益已经开始得到司法实务的认可。2015 年 7 月，山东省武城县人民法院关于一起网络赌博案件的判决书载明，"为打击犯罪，维护社会秩序，净化网

---

❶ 2016 年 4 月 19 日，习近平同志在网络安全和信息化工作座谈会上的讲话也指出："谁都不愿生活在一个充斥着虚假、诈骗、攻击、谩骂、恐怖、色情、暴力的空间。互联网不是法外之地。利用网络鼓吹推翻国家政权，煽动宗教极端主义，宣扬民族分裂思想，教唆暴力恐怖活动，等等，这样的行为要坚决制止和打击，决不能任其大行其道。利用网络进行欺诈活动，散布色情材料，进行人身攻击，兜售非法物品，等等，这样的言行也要坚决管控，决不能任其大行其道。没有哪个国家会允许这样的行为泛滥开来。我们要本着对社会负责、对人民负责的态度，依法加强网络空间治理，加强网络内容建设，做强网上正面宣传，培育积极健康、向上向善的网络文化，用社会主义核心价值观和人类优秀文明成果滋养人心、滋养社会，做到正能量充沛、主旋律高昂，为广大网民特别是青少年营造一个风清气正的网络空间。"

络环境"判决被告人犯赌博罪❶；2014 年 12 月，河北省冀州市人民法院关于一起网络传播淫秽物品案件的判决书载明，"为了维护网络环境的清洁，维护社会管理秩序"，判决被告人犯传播淫秽物品罪❷；2017 年 10 月，江苏省淮安市中级人民法院关于一起网络传播淫秽物品牟利案件的二审裁定书上载明，传播淫秽视频和图片"严重污化网络环境"❸；2017 年 10 月，安徽省舒城县人民法院关于一起为他人实施的信息网络犯罪提供帮助案件判决书载明，"被告人的行为会给国家的信息网络管理秩序造成损害，……且其行为侵犯国家对正常信息网络环境的管理秩序"❹；2016 年 3 月，重庆市大足区人民法院关于一起网络传播淫秽物品的案件判决书载明，"传播大量淫秽信息，污染网络环境"❺。"净化网络环境""网络环境的清洁""污化网络环境""国家对正常信息网络环境的管理秩序""污染网络环境"虽然在表述上存在差异，但都共同指向网络环境，将保护网络环境作为刑法的目的。刑法的目的在于保护法益，即在逻辑上承认了网络环境是刑法所保护法益的内容，以网络环境为内容的法益已经在刑事司法中生长。同时我们也可以看到，上述判决并未忽略对传统法益的阐述，都是将传统法益和以网络环境为内容的法益并列作为刑法保护的目的。

（四）网络生态环境法益的提出

基于上述分析，笔者认为，网络传播有害信息各罪侵害的传统法益没有改变，各罪仍然承载着各自的传统法益，但同时各罪

❶ 详见山东省武城县人民法院（2015）武刑初字第 9 号刑事判决书。
❷ 详见河北省冀州市人民法院（2014）冀刑初字第 212 号刑事判决书。
❸ 详见江苏省淮安市中级人民法院（2017）苏 08 刑终 184 号刑事裁定书。
❹ 详见安徽省舒城县人民法院（2017）皖 1523 刑初 124 号刑事判决书。
❺ 详见重庆市大足区人民法院（2016）渝 0111 刑初 102 号刑事判决书。

共同侵害的法益是以网络清朗的环境为内容的网络生态环境法益，即网络传播有害信息犯罪侵害的同类法益是网络生态环境法益。网络生态环境法益的内容主要指的是网络环境的风清气正。

1. 网络生态环境是人们珍视的利益

（1）网络生态环境法益可以调和法益内容状态说和利益说的争论

关于法益的内容是利益还是状态一直存在争议。宾丁认为，法益是一种状态，立法者寻求的是建立在人、物和状态之上的健全共同生活的事实条件，存在、特定性质、特定状态对于法共同体来说是有价值的，是为刑法所保护的法益。[1] 宾丁强调，犯罪是对具有法共同体价值状态的改变，所以刑法学界将宾丁的法益理论称为状态说。[2] 李斯特则认为，法益是生活利益，即国家共同体和个人的生活条件借由国家向人民发出的命令，被称为法益。[3] 李斯特强调，法益反映的是主体与客体之间的利益关系。

笔者认为，状态说和利益说并非绝然对立。状态只有体现出对人类的价值时才具有刑法上的意义，才可能成为刑法所保护的法益，在这一点上状态说和利益说是不矛盾的。在荒郊野岭，一块岩石所处的位置是一种状态。当这只是一种自然、原始的存在状态时，不能成为法益，人们改变岩石的位置不会对法益造成侵害。而当这块岩石被视为某人的财产时，改变岩石的位置在不考虑责任因素的前提下可能成立盗窃，侵害了法益。所以，状态必须与人关联，对人有意义，被人视为有价值，这就与利益说发生

---

[1] 钟宏彬. 法益理论的宪法基础 [M]. 台北：元照出版有限公司，2012：40 - 43.

[2] 状态说典型的例子是盗窃罪，很多人认为盗窃罪侵害的法益是对财物的占有状态，这样才能解释盗窃罪的对象本身可以是盗窃而来之物。

[3] 钟宏彬. 法益理论的宪法基础 [M]. 台北：元照出版有限公司，2012：49.

了勾连，即当某种状态反映的是人们的某种需求时，状态便是利益。网络生态环境作为法益可以很好地实现状态说与利益说的勾连，因为网络生态环境的风清气正既可以理解为人们期待的网络空间应该有的良好氛围、良好状态，这种风清气正的状态对人们有价值，若行为改变了这种状态就是对法共同体价值的侵害、对法益的侵害；网络风清气正的生态环境也可以理解为国家、个人在网络社会所具有的共同生活利益。

（2）网络生态环境具有利益的特征

关于法益的内容，笔者主张利益说，因为反映人们需求的状态可以认为是利益，但很难说符合利益的需求都是状态。法益是刑法所保护的利益，"既然是法'益'，就不可能离开利益"❶。什么是利益？简单来说，利益就是对人需求的满足。网络风清气正的生态环境符合利益的特征，良好的网络生态环境是网络社会主体生存和发展的需要。风清气正，从词义上可以理解为清爽、明朗、清明，其反义词是昏暗、浑浊、阴郁。诚如习近平总书记所说，"谁都不愿生活在一个充斥着虚假、诈骗、攻击、谩骂、恐怖、色情、暴力的空间"，在这样昏暗、浑浊、阴郁的空间里，低俗文化盛行、人与人之间的信任丧失、暴力欺凌横行，必然导致人们对网络社会产生恐惧、排斥的情绪，甚至有可能引起网络社会的崩塌。在很大程度上，网络环境的好坏取决于网络社会的基本信息内容正面与否，而信息内容的正面与否主要体现为信息内容是否乐观、积极、充满正能量。❷ 风清气正的网络生态环境是人们对于网络社会的基本期待，是网络社会存在和发展的基本

---

❶ 张明楷. 法益初论 [M]. 北京：中国政法大学出版社，2003：164.

❷ 高文苗. 马克思自由观视域下网络言论行为研究 [M]. 北京：人民出版社，2016：62－64.

条件。

2. 相较于现实社会，网络生态环境法益更为脆弱

相较于现实社会，网络生态环境法益更容易受到侵害。有人可能会产生这样的疑问，不光是网络社会需要风清气正的生态环境，现实社会同样也需要风清气正的生态环境，何以对网络生态环境法益加以刑法特别保护，而忽视现实社会风清气正的生态环境？笔者认为，不论是网络社会还是现实社会都需要风清气正的生态环境，但是基于网络社会和现实社会的不同特征，可以采取不同力度的手段加以保护。第一，网络社会中，有害信息具有平台易替换性、媒介融合性，受众范围广，再加上信息脱离有形载体，不因时空变换而减损，有害信息的耗散缓慢，导致有害信息大量沉淀于网络社会。第二，网络社会中，有害信息传播者的身份更为隐匿，有害信息内容变异性增强且更为隐秘，导致有害信息大量潜伏于网络社会。第三，网络社会中，人们对信息反映的事实缺少经验性认知，导致有害信息深刻地建构着网络社会。以上种种都是有害信息在现实社会中传播所不具有的特征。网络社会面对有害信息的侵蚀，较现实社会更为脆弱。笔者认为，现实社会风清气正的生态环境通过传播有害信息犯罪各罪承载的传统法益即可实现保护，但网络风清气正的生态环境需要特别强调和特别保护。

3. 网络生态环境法益具有显著的标签意义

网络生态环境作为法益具有显著的识别网络传播有害信息犯罪的标签意义。网络生态环境作为法益直接与网络信息的品质或信息内容的好坏相联系，比网络公共秩序法益、网络安全法益、信息安全法益、文化安全法益更契合网络有害信息的特征。通过网络生态环境法益可以很好地将有害信息从信息的不同类型或面

向中识别出来。例如，侵害公民个人信息涉及的是信息的安全或公民对个人信息的自决权，而不是网络生态环境的风清气正。因为公民个人信息在公众中传播，如是经过授权的为合法，未经授权的为非法，而对于网络风清气正的生态环境而言，不论是否经过授权，只要有害信息进入公众之中，便对环境造成污染，无所谓授权与非授权。

4. 网络生态环境法益能够涵摄国家法益、社会法益和个人法益

网络传播有害信息犯罪包括传统的侵害国家法益、社会法益和个人法益的个罪。所以，在网络传播有害信息犯罪同类法益的确定上偏向于国家法益、社会法益、个人法益中的任何一个，可能会人为地导致个罪承载的传统法益的扭曲，或者"外溢"或者"蒸发"。在网络传播有害信息侵害法益的确定上，需要尽可能地做到既不对个罪所承载的原有传统法益进行干扰，又要体现个罪在网络社会中面对的新情势。所以，需要选取能够涵摄国家法益、社会法益和个人法益的概念。网络生态环境是网络活动的各主体，不论是国家、个人还是作为个人集合的社会需要面对的共同问题，都能够体现作为国家、社会、个人不同层面交往所共有的利益需求。

5. 网络生态环境法益能体现现阶段刑法规制网络传播有害信息的目的

1994 年 5 月，中国正式接入国际互联网。近 30 年来，中国互联网发展的成就举世瞩目。尤其是近些年，网络的发展好似"随风潜入夜，润物细无声"，深刻地融入人们生产、生活的各个领域。技术的狂速发展，让人们无法想象下一个 30 年，网络究竟会走向何方。所以，笔者认为刑法应立足于当下，并着眼于可预见的未来。当下可以预见的是，网络社会与现实社会在较长的一段

时间内还无法实现完全融合，那么将网络传播有害信息侵害的法益确定为网络生态环境，而与现实相区别的考量便可以体现现阶段刑法规制网络传播有害信息的目的。

二、规制网络传播有害信息的刑罚诉求

（一）基于刑罚诉求确定刑法规制范围的标准

刑罚的正当性来源于反映刑罚诉求的报应和功利的合并主义立场。刑罚的报应和功利诉求必须立足于刑罚直接针对的行为客观危害、行为人主观恶性、行为侵害法益的重要程度、犯罪人或潜在犯罪人的再犯可能性等因素。动用刑罚处罚所要求的上述因素的改变，即行为客观危害达到什么程度才需要动用刑罚、行为人主观恶性多大才需要动用刑罚、法益有多重要才需要动用刑罚、犯罪人或潜在犯罪人再犯可能性多大才需要动用刑罚等，都将引起刑法规制边界的变动。因此，理论和实务中可通过规定刑罚的诉求来确定刑法规制传播有害信息的边界。从某种程度上说，刑法规制有害信息传播与限制言论自由在内容上具有一致性。笔者仍通过刑法限制言论自由的标准进行考察，发现目前基于刑罚诉求划定言论自由边界的理论探索或司法实践总体来说有四种标准。

1. 以信息传播结果为标准——明显而即刻的危险❶

"明显而即刻的危险"标准来源于美国最高法院对于煽动类犯罪的判决。"明显而即刻的危险"作为限制言论自由的标准被首次提出是 1919 年"申克诉联邦案"最高法院的判决。该案发生在第一次世界大战期间，美国对德国宣战后，美国国会于 1917 年制定

---

❶ 英文为"a clear and present danger"，也有人翻译为"明显而现实的危险"。

《间谍法》，将战争期间任何故意或试图导致拒绝服兵役或者故意阻挠征兵活动的行为规定为犯罪。根据该法，美国社会党总书记申克指示印发反对征兵的传单被判有罪。美国最高法院支持了该判决，霍姆斯大法官在判决意见中表明，当言论制造一种明显而即刻的危险时，国会有权阻止这一实质性恶果。❶ 1927 年，布兰戴斯大法官在"惠特尼诉加利福尼亚州案"的判决附议中发展了"明显而即刻的危险"标准的内涵，布兰戴斯大法官认为限制言论必须有合理的理由，即言论会引起严重的罪恶，有合理的理由相信所担心的危险具有紧迫性，且言论可能引起的罪恶是严重的。❷ 1951 年，首席大法官文森在"丹尼斯诉联邦案"❸ 裁判中将"明显而即刻的危险"标准修正为"明显而可能的危险"。❶❺ 1957 年，大法官哈兰在"耶茨诉联邦案"的裁判中提出对于言论的限制应该区别该言论是鼓吹思想还是鼓吹实际行动。❻

　　基于结果考察的"明显而即刻的危险"标准的哲学立场是功利论，强调言论和特定后果的事实联系，将言论自由的根据置于特定的后果之中。有观点认为这贬损了言论自由作为基本人权的

---

❶ Schenck v. United States, 249 U. S. 47（1919）.

❷ Whitney v. California, 274 U. S. 357（1927）.

❸ Dennis v. United States, 341 U. S. 494（1951）.

❹ 高文苗. 马克思自由观视域下网络言论行为研究［M］. 北京：人民出版社，2016：113.

❺ 文森认为，"明显而即刻的危险"一语并不意味着政府必须等待暴乱实施、计划制定、信号发出后才能采取行动；并不意味着，只有当政府察觉到有一批旨在推翻政府的人，正在试图向其成员灌输推翻政府的思想，并在其领导人认为时机允许即要求他们采取行动时，政府才能采取行动。参见：邱小平. 表达自由：美国宪法第一修正案研究［M］. 北京：北京大学出版社，2005：52.

❻ Yates v. United States, 354 U. S. 298（1957）.

价值，将言论自由置于社会功利的限制之下。❶

　　不同类型的网络传播有害信息的行为社会危害性大小不同，侵害的法益存在差异，造成的危害结果也各异，可以通过刑罚处罚上的结果要求来调控刑法规制网络传播有害信息的边界。我国《刑法》已经采取了这一做法，《刑法》分则第一章"危害国家安全罪"和第二章"危害公共安全罪"规定的传播有害信息犯罪很多都是行为犯，不要求特定的实害结果发生，只要实施了相关行为即可给予刑罚处罚。❷《刑法》分则第六章"妨害社会管理秩序罪"规定的传播有害信息犯罪很多都要求"严重扰乱社会秩序""造成公共秩序严重混乱"等实害结果才能给予刑罚处罚。❸

　　不同类型的网络传播有害信息在刑罚处罚上的结果要求不同，正好可以解释刑法中规定的传播行为方式多样、庞杂的问题，即刑法中存在成立犯罪以结果为导向、不同作用程度的传播行为与不同有害程度的信息内容相匹配的现象。不同作用程度的传播行为与不同有害程度的信息内容相匹配指的是，内容有害性越大的信息在动用刑罚上对传播行为的作用程度要求越低，内容有害性越小的信息在动用刑罚上对传播行为的作用程度要求越高。例如，宣扬恐怖主义、极端主义内容的信息，刑法为其匹配的犯罪行为是传播的准备行为——持有；损害商业信誉、商品声誉内容的信息，刑法为其匹配的犯罪行为是传播的实行行为——捏造并散布。持有与捏造并散布所处的传播进程不同，持有与危害结果的发生

---

❶　邱小平. 表达自由：美国宪法第一修正案研究［M］. 北京：北京大学出版社，2005：37－38.

❷　例如，煽动分裂国家罪，煽动颠覆国家政权罪，宣扬恐怖主义、极端主义、煽动实施恐怖活动罪，非法持有宣扬恐怖主义、极端主义物品罪等。

❸　例如，编造、故意传播虚假恐怖信息罪，编造、故意传播虚假信息罪，寻衅滋事罪等。

距离远，捏造并散布与危害结果发生的距离近，反映是的动用刑罚处罚上对传播不同类型的有害信息在危害结果方面要求不同。

通过刑罚处罚上的结果要求来调控刑法规制网络传播有害信息的边界，应该注意需依法益的位阶顺序和保护的紧迫程度设置不同的结果要求，即根据刑法保护法益的位阶顺序、法益保护的紧迫程度，在网络传播有害信息刑罚处罚门槛上设置不同的结果要求。位阶顺位在前、保护紧迫程度高的法益较位阶顺位在后、保护紧迫程度低的法益在刑罚处罚上的结果要求要宽。如何判断法益的位阶顺序呢？笔者认为应坚持以下几个原则：第一，国家安全法益和公共安全法益优先于其他社会法益和个人法益。对于侵害国家安全法益和公共安全法益的网络传播有害信息行为在刑罚处罚上不可能要求特定的实害结果发生，只要具有侵害法益的危险即可，否则将造成无法挽回的严重后果。第二，价值性法益优先于物质性法益。❶ 价值性法益意味着对维系国家、社会稳定发展的共同信念、准则的侵害，而物质法益是为了保护某种物质性利益。例如，煽动民族仇恨、民族歧视罪侵害的是价值性法益，损害商品声誉罪侵害的是物质性法益，虽然两者在刑罚处罚上都有情节严重的结果要求，但是损害商品声誉罪应该比煽动民族仇恨、民族歧视罪的结果要求危害性更大。第三，人身法益优先于财产法益。这在学界和实务界已是普遍共识，在此不再赘言。

2. 以信息内容为标准——区分事实陈述和意见表达

言论可以分为事实陈述和意见表达两种类型。事实陈述有真假之分，若明知不符合事实的言论而加以传播，则有可能排除在言论自由保护的范围之外。意见表达是人们的观点或立场，是人

---

❶ 姜涛．基于法益保护位阶的刑法实质解释 [J]．学术界，2013（9）：101－112.

们主观价值判断的外在表达，没有真假之分。区分事实和意见是德国宪法保护言论自由的特点，德国联邦宪法法院认为，"言论自由不在于保护那些有违事实的言论，而在于社会多元价值的表达"❶。我国台湾地区的司法实践也有对言论进行事实陈述与意见表达的区分，"事实有能证明真实与否之问题，意见则为主观之价值判断，无所谓真实与否"❷。

事实上，在个案中对言论的内容进行甄别时，区分事实陈述和意见表达有时并不是一件容易的事情，很多意见表达都是建立在事实陈述基础之上的。当两者杂糅在一起时，哪个占据主导的地位？以生活中一句很常见的话——"李某不是人"——为例，单从字面理解，这句话只是对李某是不是人类这个种群的事实陈述，尽管它是错误的。可是将这句话置于我国社会的语境中理解，又是对李某人品的评价，属于意见表达的范畴。所以，区分事实和意见须在特定的社会背景和具体的个案情境中去考察。

我国《刑法》对网络传播有害信息的规制以有害信息内容的分类为起点。基于对我国《刑法》分则中有关网络传播有害信息相关犯罪的整理，可以将网络有害信息分为以事实为根据的有害信息与非以事实为根据的有害信息。

第一，以事实为根据的网络有害信息。我国《刑法》规制的以事实为根据的有害信息主要包括《刑法》第 161 条 "违规披露、不披露重要信息罪"、第 181 条 "编造并传播证券、期货交易虚假信息罪"、第 221 条 "损害商业信誉、商品声誉罪"、第 222 条 "虚假广告罪"、第 243 条 "诬告陷害罪"、第 246 条 "侮辱罪、诽

---

❶　张翔. 德国宪法案例选释：第 2 辑言论自由 ［M］. 北京：法律出版社，2016：195.

❷　台湾地区 "司法院" 释字第 509 号解释吴庚 "大法官" 协同意见书。

谤罪"、第 291 条第 1 款"编造、故意传播虚假恐怖信息罪"、第 291 条第 2 款"编造、故意传播虚假信息罪"、第 378 条"战时造谣扰乱军心罪"、第 433 条"战时造谣惑众罪"等。这些犯罪所要求的有害信息为"虚假事实""虚假信息""虚伪事实""虚假宣传""捏造事实""编造的恐怖信息""编造虚假的险情、疫情、灾情、警情"等。这些犯罪必须以客观事实为根据而构成,对信息阐述的事实进行真假判断。任何关于事实的意见表达、观点立场、价值判断都不能成立上述犯罪。

第二,非以事实为根据的网络有害信息。非以事实为根据的网络有害信息主要是指无论是事实陈述还是观点表达,都可以成立犯罪。它主要包括两种情形:一种是煽动宣扬类有害信息❶;另一种是违禁品信息❷。这些犯罪可能涉及事实,但并不需要对事实的真伪进行鉴别,而是需要对信息内容的性质进行判断。只要信息的内容符合刑法规定的性质,就可能成立上述犯罪。

3. 以行为人的主观态度为标准——实质恶意

"实质恶意"标准起源于对公共官员的诽谤案件。美国在 1964 年"纽约时报诉沙利文案"❸ 中确立了"实质恶意"标准,美国最高法院在该案的判决中表示针对公共官员的批评言论,即使侵害了被批评者的名誉,原则上都为宪法保护,并且即使内容不真

---

❶ 例如,《刑法》第 103 条、第 105 条、第 120 条之三和之六、第 249 条、第 250 条、第 295 条规定的煽动分裂国家罪,煽动颠覆国家政权罪,宣扬恐怖主义、极端主义、煽动实施恐怖活动罪,非法持有宣扬恐怖主义、极端主义物品罪,煽动民族仇恨、民族歧视罪,出版歧视、侮辱少数民族作品罪,传授犯罪方法罪。

❷ 例如,《刑法》第 353 条有关毒品的引诱、教唆、欺骗他人吸毒罪;第 363 条、第 364 条、第 365 条有关淫秽色情的制作、复制、出版、贩卖、传播淫秽物品牟利罪,传播淫秽物品罪,组织播放淫秽音像制品罪,组织淫秽表演罪等;第 287 条之一发布有关枪支等其他管制物品信息的非法利用信息网络罪。

❸ New York Times Co. V. Sullivan, 376 U. S. 254 (1964).

实也只有在"实质恶意"的情形下，才不为宪法所保障。❶ 所谓"实质恶意"，就是明知虚假或默然不顾事实真相。❷

我国《刑法》规定的传播有害信息犯罪的主观方面都要求故意。但是对于传播以事实为根据的有害信息与非以事实为根据的有害信息主观故意的内容存在差异。

第一，传播以事实为根据的有害信息应注重客观真实基础上的主观真实。以事实为根据的有害信息需要对信息的内容进行真假判断。若信息内容为真实，则不能认定为有害信息；若信息内容为虚假，则具备刑法规制的可能性。所以，信息内容的客观真实是绝对的违法阻却事由。❸ 在此，应该注意以下两个问题：一个问题是，信息客观上为真实或被证明为真实，但是行为人主观上认为虚假的情形。笔者认为，即使行为人主观上认为信息内容为虚假而传播，但是事实上信息内容为真实或被证明为真实时仍然阻却违法。另一个问题是，信息客观上为虚假或未被证明为真实，但是行为人主观上认为真实的情形。笔者认为，如果根据行为人传播该虚假信息时所处的客观情势，包括权威渠道来源的信息或相关资料等，能够合理确信行为人在当时有相当理由相信或推断信息内容为真实时，可以排除处罚。❹ 综上，客观真实和主观真实

---

❶ 林子仪. 言论自由与新闻自由［M］. 台北：元照出版有限公司，2002：374.

❷ 泽莱兹尼. 传播法：自由、限制与现代媒介［M］. 张金玺，赵刚，译. 北京：清华大学出版社，2007：125.

❸ 例如，我国台湾地区司法实务中便有"对诽谤之事，能证明其为真实者不罚，系针对言论内容与事实相符者之保障，并借以限定刑罚权之范围"的阐述。参见台湾地区"司法院"释字第 509 号解释。

❹ 例如我国台湾地区的司法实务便认为，"唯行为人虽不能证明言论内容为真实，但依其所提证据资料，认为行为人有相当理由确信其为真实者，即不能以诽谤罪之刑责相绳"。参见台湾地区"司法院"释字第 509 号解释。

不是相互排斥、对立的关系❶，客观真实抗辩是首选，主观真实抗辩是补充。

第二，传播非以事实为根据的有害信息应注重行为人主观之恶意。这类有害信息承载了行为人的观点、立场、价值判断，确定这类信息有害与否除了信息的内容在性质上需符合刑法的规定外，笔者认为还要求行为人传播这类有害信息时具有主观上的恶意。所谓主观上的恶意，就是指行为人传播这类有害信息时具有不良的居心、坏的意图。观点、立场、价值判断这些非以事实为根据的信息蕴含着社会多元发展的动力，应该允许不同的观点、立场、价值判断相互碰撞，迸发真理。只有行为人在陈述观点、立场、价值判断不怀好意之时，才有动用刑罚进行处罚的必要性。例如，刑法应该容忍批评政府的言论，听取不同的意见，以达到改进政府施政政策或改善政府人员作风的目的，但是可以处罚借由批评政府而煽动颠覆政府的恶意行为。刑法应该容忍对少数民族某一习俗的否定性评价，但是可以处罚借由该否定性评价而歧视、贬损该民族的恶意行为。此外，还应该注意，行为人不明知或不应当知道所传播信息内容性质的，可以排除处罚，例如行为人应朋友的请求转发某煽动分裂国家信息的链接，但是行为人没有点开链接，且有相当的理由相信行为人不知道链接指向的内容是煽动分裂国家信息时，可以排除处罚。行为人明知信息内容的性质属于刑法禁止传播的类型，但是基于善意而传播的，可以排除处罚。例如，行为人是男科医生，建立了患者微信群，并且需要通过验证才能入群，该男科医生在患者微信群中发布性爱视频

---

❶ 刘艳红. 网络时代言论自由的刑法边界 [J]. 中国社会科学，2016 (10)：134 - 152.

用于患者治疗，笔者认为亦可以排除处罚。❶

4. 以内容＋结果为标准——煽动迫切违法行为标准❷

"煽动迫切违法行为标准"产生的背景是 20 世纪美国民权运动的兴起，源于战争时期的"明显而即刻的危险"标准已经不能适应日渐宽松的言论氛围。"煽动迫切违法行为标准"的渊源是 1969 年美国最高法院审理的"布兰登堡诉俄亥俄州案"。最高法院在判决中阐明，宪法对自由言论的保护不允许国家禁止人民鼓吹使用暴力或使用违反法律的手段，除非言论的目的是煽动具有迫切性的违法行为，并且这种煽动使得违法行为很有可能发生。❸ 根据"煽动迫切违法行为标准"，对言论自由的限制需要满足内容和结果两方面的条件，即内容上言论必须具有煽动性，在结果上言论必须使得违法行为很有可能发生。内容和结果上的条件限制并非择一的，而是两者都必须满足，这就扩大了言论自由的空间。

5. 上述标准的启发

第一，难以用单一的标准划定刑罚处罚的边界。通过对言论自由边界划定标准既有理论的梳理，笔者计划从先贤处寻得划定刑罚处罚边界单一标准的期望落空。即使是在美国这一言论自由保障发展较早、相关制度或司法实务较为成熟的国家，经过先贤百年的探索，亦未觅得确立言论自由边界放之四海而皆准的单一标准。在美国"明显而即刻的危险"标准主要适用于煽动等危害

---

❶ 在这个例子中，男科医生发布性爱视频阻却违法的前提是他仅仅将性爱视频限制在需要以此种方法治疗的患者中。如果该医生虽然声称治疗的目的，但是在网站上发布供不特定的人观看，就不能认定该医生秉持善意，因为一般人都知道该发布性爱视频供不特定人观看的恶果，不可排除处罚。

❷ 也有人称为"迫在眉睫的非法行动"标准，参见：颜廷. 美国政治言论自由的限度［J］. 南京大学学报（哲学·人文科学·社会科学版），2010（4）：35－43.

❸ Brandenburg v. Ohio, 395 U. S. 444（1969）.

国家安全和公共安全类的犯罪；"区分事实陈述与意见表达"标准在美国的司法审判中也有体现，但主要适用于诽谤犯罪；"实质恶意"标准则主要适用于对公共官员的诽谤。在处理言论自由的限制问题时，尝试寻找一个可以适用于各种事件之上的普遍性原则似乎是一个不可实现的梦想，比较美国的实践经验，这种尝试也似乎没有必要。❶ 分析我国刑事立法、司法可以发现刑法对网络传播有害信息的干预程度呈梯度化特征。例如，对于恐怖主义信息，只要在网络上发布即可动用刑罚，对传播范围和实害结果没有要求，但是造谣诽谤有转发次数、点击数等传播范围或者实害结果的要求。这说明刑法对不同类型的网络有害信息的容忍程度是不一样的。由此，必须面对这样一个现实：不再试图寻找一个单一的标准去规制所有类型的网络传播有害信息，而是充分考察不同类型有害信息的传播特点、导致恶害的能力、社会的容忍程度等因素，各个击破。同时，也不能忽略网络传播有害信息作为一种类罪所具有的在行为模式和法益侵害上的共性。虽然刑法规制不同类型的有害信息传播可能适用不同的标准，但是仍可置于一种一致的思维、方向或路径、模式之下。

第二，划定刑罚处罚的边界应建立在对有害信息类型划分的基础之上。确立言论自由边界的标准需考量言论的不同类型，那么类型化必然成为刑法规制有害信息传播的基本前提。既有理论在处理言论自由边界问题时都是以类型化模式作为解决的方法。类型化可以是对研究对象周延的划分，也可以是不周延的划分，只要于研究主体有益，不同的分类都具有意义。关于什么样的分类对划定言论自由的边界具有重要意义，既有理论提供了很好的

---

❶ 林子仪.言论自由与新闻自由［M］.台北：元照出版有限公司，2002：367.

指引。笔者认为，以信息传播结果和信息内容为标准的划分具有重要意义。

以信息传播结果为标准的分类实质指向网络传播有害信息的法益侵害性，刑法的目的是保护法益：一方面，刑法规制网络有害信息传播的目的是保护法益；另一方面，刑法保障言论自由亦体现为对特定法益的保护。归根结底，刑法在规制网络有害信息传播与保障言论自由的平衡方面直接表现为法益的权衡与取舍。网络传播有害信息除了同类法益为网络生态环境，各罪还附着传统的国家法益、社会法益和个人法益。法益保护具有位阶性，基于现代刑法优先保护国家安全、人身权利的立场❶，刑法对附着不同法益的网络有害信息传播行为的容忍程度也必然存在差异。以信息内容为标准的分类反映的是有害信息的属性及有害性的来源，诚如事实陈述和意见表达的区别。事实陈述类信息是否有害在于信息是真是假，意见表达类信息是否有害在于信息蕴含的主观价值判断是否为法律或道德所允许。所以，信息内容的属性可以成为识别信息是否有害的路径指引，对不同属性的信息适用不同的规制标准。

第三，划定刑罚处罚的边界应综合考量信息内容、传播结果、行为人的主观心态。刑罚处罚的边界并非受单一因素的制约，而是受多种因素的共同限制。"煽动迫切违法行为标准"将信息传播结果和信息内容结合在一起作为限制言论自由的标准，通过双重因素共同把关，可以更真切地反映涉网络传播有害信息个案的具体情境，也可以为刑法规制有害信息传播提出更严格的要求。有学者指出，从信息传播结果和信息内容两方面"检讨违法行为的

---

❶ 姜涛. 基于法益保护位阶的刑法实质解释 [J]. 学术界，2013（9）：101－112.

煽动，是最为保护言论的基准"❶。"煽动迫切违法行为标准"可以为研究提供一种思路，即可以尝试将信息传播结果、信息内容、行为人主观心态等因素结合起来综合考虑各因素在限制刑罚处罚方面发挥的作用，以期在最贴近个案具体情境的基础上减少刑罚的干预。笔者认为，可以对不同类型的网络传播有害信息犯罪在信息内容、行为人主观心态、信息传播结果等变量上设定不同的取值，力求做到在划定刑罚处罚边界方面具有相似性、一般性、共通性标准的同时求同存异。

第四，划定刑罚处罚的边界须立足于环境，符合时代特征。"明显而即刻的危险"标准产生于战争背景，霍姆斯大法官在提出这一标准的时候便指出，"每一种行为的性质都取决于它发生的具体背景"❷。当下划定刑罚处罚的边界所处的最大背景便是网络社会以及网络社会与现实社会日益融合的趋势。在网络环境中，有害信息的传播特征发生了翻天覆地的变化，危害结果既发生在网络社会，又发生在现实社会，侵害的法益既包括网络生态环境法益，又包括传统法益，那么传播有害信息对网络生态环境法益的侵害结合对传统法益的侵害必然会增加刑法规制有害信息传播的工具主义砝码，从而在个案中可能扩大刑罚处罚的边界。

（二）规制网络传播有害信息的刑罚诉求变动

网络因素的介入，使得刑法规制有害信息传播的刑罚诉求发生了变动。在研究网络因素导致刑罚诉求变动时，应该坚持一个基本前提：一方面，不应该给予网络信息传播比传统社会更为严苛的限制；另一方面，网络社会应比传统社会更自由的价值判断

---

❶ 松井茂记. 媒体法 [M]. 3 版. 台北：元照出版有限公司，2004：39.
❷ 邱小平. 表达自由：美国宪法第一修正案研究 [M]. 北京：北京大学出版社，2005：20.

也不应成为刑法规制边界变动的理由。❶ 笔者认为，在网络传播有害信息的刑法规制方面，网络因素应该作技术层面的分解，将网络因素融入有害信息的内容、传播有害信息的心态、传播有害信息的结果等要素中去作具体的考量。

第一，行为客观危害要求的变动。网络传播有害信息犯罪所处的最显著时代背景是网络社会以及网络社会与现实社会日益融合的趋势。在考察相关犯罪的危害结果时，就必须注重发生在网络社会的危害结果和发生在现实社会的危害结果，两者不可偏废。甚至在某些情况下，发生在网络社会中的危害结果比发生在现实社会中的危害结果更不为刑法所容忍。例如，在我国《刑法》中，有的网络传播有害信息行为只需要发生在网络社会的危害后果，即可给予刑罚处罚。例如，诽谤罪的情形，同一诽谤信息实际被点击数、浏览次数达到 5000 次以上即可，没有现实社会中发生危害结果的要求。概括来说，在判定网络传播有害信息犯罪结果要求时，有的只要具有在网络中大范围传播的结果即可动用刑罚处罚，有的还要同时造成现实社会的危害结果。

第二，行为人主观恶性要求的变动。动用刑罚处罚网络传播有害信息所要求的行为人主观恶性的变动主要体现在两个方面：一方面是行为人对有害信息的"明知"要求降低，并且主要体现在网络服务提供者帮助传播有害信息或者监管有害信息时对于有害信息的"明知"要求。网络服务提供者面对数量众多的用户，不可能对每一用户通过使用其服务传播的信息内容都有具体的明知，更多的只是一种概括的明知，甚至是不知。如果将网络服务提供者帮助传播有害信息或者监管有害信息时对有害信息"明知"

---

❶ 千代原亮一．サイバー暴力とサイバー侮辱罪［J］日本情報経営学会誌，2010，30（3）：88−98.

的要求限定为具体的明知，则刑罚处罚的范围将非常有限，可能导致网络服务提供者消极地对待、处理已经或可能出现的有害信息，与治理网络有害信息的社会情势不符。再加上传统社会中有害信息内容的提供者一般可判定其明知的心态，但是在网络社会中大量由机器或人工智能识别、筛选的有害信息没有人工的介入，就不能当然地推定有害信息内容的提供者明知的心态，这也为证明行为人对有害信息的"明知"增加了难度。我国《刑法》新增的"帮助信息网络犯罪活动罪"和"拒不履行信息网络安全管理义务罪"均不要求行为人对有害信息的认知达到具体的明知。

另一方面是犯罪目的对限制刑罚处罚的作用越来越小。由于网络传播有害信息的目的的泛化，特定的传播目的对行为人主观恶性的影响减弱。传统社会中，有害信息特定的传播目的是判断行为人主观恶性的重要指标，典型的如牟利目的。我国《刑法》亦有基于特定传播目的设置的有关有害信息的罪名——"传播淫秽物品牟利罪"和"传播淫秽物品罪"，这两个罪名便是基于传播淫秽物品是否具有牟利目的不同分别设置的，其中传播淫秽物品牟利罪设置了比传播淫秽物品罪更重的刑罚。究其原因，是牟利目的在某些情况下能说明行为人具有更大的主观恶性。在传统社会中，受制于复制技术、传播途径等因素，传播淫秽物品的行为成本较高，以牟利为目的传播淫秽物品能够负担高额的成本，传播淫秽物品的行为非但不会得不偿失还会有利可图，这样也会吸引他人参与违法犯罪行为，从而会造成传播淫秽物品行为大幅扩张和蔓延的严重社会危害结果。而以个人爱好等非牟利目的的传播淫秽物品的行为，行为人若要造成大面积传播的结果，需要付出相当大的成本，例如大量印刷淫秽物品赠予他人，行为人需要巨大的金钱支出，违法犯罪行为难以为继、难以大幅扩张和蔓延，且绝大多数理性的人不会作出类似选择。所以，不以牟利为目的传播淫秽物品的行为人主观恶性一般较小，行为可能造成的危害后果一般也较小。在网络环境下，批量复制技术使得大规模传播变得极其容易，传播淫秽物品的经济成本几乎可以忽略不计，不论行为人基于何种目的实施传播淫秽物品的行为，都可以造成大幅扩张和蔓延的结果。在某些情况下不以牟利为目的传播淫秽物品的行为人主观恶性以及行为可能造成的危害后果比以牟利为目的传播淫秽物品的还要严重，例如，行为人制作淫秽色情网站，提供淫秽色情视频给他人下载或观看，行为人以牟利为目的设置为缴费会员可以下载或观看导致淫秽物品的传播范围可能远远小于行为人不以牟利为目的供任何人下载或观看的情况。

第三，犯罪人或潜在犯罪人危险性要求的变动。犯罪人或者潜在犯罪人的危险性主要与他们自身的特质有关，网络传播有害信息的犯罪人或潜在犯罪人的危险性与他们所具备的技术能力有很大关联。所以，为了预防犯罪的需要，刑法会强调对具有特殊身份或技能的主体进行刑罚处罚，典型的便是掌握信息网络技术的网络服务提供者。我国《刑法》增设的"拒不履行信息网络安全管理义务罪""帮助信息网络犯罪活动罪"的犯罪主体便是网络服务提供者，设置这两个罪名的目的主要是针对网络服务提供者依其技术能力所具有的危险性，以及督促网络服务提供者履行信息网络安全管理义务，遏制有害信息在网络中的大量传播。

第四节 小 结

犯罪与刑罚是刑法的两个基本范畴，刑法规制边界的确定必然立足于这两个范畴。犯罪与刑罚既有内在规定性上的一致性，又有各自诉求上的差异性，它们对刑法规制边界的确定都有意义。

在犯罪范畴内确定刑法规制的边界在于揭示犯罪的本质。笔者认为，犯罪的本质是法益侵害，网络传播有害信息犯罪既侵害了各罪所负载的传统法益，又侵害了网络生态环境法益。这一法益的变动不是凭空产生的，源自刑法"体制内"法益的重新配置。在刑罚范畴内确定刑法规制的边界在于揭示刑罚的正当性。在既考虑报应又考虑功利的合并主义立场下，刑罚干预社会生活需要考量刑罚的诉求，即行为的客观社会危害、行为人的主观恶性、法益的重要程度、犯罪人或潜在犯罪人的再犯可能等因素。具体到刑罚干预网络传播有害信息，需要综合考量信息内容、传播结果、行为人主观心态等因素，以及这些因素的网络异化。

刑法所保护法益的变动是刑罚诉求变动的基础，刑罚诉求反向调节着刑法对法益的保护程度，两者构成对刑法规制边界的双重限制。

第四章

网络传播有害信息刑法规制中的理念变动

第一节 刑法谦抑性理念的更新

刑法在规制网络传播有害信息行为方面呈现了明显的犯罪化倾向，主要表现在 2015 年《刑法修正案（九）》新增了 8 个涉网络传播有害信息犯罪的罪名。一个刑法修正案为一个类罪新增 8 个罪名，这种现象是极为罕见的。刑法在规制网络传播有害信息行为方面如此"明目张胆"地扩张，与当下备受推崇的刑法谦抑性理念所主张的非罪化立场似乎背道而驰。我们应该如何看待这一问题？刑法在规制网络传播有害信息中的谦抑性理念该如何理解和运用？

一、刑法谦抑性的基本内涵

刑法谦抑性是 18 世纪末期欧洲启蒙思想的一个重要产物❶，缘起于对封建刑法干涉性和残酷性

---

❶ 徐卫东，李洁，等 . 刑法谦抑在中国：四校刑法学高层论坛 [J] . 当代法学，2007（1）：3 - 23.

的反对❶，当下刑法谦抑性已经成为刑法所秉持和坚守的基本理念。我国《刑法》中谦抑性的概念来自国外，主要是来自日本。何谓刑法的谦抑性？日本学者平野龙一教授认为，刑法的谦抑性指的是刑法只有在其他手段不充分或者过于强烈，且有刑罚处罚的必要时才可以动用。❷ 日本学者川端博教授认为，刑法的谦抑性指的是刑法并不针对所有的违法行为，刑罚也只限于不得不必要的场合才适用。❸ 我国学者陈兴良教授认为，刑法的谦抑性指的是立法上应该少用，甚至不用刑罚以实现有效防治犯罪的目的。❹ 张明楷教授认为，刑法的谦抑性指的是刑法处罚范围与处罚程度的控制。❺ 尽管学者们对刑法谦性性内涵的表述不一，但对刑法谦抑性内涵的核心内容具有共识，即刑法谦抑性的内涵包括不完整性❻、补充性❼和宽

---

❶ 莫洪宪，王树茂．刑法谦抑主义论纲 [J]．中国刑事法杂志，2004（1）：13 - 24.

❷ 张明楷．论刑法的谦抑性 [J]．法商研究（中南政法学院学报），1995（4）：55 - 62.

❸ 马克昌．我国刑法也应以谦抑为原则 [J]．云南大学学报法学版，2008（5）：1 - 5.

❹ 陈兴良．刑法哲学 [M]．5 版，北京：中国人民大学出版社，2015：7.

❺ 张明楷教授进一步指出，凡是适用其他法律足以抑止某种违法行为、足以保护合法权益时，就不要将其规定为犯罪；凡是适用较轻的制裁方法足以抑止某种犯罪行为、足以保护合法权益时，就不要规定较重的制裁方法。参见：张明楷．论刑法的谦抑性 [J]．法商研究（中南政法学院学报），1995（4）：55 - 62.

❻ 所谓不完整性，有学者称为断片性，就是针对刑法的调整范围而言的，指的是刑法不能渗透到国民生活的方方面面，对国民生活过多地进行干涉，而应该限制在维护社会秩序所必需的最小范围之内；刑法不针对所有的违法行为，只将具有严重危害社会的违法行为纳入刑法规制范围。

❼ 所谓补充性，有学者称为最后性，是针对刑法作为规制手段而言的，指的是对于危害社会的行为，只有达到严重的危害程度，在采用民法、行政法、经济法等法律规范无法规制时，才能动用刑法予以规制，刑法是作为民法、行政法等第一性法律规范的保障法而存在的第二性规范。

容性❶。从抽象、宏观的层面讨论刑法谦抑性的内涵，恐怕很少人会提出异议。但是网络社会中刑法谦抑性应该如何理解和运用呢？对于这一问题，学界形成了两种截然对立的观点。

第一种观点认为，近年来《刑法》频繁修正并新增了许多罪名，导致公权力越来越多地侵入私人生活领域，刑法背离了其作为"社会最后一道防线"的定位，刑法站在了社会治理的第一线，"已然浮现泛刑法化的隐忧"❷，尤其是在规制网络违法行为方面，犯罪圈在不断扩大。《刑法修正案（七）》新增了"侵犯公民个人信息罪""非法获取计算机信息系统数据、非法控制计算机信息系统罪""提供侵入、非法控制计算机信息系统的程序、工具罪"等涉网络犯罪的罪名。《刑法修正案（九）》新增了"宣扬恐怖主义、极端主义、煽动实施恐怖活动罪"等8个涉网络传播有害信息犯罪的罪名。《诽谤案件解释》以"寻衅滋事罪"规制网络造谣行为，也体现出司法解释对于刑法条文的突破，致使公民的言论自由受到实质性侵害。❸

第二种观点认为，当下网络犯罪形势严峻、刑事法网不严，刑法"不可避免地产生通过扩大处罚范围以保护法益的倾向"❹，单纯地强调限定刑法的处罚范围已经不符合刑法规制网络犯罪的情势。该观点认为，刑法基于严密法网的需要，通过修正案的形

---

❶ 所谓宽容性，有学者称为克制性，是针对已经构成犯罪的行为而言的，指的是对于已经构成犯罪的行为刑法应也保持克制，尽量使用非刑罚方式或使用较轻的刑罚予以规制，因为刑罚是一种不得已但必要的恶害。

❷ 蒋丽. 网络涉法行为的刑法谦抑性分析：以淘宝网恶意刷单为例 [J]. 东南大学学报（哲学社会科学版），2016（18）：91–94.

❸ 孙万怀，卢恒飞. 刑法应当理性应对网络谣言：对网络造谣司法解释的实证评估 [J]. 法学，2013（11）：3–19.

❹ 张明楷. 网络时代的刑法理念：以刑法的谦抑性为中心 [J]. 人民检察，2014（9）：6–12.

式新增涉网络犯罪的罪名非但是必要的，而且还过于保守。因为在盲目地遵从刑法谦抑性的教条下，对一些犯罪设立了较高的入罪门槛，会导致诸多具有严重法益侵害性的行为无法被追究刑事责任。❶

二、"限制的处罚"之检讨

传统观点认为，刑法的谦抑性理念可以用两个字来概括——限制，刑法谦抑性是对刑事立法、司法的限定，防止刑法的恣意和不当扩张。刑法谦抑性已经深入人心，限制刑法处罚范围似乎也成了刑法谦抑性之标签。有些学者及司法实务人员对于犯罪化和非罪化的态度甚至是"以出罪为荣、以入罪为耻"❷，以致出现了一股认为刑法规制越少越好的过度非罪化潮流❸。

笔者认为，从刑法谦抑性的功能和价值分析，非罪化和犯罪化都是刑法谦抑性应有之义，盲目的非罪化和过分的犯罪化都不是其应有的立场。人们通常会产生这样一种定式思维，即非罪化是刑法谦抑性的必然要求，认为刑法的处罚范围越窄越好。这是错误的，因为这是一种矫枉过正的想法，可能会产生过犹不及的后果。刑法谦抑性是刑法的一种理念，是刑法的一种品格，而不

---

❶ 张明楷教授以非法侵入计算机信息系统的行为为例，同样是非法侵入计算机信息系统的行为，当侵入的是国家事务、国防建设、尖端科学技术领域的计算机信息系统时，成立非法侵入计算机信息系统罪，且没有罪量要求；当侵入的是上述领域之外的其他计算机信息时，不仅要求获取计算机信息系统中存储、处理或者传输的数据，或者对计算机信息系统进行了非法控制，而且还要求情节严重时才成立犯罪。参见：张明楷. 网络时代的刑法理念：以刑法的谦抑性为中心 [J]. 人民检察，2014（9）：6-12.

❷ 张明楷. 网络时代的刑法理念：以刑法的谦抑性为中心 [J]. 人民检察，2014（9）：6-12.

❸ 叶亚杰. 论刑法谦抑性的价值与整合 [J]. 河北法学，2016（12）：110-115.

是刑事立法和刑事司法的一项具体规则。一个性格克制、内心平和的人可以成为带兵打仗的将军，一方面，他比性格暴戾的人更为理性，他不会随意地进攻，不会肆意地屠杀，甚至他还会最大限度地避免伤及平民，作战效果也未必不及性格暴戾的人。另一方面，性格克制、内心平和不能成为将军不参加作战的理由，当军法规定、上级严令或者形势所迫时他也必须参加战斗。所以，一方面，刑法谦抑性亦如将军克制的性格、平和的内心，战与不战都是将军可能的选项，犯罪化与非罪化也都是刑法可能的选项，但是在战的过程中将军仍保有理性、摒弃恣意，在犯罪化的过程中，刑法亦应保有理性、摒弃恣意。另一方面，"宽恕永远不能施行于非正义的事业中""只有在法律允许的时候宽宥才能登堂"。❶正如性格克制、内心平和不是将军消极避战的理由，刑法的谦抑性也不是刑法背离罪刑法定、不顾解释规则、无视社会形势进而消极怠惰的借口。刑法负有保护法益和保障人权的双重机能，不能因为强调刑法的谦抑性而偏废刑法保护法益的机能。刑法的谦抑性必须内嵌于刑法本身的合理运行之中，刑法谦抑性也必须以遵守罪刑法定、罪责刑相适应的刑法基本原则，以及刑法各章节的其他具体规则为前提。

通过对刑法谦抑性内涵的分析可以知道，刑法谦抑性的功能和价值在于对刑事立法和刑事司法进行限定，而非否定。刑法谦抑性不排斥犯罪化，而是强调在犯罪化的过程中如何保持刑法的克制。刑法谦抑性的内涵已经为非罪化和犯罪化划定了一条明确的界线——维护社会秩序所必要的范围。如果刑法的处罚范围超出了维护社会秩序所必要的范围，则非罪化是主流；如果刑法的

---

❶ 施塔姆勒. 正义法的理论［M］. 夏彦才，译. 北京：商务印书馆，2012：81 -
82.

处罚范围没有达到维护社会秩序所必要的范围，则犯罪化是趋势。若一味地强调非罪化，便是对刑法存在意义的否定，因为非罪化的尽头是刑法的消亡。笔者认为，当非罪化和犯罪化是刑法为适应特定的社会形势而作出的调整时，两者便都具有实质合理性。

行为是否侵害法益以及行为侵害法益的严重程度不是一成不变的，会随着社会的变化而变化，这便构成犯罪化和非罪化的动因。由于社会形势的变化，便产生了新的法益，某种行为会严重侵害新的法益需要科处刑罚；某种行为的社会危害性增加，对既有法益的侵害达到了需要科处刑罚的严重程度，那么就需要将它们规定为犯罪。反之，由于社会形势的变化，既有法益消亡，或者无须再动用刑法保护；某种行为的社会危害性显著变小，对既有法益的侵害达不到需要科以刑罚的严重程度，那么就需要将它们非罪化。同理，对于已经构成犯罪的行为在刑罚设置上或者具体犯罪的刑罚裁量中也不应该一味地追求从轻、减轻或者免除处罚，必须做到罪责刑相适应，必须做到刑罚设置和刑罚裁量的整体协调。

因此，不能轻易地肯定或者否定非罪化或者犯罪化。一方面，既不能一概地认为犯罪化违背刑法谦抑性，也不能一味地追求非犯罪化而全然不顾网络社会法益保护的的现实需要；另一方面，也不能盲目地对犯罪行为给予刑罚处罚上的宽容，应该根据犯罪行为对法益侵害的严重程度区分刑罚上的"轻轻重重"。笔者认为，对某一行为的犯罪化或者非罪化，以及刑罚处罚的轻重程度，必须立足于该行为所处的情境去考察行为的法益侵害性。

三、"必要的处罚"之提倡

笔者认为，"限制的处罚"不是刑法谦抑性一成不变的内容，

"必要的处罚"才是刑法谦抑性恒久的品格。当下，"限制的处罚"之所以被某些人认定为刑法谦抑性的标签，是因为刑法谦抑性缘起于反对封建刑法对社会生活的过分干涉，以及反对封建社会刑罚的残酷性。此时，刑法谦抑性的意义在于通过限制刑法的处罚范围使得刑法退出本不该由其介入的社会生活；通过限制制刑、行刑使得刑罚趋于缓和。可以说，"限制的处罚"是刑法谦抑性对封建刑法干涉性和残酷性这一病症下的一剂良药，其目的在于促使刑法回归合理性，实现必要的处罚。

在网络社会中，刑法谦抑性面对的情境与其诞生时所处的环境可谓截然不同。虽然传统刑法的效力当然及于网络社会，但是面对一个全新、仍处于建构发展中的社会形态，传统刑法是否能兼容？从理论上说，传统刑法与网络社会的碰撞可能产生四种结果，且基于个罪范畴的考量，以下四种结果都是可能存在的。

第一种结果是传统刑法与网络社会完全无关，传统刑法规定的犯罪在网络社会完全不能适用，例如，"故意杀人罪""过失致人死亡罪""绑架罪""刑讯逼供罪""交通肇事罪"等与人身密切相关的部分犯罪。第二种结果是传统刑法与网络社会完全契合，能够有效规制网络社会中的危害行为，这是最理想的结果。第三种结果是传统刑法无法适应网络社会的情势，面对网络社会中的危害行为束手无策，无法实现保障社会的机能。我国《刑法》修正案新增涉网络犯罪的罪名便是很好的例证。第四种结果是传统刑法对网络社会的干预过多或者处罚过重，阻碍了网络社会的发展，例如"传授犯罪方法罪"取消死刑。❶ 同时，还应该清晰地认

---

❶　传统刑法对网络社会的干预过多或者处罚过重的情形较为少见，即便是传授犯罪方法罪取消死刑的原因，在多大程度上与网络社会相关联也存在疑问，但是笔者认为传授犯罪方法罪的适用死刑在网络社会也是过于严重的处罚。

识到，网络社会的发展日新月异，传统刑法与网络社会的碰撞可能产生的上述四种结果处于动态的发展变化过程之中。以第一种结果为例，当前交通肇事罪无法适用于网络社会，但是随着无人驾驶汽车的发展，汽车成为网络的一个终端，那么在交通肇事罪层面网络社会与现实社会便可以实现融合。又如"强制猥亵妇女罪"，如果刑法承认网络游戏角色的虚拟人格，那么该罪同样可以适用于网络社会。

上述四种结果分别指示了刑法在网络社会的四种进化方向，第一种结果指示传统刑法可以完全无视网络社会；第二种结果指示传统刑法面对网络社会不需要作特定的限制或扩张；第三种结果指示传统刑法需要通过扩张来满足保障网络社会秩序的需要，这是导致犯罪化的动因；第四种结果指示传统刑法需要通过限制处罚范围以保障网络社会的发展活力以及保障人权。既然上述四种结果在个罪范畴内都有可能存在，那么刑法的相关罪名在网络社会也有可能分别朝着这四种不同的方向进化。所以，无法使用限制、扩张中的一个词语去统一概括刑法在网络社会的走向。但是可以达成共识的是，无论是限制还是扩张，都务求刑法能够做到必要的处罚。

必要的处罚可以很好地诠释刑法谦抑性理念如何运用于刑法不同的进化方向。首先，必要的处罚与限制的处罚不同，它不会干扰刑法基于社会形势的发展而作出的调整和变化。因为必要的处罚本身可以适用于限制或扩张等刑法不同的进化方向，而限制处罚本身代表了刑法调整和变化的一种方向。当社会形势要求刑法扩张以严密法网时，强调限制处罚的刑法谦抑性理念就显得与现实要求格格不入，且很可能导致刑事立法或司法的畏缩。其次，必要的处罚可以确保刑法在不同的进化方向上都保持谦抑。"维护社会秩序所必要的范围"即为"必要",必要的处罚要求既不任意扩大,也不无故缩小刑法维护社会秩序所必要的范围,即使在合根据的情况下扩大或缩小也遵从"限制而不畏缩、扩张而不恣意"的要求。

四、刑法谦抑性在规制网络传播有害信息中的运用

前文已经详述了网络有害信息与传统有害信息最直观的区别是,网络因素的介入引发了有害信息传播情势的颠覆性变化。那么刑法在规制网络传播有害信息行为方面如何做到谦抑性所要求的必要的处罚呢?一方面,就传统法益而言,应该正视网络激活了传统有害信息犯罪,催生了传播有害信息的新形式,使得传播有害信息行为呈泛滥之势,由此显著放大了传播有害信息行为对传统法益的侵害性;另一方面,就网络社会新生的法益而言,应充分考量传统刑法如何保护网络风清气正的生态环境法益。具体说来,刑法谦抑性理念在规制网络传播有害信息中如何运用或者说刑法在规制网络传播有害信息行为方面如何做到必要的处罚,笔者认为当前应该把握好以下几个方面的原则。

(一) 基于严密法网的犯罪化应视为必要

1. 网络传播有害信息行为犯罪化的走向

近年来,刑法对传统媒体从严格管制走向减少、放宽和解除管制,对网络媒体则恰恰相反,从没有管制到增加管制。❶ 这也反映出刑法对于网络传播有害信息的规制呈现出从没有或少有规制到增加、加强规制的发展过程。在这一过程中,刑法基于严密规

---

❶ 张西明. 从 Non‑Regulation 走向 Regulation:网络时代如何保障言论自由 [J]. 法学,2001 (7):47–54.

制传播有害信息法网的犯罪化特征明显，并且犯罪化总体上是围绕着完善网络生态环境法益的保护而展开的。第一，通过新增行为犯，实现保护网络生态环境法益的目的。《刑法修正案（九）》新增的有关网络传播有害信息的犯罪部分为行为犯，例如"宣扬恐怖主义、极端主义、煽动实施恐怖活动罪"等。这些行为若发生在网络，成立犯罪时不要求发生现实社会的实害结果，只要在网络上传播了相关有害信息即可，如此便可遏制相关有害信息在网络社会的传播，维护网络社会风清气正的生态环境。第二，通过新增纯正的网络犯罪，实现保护网络生态环境的目的。《刑法修正案（九）》新增的"拒不履行信息网络安全管理义务罪""非法利用信息网络罪"等为纯正的网络犯罪，这些罪名明确了信息网络服务提供者、信息网络使用者在何种情形下应该承担传播有害信息或致使有害信息大量传播的刑事责任。这是针对网络传播有害信息区别于传统传播有害信息出现的新情势的对症下药。第三，通过新增既有犯罪入罪的"网络"情节，实现保护网络生态环境的目的。这主要是采取司法解释的形式，例如《刑法》第 363 条规定的"传播淫秽物品牟利罪"，相关司法解释把淫秽视频、音频、图片、信息实际被点击数、注册会员人数作为网络传播淫秽物品牟利罪的入罪情节。[1] 又如《刑法》第 246 条规定的"诽谤罪"，相关司法解释对诽谤罪构成要件中的"捏造事实诽谤他人"在网络中的呈现形式予以了规定，并将诽谤信息实际被点击数、浏览数、被转发次数等网络因素解释为诽谤罪的入罪情节。[2]

---

[1] 详见 2010 年 2 月《最高人民法院、最高人民检察院关于办理利用互联网、移动通讯终端、声讯台制作、复制、出版、贩卖、传播淫秽电子信息刑事案件具体应用法律若干问题的解释（二）》。

[2] 详见 2013 年 9 月《最高人民法院、最高人民检察院关于办理利用信息网络实施诽谤等刑事案件适用法律若干问题的解释》。

2. 犯罪化应避免"故作谦抑"

"当社会环境决定运用刑法制裁更为有效时，没有必要为了故作谦抑状态而不用刑罚。"❶ 由于限制的处罚长期被误认为刑法谦抑性的代名词，刑法在犯罪化过程中顾虑重重，畏首畏尾。这一现象在网络传播有害信息行为犯罪化方面也有体现，应予正视和改变。以传播虚假的有害信息为例，《刑法》第181条规定了"编造并传播证券、期货交易虚假信息罪"，2001年《刑法修正案（三）》增设了"编造、故意传播虚假恐怖信息罪"，根据该罪的规定，只有编造、传播虚假的爆炸、生化、放射威胁的恐怖信息，才成立犯罪。该罪限定的虚假信息范围非常狭窄。随着网络的普及，在信息网络上传播虚假信息的现象泛滥，2015年8月，《刑法修正案（九)》又增设了"编造、故意传播虚假信息罪"，从罪名上看这似乎囊括了所有的虚假信息，但是该罪罪状却将虚假信息限定为虚假的险情、疫情、灾情、警情四种类型。从形式上看，似乎体现了审慎犯罪化的态度，通过限定虚假信息的类型体现刑法的克制，实际上，由于刑法对有害信息类型的过分限制，实务中许多具有严重危害性的其他类型的网络虚假信息传播行为难以得到规制，或者呈现出规制上的乱象。有的网络传播虚假信息的行为通过对刑法口袋罪名的实质解释予以犯罪化，有的网络传播虚假信息的行为刑法无法规制。根据我国《刑法》现有的规定，网络传播基金或保险交易虚假信息罪只能用"寻衅滋事罪"来规制，这是非常奇怪的。笔者认为，虚假信息的样态丰富，立法上难以穷尽，并且对虚假信息的类型进行判断本身也并非一件轻而易举的事情，故更为妥当的做法是立法上不对虚假信息的类型进

---

❶ 熊永明，胡祥福．刑法谦抑性研究 [M]．北京：群众出版社，2007：337．

行限制，而由司法上对其进行限制，以增加刑法应对的灵活性。

上述刑法规制网络传播虚假有害信息的例子警示我们，在刑法规制网络传播有害信息行为的犯罪化问题上，除了要力戒焦躁，也要力戒畏缩，避免陷入病急乱投医和"头痛医头，脚痛医脚"的泥沼中。

（二）基于法益叠加的从重或加重处罚应视为必要

网络社会中，传播有害信息的行为既侵害传统法益，又侵害网络生态环境法益。两种法益的叠加意味着网络传播有害信息较传统传播有害信息的行为更具法益侵害性。"刑法是由轻重不同的刑罚科学配置而成的"❶，对法益侵害性大的犯罪行为苛以较重的刑罚、对法益侵害性较小的犯罪行为苛以较轻的刑罚是制刑和量刑的一般规则。刑法谦抑性倡导轻刑化，并不意味着对所有犯罪行为不加区别地统一从轻、减轻或者免除处罚。所以，网络传播有害信息的行为较传统传播有害信息的行为除了侵害传统法益，还叠加了网络生态环境法益，对法益的侵害性更大，在制刑或量刑上从重或加重处罚应视为必要。以"侮辱罪"为例，利用信息网络辱骂他人、危害社会秩序的行为，除了对被害人的人格造成了损害，还会对网络风清气正的生态环境造成破坏。从《刑法》第246条"侮辱罪"的罪状分析，利用信息网络辱骂他人并危害社会秩序的行为可以为侮辱罪所包容，但是相关司法解释却将该行为用"寻衅滋事罪"予以规制。❷ 究其原因，除了寻衅滋事罪作为口袋罪在罪状上能容纳多数危害社会秩序的行为，更在于寻衅

---

❶ 熊永明，胡祥福. 刑法谦抑性研究 [M]. 北京：群众出版社，2007：337.

❷ 2013年12月最高人民法院发布的《〈关于办理利用信息网络实施诽谤等刑事案件适用法律若干问题的解释〉的理解与适用》也提出，如果利用信息网络辱骂特定的个人，则可能存在寻衅滋事罪与侮辱罪的竞合。

滋事罪的法定刑要重于侮辱罪的法定刑❶，以此体现出传统侮辱犯罪行为与网络侮辱犯罪行为法益侵害性的差异。

此处应该注意的问题是，基于法益叠加的从重或加重处罚应该置于刑罚的整体轻缓化趋势之下。例如，2011 年《刑法修正案（八）》废除"传授犯罪方法罪"的死刑，2015 年《刑法修正案（九）》废除"战时造谣惑众罪"的死刑。

（三）基于社会形势对定罪量刑情节进行明确或更新应视为必要

在我国《刑法》规定的有关网络传播有害信息的犯罪中，大部分罪名有定罪或量刑上的情节要求。定罪情节具有划定罪与非罪的功能，量刑情节具有决定宣告刑的功能，它们都可以使刑法的发动受到限制。网络传播有害信息犯罪中的情节要求在罪状上的表述有"情节严重的""情节特别严重的""情节较轻的""严重损害他人利益""造成严重后果的""给他人造成重大损失""严重危害社会秩序和国家利益""严重扰乱社会秩序的""造成公共场所秩序严重混乱的"等。

第一，这些表述都是一些内涵模糊、外延宽泛的概念，具有很大的解释空间。若不对定罪量刑的情节予以明确，非但不能限制刑法的发动，反而会为刑法的恣意埋下隐患。此处尤其要注意的是，网络传播有害信息犯罪中涉及侵害传统法益的定罪量刑情节的确定，可以依凭现实社会中人们经验的认知，但是涉及侵害网络生态环境法益的定罪量刑情节却没有先例和经验可循。笔者认为：一方面，可以在个罪的层面对网络社会定罪量刑情节进行

---

❶ 侮辱罪的法定最高刑为有期徒刑 3 年，寻衅滋事罪的法定最高刑为有期徒刑 10 年。

探索，目前很多罪名都有尝试；另一方面，也要注意各罪之间的整体协调。第二，除了明确网络传播有害信息犯罪定罪量刑的情节，使得相关的情节要求具有可操作性，也应该根据社会形势的变化和发展及时更新情节的内容。

（四）激活或者废止休眠条款应视为必要

所谓休眠条款，是指刑法虽然有规定，但在实践中没有或少有得到实施而基本处于休眠状态的条款。在我国《刑法》规定的有关网络传播有害信息的犯罪中，"编造并传播证券、期货交易虚假信息罪"处于休眠状态。在中国裁判文书网和北大法宝数据库中分别以"编造并传播证券交易虚假信息""编造并传播期货交易虚假信息""编造并传播证券、期货交易虚假信息"三个关键词进行刑事案件全文检索，结果共有三条记录。❶ 第一条记录是 1997 年 12 月湖南省株洲县人民法院审理的李某某编造并传播证券交易虚假信息案❷；第二条记录是 2014 年江苏省射阳县人民法院审理的姜某编造虚假恐怖信息案，在姜某的个人基本情况中载明其于 2012 年 1 月因犯编造并传播证券交易虚假信息罪被判处刑罚❸；第三条记录是 2018 年上海市第一中级人民法院审理的滕某某、林某某编造并传播证券、期货交易虚假信息案❹。可见编造并传播证券、期货交易虚假信息罪自设置以来，司法实务中鲜有适用，长期处于休眠状态。

刑法设置"编造并传播证券、期货交易虚假信息罪"是因为证券、期货交易市场对信息敏感，交易价格易受信息影响而波动。

---

❶ 检索时间为 2021 年 9 月 19 日。
❷ 参见湖南省株洲县人民法院（1997）株法刑初字第 230 号刑事判决书。
❸ 参见江苏省射阳县人民法院（2014）射刑初字第 00166 号刑事判决书。
❹ 参见上海市第二中级人民法院（2018）沪 02 刑初 27 号刑事判决书。

广大投资者往往凭借着相关信息去判断证券、期货的投资价值和作出相应的投资决定，虚假交易信息会误导投资者，将投资者置于风险之中。但是虚假交易信息并不只存在于证券、期货交易市场，只是在传统社会中，证券、期货交易在所有金融业态中对虚假信息最为敏感。随着各类金融活动向网络的迁移，第三方支付、网络借贷、众筹、网络银行、网络保险、网络基金等网络金融业态对信息的依赖度和敏感度都在提高，虚假信息的危害性显著增大。通过向不特定的公众散布虚假信息诱导投资者从而实施犯罪的现象在各类金融犯罪中蔓延开来，可以考虑将"编造并传播证券、期货交易虚假信息罪"的规制范围由证券、期货交易市场拓宽至金融交易市场。这样，一方面，可以将金融犯罪遏止在早期阶段，起到预防金融犯罪实害结果发生的作用。通过刑法规制网络传播金融交易虚假信息的行为，严控虚假交易信息的传播，让更少的人接触到虚假交易信息，便可阻断潜在被害人的生成。另一方面，可以遏制所有的金融交易虚假信息在网络中的传播，以维护网络风清气正的生态环境。因为不论是何种类型的金融交易虚假信息，只要在网络中传播，都将污染网络生态环境。由此，可以激活休眠中的"编造并传播证券、期货交易虚假信息罪"。

　　刑法谦抑性要求动用刑法应保持克制，但休眠条款占据刑法资源却没有发挥应有的效用，已然超出了刑法应保持克制的范畴，造成了刑法资源的闲置、浪费。笔者认为，若休眠条款已经与现实情况脱节，则应予废止或更新；若休眠条款缺乏可操作性，则应通过相应的技术安排予以激活，以此在有限的刑法空间内为规制网络传播有害信息提供最有力的支持。

第二节 预防性刑法观的扩张

一、预防性刑法观在规制网络传播有害信息中的体现

刑罚的目的在于防制犯罪，以维持社会秩序。防制犯罪包括犯罪之预防和犯罪之压制，以往刑法偏重于对已经发生的犯罪进行事后的压制，但是损害往往已经造成，且难以有效修复。"最好的防制犯罪的策略是事先预防犯罪"[1]，消除产生犯罪的原因和滋生犯罪的条件。事先预防犯罪的方法很多，包括政治的、经济的、文化的、社会的、道德的、法律的、宗教的、家庭的、医学的等各种措施及其综合运用。就刑法层面而言，预防犯罪主要是通过事先昭示刑罚，以遏制人们犯罪的冲动，从而达到犯罪预防的效果。[2]自从"风险社会"的概念被提出并被广泛接受之后，积极预防社会一般性风险转变为实害成为刑法体系的首要任务。[3]我国《刑法》呈现出了明显的预防性特征，主要表现为刑法规制的前置化，并且在传播有害信息的刑法规制方面体现明显。

（一）预备行为实行化

所谓预备行为实行化是指，刑法对于原本属于某一犯罪的预备行为，在分则设置独立的罪名和构成要件，从而成立新的犯罪，使得原本属于某一犯罪的预备行为提升为新的犯罪的实行行为，由此形成刑法处罚预备犯之实质根据，刑法理论通常称为实质预

---

[1][2] 许福生. 刑事政策学 [M]. 台北：元照出版有限公司，2017：23.
[3] 高铭暄，孙道萃. 预防性刑法观及其教义学思考 [J]. 中国法学，2018（1）：166–189.

备犯。我国《刑法》在总则第 22 条对预备犯采用了附属于既遂犯构成要件的界定方式，刑法理论通常称为形式预备犯，并将处罚预备犯作为刑法的一般原则，即刑法对所有的形式预备犯均可以处罚。但是在我国刑事司法中，囿于刑事政策、《刑法》第 13 条但书条款、解释规则、刑事证明、疑罪从无等因素，基本上形成了与立法上处罚形式预备犯为原则相反的以处罚形式预备犯为例外的实践理性❶，使得《刑法》总则关于处罚形式预备犯的规定更具宣示和象征意义❷。预备行为实行化无疑为我国《刑法》实质干预预备行为开辟了新的路径，其意义在于对具有引发后续犯罪的高度盖然性行为，在距离实害发生较远的预备阶段便予以提前阻断。❸

　　我国关于网络传播有害信息的刑事立法中预备行为实行化现象有诸多体现。例如，《刑法修正案（九）》将与恐怖主义、极端主义实害结果发生距离较远的，处于恐怖主义犯罪、极端主义犯罪预备阶段的制作、散发宣扬恐怖主义、极端主义有害信息的行为，以及讲授、发布宣扬恐怖主义有害信息的行为独立设置为"宣扬恐怖主义、极端主义罪"，以期在出现恐怖主义、极端主义犯罪苗头时及时将其阻断。又如《刑法修正案（九）》增设的"非法利用信息网络罪"将设立用于实施诈骗活动的网站、通信群组，以及在网络上为实施诈骗活动发布信息的诈骗犯罪的预备行为从该罪中抽离出来独立成罪；将在网络中发布制作、销售毒品有害信息的"贩卖、制造毒品罪"的预备行为从该罪中抽离出来独立

❶　梁根林. 预备犯普遍处罚原则的困境与突围：《刑法》第 22 条的解读与重构 [J]. 中国法学，2011（2）：156 – 176.
❷　何荣功."预防性"反恐刑事立法思考 [J]. 中国法学，2016（3）：145 – 163.
❸　李晓龙. 刑法保护前置化研究：现象观察与教义分析 [M]. 厦门：厦门大学出版社，2018：91.

成罪；将在网络中发布制作、销售淫秽物品等有害信息的"制作、贩卖、传播淫秽物品牟利罪"的预备行为从该罪中抽离出来独立成罪。一方面，可以简化犯罪证明的程序，降低犯罪证明的标准；另一方面，预备行为实行化理论上还可以根据《刑法》总则形式预备犯的规定对实行行为化后的预备行为的预备行为进行处罚，这大大提前了刑法干预犯罪的时间节点。

（二）共犯❶行为正犯化

所谓共犯行为正犯化是指，刑法对于原本属于某一犯罪的共犯行为，或者直接予以正犯化❷；或者在分则中设置独立的罪名和构成要件，从而成立新的犯罪，使得原本属于某一犯罪的共犯行为提升为新的犯罪的正犯行为❸。以自己的身体动作直接实现犯罪构成要件的人是正犯❹，没有以自己的身体动作直接实现犯罪构成要件，而对犯罪构成要件的实现起促成作用的人是共犯。共犯行为正犯化的意义在于对严重犯罪具有重要促成作用的行为，在其

---

❶ 共犯的概念有广义和狭义之分，广义的共犯指的是我国《刑法》第25条规定的二人以上共同犯罪的情形。狭义的共犯指的是与主犯相对的教唆犯和帮助犯两种情形。本文使用的"共犯"皆为狭义的概念。

❷ 通过立法或司法解释将某一犯罪的共犯行为规定或解释为正犯行为，使得对它的处罚不以被帮助的人构成犯罪为前提，可以单独成立犯罪，但是仍然与被帮助的行为适用同一罪名。例如，1998年12月《最高人民法院关于审理非法出版物刑事案件具体应用法律若干问题的解释》第9条第3款规定，明知他人用于出版淫秽书刊而提供书号、刊号的，以出版淫秽物品牟利罪定罪处罚。

❸ 例如，"帮助恐怖活动罪""提供侵入、非法控制计算机信息系统的程序、工具罪""为他人提供书号出版淫秽书刊罪"等。

❹ 正犯的概念有扩张的正犯概念和限制的正犯概念的学说分歧。扩张的正犯概念认为，对犯罪的实现起任何条件作用的人，或者说凡是引起了构成要件结果的人都是正犯；但是刑法例外地将教唆犯和帮助犯规定为狭义的共犯。本书采限制的正犯概念，即直接以自己的身体动作直接实现犯罪构成要件的人是正犯，此外的参与者都是共犯。

尚未引起该罪法益侵害的共犯阶段就予以惩处。❶ 在共同犯罪理论框架内，共犯行为要成立犯罪需要以正犯行为构成犯罪为前提，但是将共犯行为正犯化后，无论正犯行为是否构成犯罪，刑法均可以单独对共犯行为进行处罚。此外，共犯行为正犯化后，理论上仍可以根据《刑法》总则共同犯罪的规定对于正犯化后共犯的帮助或者教唆定罪处罚，或者可以根据《刑法》总则形式预备犯的规定对正犯化后共犯的预备行为进行处罚，由此实质上拓宽了刑法对共犯行为的处罚范围和干预的时间节点。

我国关于网络传播有害信息的刑事立法中共犯行为正犯化现象较明显。第一，教唆行为正犯化。例如，我国《刑法》规定的"煽动分裂国家罪""煽动颠覆国家政权罪"等煽动类犯罪便是将教唆犯单独定罪处罚，而不论被教唆者是否实施了上述分裂国家、颠覆国家政权、恐怖活动等正犯行为，也不论正犯行为是否构成犯罪。第二，帮助行为正犯化。例如，我国《刑法修正案（九）》单独设立了"帮助信息网络犯罪活动罪"。

（三）前置化处罚持有行为

"持有是以行为人对物的实力支配关系为内容的行为"❷，持有行为入罪的实质根据并不仅仅是对刑法规范的违反，而仍然是对法益的侵害，且是对法益侵害的一种抽象危险。持有行为往往是特定犯罪的前置行为，例如非法持有枪支行为可以是持枪抢劫的前置行为，非法持有国家绝密、机密文件、资料物品的行为可以是泄露国家秘密罪的前置行为。从这个意义上说，持有又具有犯

---

❶ 李晓龙. 刑法保护前置化研究：现象观察与教义分析 [M]. 厦门：厦门大学出版社，2018：91.

❷ 张明楷. 刑法学 [M]. 5 版. 北京：法律出版社，2016：161.

罪预备或未遂的特征。❶ 有学者提出，我国《刑法》规定的持有型犯罪既是预备犯，又是抽象危险犯，并称为"预备型的抽象危险犯"。❷ 刑法处罚持有行为既可以提前干预持有行为可能导致的后续犯罪，又可以将后续犯罪行为对法益的侵害遏止在抽象危险状态之下，防止实害结果的发生。再加上持有行为入罪可以减轻检察机关的犯罪事实证明责任，故成为刑法预防后续犯罪发生的有效技术手段。我国网络传播有害信息犯罪中的持有型犯罪为"非法持有宣扬恐怖主义、极端主义物品罪"，非法持有恐怖主义、极端主义物品可能是"宣扬恐怖主义、极端主义、煽动实施恐怖活动犯罪"或"利用极端主义破坏法律实施罪"等犯罪的前置行为，非法持有恐怖主义、极端主义物品也有使得民众陷入恐怖主义威胁或损害的危险。故刑法前置处罚非法持有恐怖主义、极端主义物品的行为可以起到阻断后续能够造成实害结果的恐怖主义、极端主义的犯罪行为发生的作用。

此外，需要厘清的是，持有一般理解为行为人对物的控制和支配，在网络中是否存在持有行为，对网络中的有害信息是否可以持有？司法实践已经给出了答案。2017 年，山东省平邑县人民法院审理的被告人张某非法持有宣扬恐怖主义、极端主义物品一案，被告人张某通过 QQ 下载或者交换等方式获取暴力及血腥恐怖视频文件，并将该视频文件保存到电脑云盘中，最后法院判决认

---

❶ 2002 年 5 月《最高人民法院、最高人民检察院关于办理组织和利用邪教组织犯罪案件具体应用法律若干问题的解答》规定，为了传播而持有。携带邪教宣传品，且持有、携带数量达到入罪标准的，根据具体案件情况，按犯罪预备或未遂论处。

❷ 王永茜. 论现代刑法扩张的新手段：法益保护的提前化和刑事处罚的前置化 [J]. 法学杂志，2013 (6)：123 – 131.

定被告人张某成立"非法持有宣扬恐怖主义、极端主义物品罪"。❶

（四）刑法上合作义务的增加

刑法上合作义务的增加，也有学者称为"不作为犯的转向处罚"❷，即刑法通过赋予行为人合作义务，形成行为人防止法益遭受侵害的保证人地位，当行为人不履行合作义务，造成法益损害的危害结果时，以不作为犯给予刑罚处罚。当刑法对某些行为直接进行处罚存在障碍时，采用增加合作义务，通过作为向不作为的处罚转向，实现刑法的干预。例如，我国《刑法》规定的"拒绝提供间谍犯罪、恐怖主义犯罪、极端主义犯罪证据罪"，根据刑事诉讼的一般法理，国家承担犯罪事实的证明责任，公民不具有证明犯罪事实的积极义务，只要不妨害国家证明犯罪的司法活动即可。但是，因为间谍犯罪、恐怖主义犯罪、极端主义犯罪危害国家安全、危害公共秩序，通常具有严重的法益侵害性，且证据较容易灭失。刑法赋予行为人提供上述犯罪证据的义务，以减轻检察机关犯罪事实证明责任，保障国家刑事司法活动的顺利进行，以有效惩治上述犯罪，防止上述犯罪人继续危害社会。若行为人在司法机关向其调查情况、搜集证据时拒不提供，则以犯罪论处。国家具有防制犯罪，保障社会安全的职能，公民只在极其例外的情况下才承担防止法益侵害的积极义务。❸ 刑法上合作义务的增加，意味着强制民众承担防止犯罪的积极义务，扩大了犯罪预防的责任主体范围。

刑法上合作义务的增加在规制网络传播有害信息行为方面的

---

❶ 参见山东省平邑县人民法院（2017）鲁1326刑初185号刑事判决书。

❷ 姚贝，王拓. 法益保护前置化问题研究［J］. 中国刑事法杂志，2012（1）：27 - 33.

❸ 何荣功. "预防性"反恐刑事立法思考［J］. 中国法学，2016（3）：145 - 163.

体现是《刑法修正案（九）》赋予网络服务提供者的信息网络安全管理义务。网络服务提供者与用户之间是提供网络服务和使用网络服务的民事法律关系，只要网络服务提供者对用户传播有害信息的行为不存在故意或过失，则无法直接处罚网络服务提供者。但是，网络服务提供者作为网络平台的管理者，在监管有害信息上具有天然的优势，若其参与有害信息的防治，则可以有效地遏制有害信息的大量传播。故刑法在无法直接处罚网络服务提供者的情况下，寻求不作为犯罪的转向处罚，赋予网络服务提供者监管信息内容的义务，若其不履行，则以犯罪论处。

二、预防性刑法观在规制网络传播有害信息中的正当性解读

（一）风险社会理论的盛行与刑法安全价值的凸显

当代社会，科技正以前所未有的力量提升着人类改造自然的能力，也正以包罗万象之势建构着人类社会。然而，科技的发展并非"潮平两岸阔，风正一帆悬"，科技在帮助人类打开未知领域之门的同时，也开启了未知风险之窗。当代社会面临着越来越多的不确定因素和诸多难以预料的风险，且风险的规模和程度远非之前任何时代可以企及。20 世纪 90 年代初，德国社会学家乌尔里希·贝克和安东尼·吉登斯等人提出了"风险社会"的概念和理论，描述了后工业时代科技的极速发展使得人类对自己活动产生的风险和危机越来越难以预见和驾驭。乌尔里希·贝克指出："生态、金融、军事、恐怖分子、生化和信息等方面的各种风险积聚在当今世界以一种压倒性的方式存在着。"❶

---

❶ 贝克，邓正来，沈国麟. 风险社会与中国：与德国社会学家乌尔里希·贝克的对话 [J]. 社会学研究，2010（5）：208－231.

相较于传统传播有害信息，网络传播有害信息所蕴藏的风险更加难于预见、难以控制，且危害范围更加广泛、危害程度更加深远。2017 年，印度贾坎德邦某犯罪团伙打死了 7 个人，可是网络上相关信息却将凶手说成了"贩卖儿童犯罪团伙"的成员，并敦促民众提防陌生人。这一虚假信息在网络中迅速扩散，人们不断臆想着未知的威胁，甚至有村民组建武装，袭击所有靠近的陌生人，以至于酿成不少悲剧。❶ 上述案例中，一条虚假信息便引起了社会的恐慌和动荡。

"风险社会"的概念和理论意义不仅仅是揭示当今社会的种种不确定性，还在于对风险的社会控制。乌尔里希·贝克提出，要将不安全因素的社会控制拓展到未来社会。❷ 由此，"风险社会"为现代刑法的变动提供了全新的理论依据，刑法开始变成管控不安全性社会风险的工具，风险刑法、安全刑法的概念变得流行，刑法的安全价值逐渐凸显。有学者指出，"风险社会"理论与刑法之间的连接点是安全问题，风险刑法的本质是预防刑法。❸ 风险刑法具有以下特征。

1. "风险"代表行为造成法益损害的可能

"风险"代表的只是行为造成法益损害的一种可能，是人们对行为可能导致危害结果的一种预判。有害信息一旦在网络公众中传播，其传播范围和社会危害往往难以掌控，造成的法益损害也往往难以修复，刑法的事后压制收效甚微。面对有害信息在网络

---

❶ 邵长军. 国外重拳打击网络政治谣言（国际视野）[N]. 人民日报，2017 – 11 – 27（23）.

❷ 崔德华. 西方风险社会理论及对我国构建社会主义和谐社会的启示 [D]. 济南：山东大学，2008.

❸ 劳东燕. 风险社会与变动中的刑法理论 [J]. 中外法学，2014（1）：70 – 102.

中传播所蕴含的未知风险，人们陷入集体恐慌，社会弥漫不安全、不确定的情绪，人们更加期待刑法能预防、遏止危机的发生。以网络上广为关注的"大妈摔手机"事件为例，2018 年 6 月，浙江宁波一位妇女捡到一部手机，失主要求归还，并表示愿意支付 500 元酬金，但该妇女向失主索要 2000 元，失主不同意并报警，该妇女恼羞成怒将手机摔碎。这一过程被失主的朋友拍摄下来并上传到网络，瞬时引起了网民强烈的关注，并形成了对该妇女强烈谴责和声讨的舆论氛围。之后，宁波市公安局在该起事件的通报中表示，"基于人道主义和保护弱势群体的考虑，对事件当事人及细节不予公开披露"。对于正常的警情通报，公安机关尚且考虑到信息公开可能给当事人带来的不确定风险，可见社会对于网络信息传播未知风险的恐慌，更勿言有害信息传播的巨大危机。所以，遏制信息的传播以预防风险的发生成为人们关注的重点。

2."风险"意味着结果的不确定性

"风险"意味着结果的不确定性，那么以实害结果为构成要件的犯罪便有可能在规制"风险"中失灵。传统刑法极为重视行为与损害的归责关系，这一以实害为导向的刑事制裁思路限缩了可罚性范围，不可能应用于逐渐强化的风险调控和日益增长的安全需求。❶ 事实上，"风险"不是对危害后果的认知，而是对危害行为的认知，由此"风险社会"中的刑事立法着眼于行为人的行为和行为导致的抽象危险。所以，行为犯、抽象危险犯的设置，摒弃实害结果发生要求的预备行为、共犯行为、持有行为的前置化处罚成为刑事立法的显著特征。

3. 技术成为防控"风险"的重要手段

"风险社会"中，技术成为防控"风险"的重要手段。俗话

---

❶ 许恒达. 法益保护与行为刑法 [M]. 台北：元照出版有限公司，2016：15.

说，解铃还须系铃人，技术是生成现代社会"风险"的关键因素，对技术的研发、使用进行规范管理是防控社会"风险"的有效手段。如此，便要求技术的拥有者、使用者承担更多的防控"风险"的责任，防止他们利用技术上的优势地位，对技术滥用、妄用或者疏于监管而产生严重的危害后果。在网络传播有害信息的刑法规制方面，便表现为赋予网络服务提供者信息网络安全管理的义务。

（二）集体法益的生成与刑法法益保护的早期化

随着科学技术的不断发展，人类社会面临的风险增大，刑法越来越受公共政策的影响而成为管控社会风险的工具，并呈现扩张的趋势。从刑法体系的内在逻辑来看，刑法的目的是保护法益，刑法的扩张势必置于法益保护的目的之下，否则将丧失扩张的正当性。笔者认为，刑法扩张的动因是刑法所保护法益的扩张。"风险社会"中，刑法安全价值凸显，刑法更多地关注如何解决社会的集体焦虑，如何应对社会的系统性风险。刑法所保护的法益在安全价值的指引下，更多地向社会群体的共同利益延展，主要表现为刑法将特定的集体法益前置于个人法益，直接作为刑法的保护对象。❶ 在刑法学界，长期存在法益的一元论和二元论之争❷，但是环境法益的生成给予了法益一元论强有力的批判。

自从进入工业时代以来，人类遭遇着前所未有的生态危机，人口激增、资源枯竭、物种灭绝、环境恶化，人与自然之间的矛盾日益尖锐。在生态危机上的束手无策，迫使人们开始对长期占

---

❶　王永茜. 论集体法益的刑法保护 [J]. 环球法律评论，2013（4）：67–80.
❷　一元论者认为，刑法保护的法益只是个人法益，不承认个人法益之外还有其他法益；二元论者认为，刑法保护的法益有个人法益和超个人法益，超个人法益包括国家法益和社会法益。

据价值观主导地位的人类中心主义伦理进行反思。一切从人类的利益出发、一切以人类为尺度，将人类作为唯一出发点和目的来处理人类和自然关系的人类中心主义伦理❶受到质疑，而要求将"伦理关怀扩展至整个生态系统，以整体主义视角关注生态共同体良性互动"❷的非人类中心主义伦理❸开始受到人们的重视。非人类中心主义伦理对环境犯罪的立法产生了深远影响。传统刑法在人类中心主义伦理的影响下，污染环境的行为只有在侵害人类利益的实害结果发生时才能被惩罚，环境犯罪的保护法益限于人的生命、健康、财产等个人法益。从本质上说，刑法保护的是人的利益而不是生态环境。这会带来种种困惑：第一，污染环境造成的损害时常是难以落脚于当下具体个人法益上的，因为污染环境导致个人法益受损的实害很多情况下并非"立竿见影"的显现，而且两者的因果关系有时也难以证明。例如，重金属污染可能引起人类基因突变，其对生命或健康的实害可能在下一代人中才显现。那么是否需要等下一代人出现生命或健康实害时才能对重金属污染的行为予以处罚，是否为时已晚？第二，污染环境即使落脚于个人法益，也未必能符合民众对环境保护的期待，例如行为人非法砍伐山林，落实到个人法益可能仅仅就是对财产法益的侵害，个人财产与生态环境能否等量齐观？第三，污染环境落脚于个人法益不具有修复性司法的针对性。修复性司法是现代刑事司法的重要理念，它强调刑事司法的目的在于将因犯罪而受损的法益恢复到受侵害之前的状态。污染环境落脚于个人法益将修复性

---

❶ 曹景秋. 法律价值的绿色转向：从人类中心主义法律观到天人和谐法律观［M］. 北京：北京师范大学出版社，2010：44-45.

❷ 蔡琳，马治国. 从"生态中心主义"到科技立法的生态价值［J］. 社会科学研究，2012（4）：45-50.

❸ 非人类中心主义伦理也称为生态中心主义伦理。

司法的范围局限在个人利益的恢复，而不是生态环境的修复。

　　以人类中心主义伦理为指导的环境犯罪立法，只承认污染环境行为对个人法益的侵害，使得刑法对环境的保护严重滞后于环境恶化的形势。人们不得不寻求以非人类中心主义伦理之整体主义视角审视污染环境的刑事立法，并以环境法益这一集体法益承载人们对环境保护的集体期待。由此，污染环境的行为不必再与个人法益的实害结果相连接，刑法对污染环境行为的处罚不再要求侵害到人的生命、健康或财产，只要造成了环境品质的下降即可。例如，向空气中排放废气的行为，不再要求有人因吸入废气而健康受损，或牲畜家禽、农作物因废气而出现病害或死亡，只要造成了空气质量的下降即可给予刑罚处罚。刑法对污染环境行为的干预节点大大提前了。与污染环境行为一样，网络传播有害信息行为的法益侵害性可能远不是个人法益所能承载的。以网络传播诈骗信息为例，行为人在网络中散布用于诈骗的虚假信息，可能诈骗信息实际被点击或转发几千条、几万条才有三四个人上当受骗，且数额不一定达到诈骗罪的入罪要求。但是，诈骗信息的存在使得整个网络的信息品质下降，成千上万的人受到诈骗信息的侵扰，民众对网络的信任度减弱。

　　笔者认为，"风险社会"中，在某些蕴藏重大社会危机的领域，集体法益的生成具有正当性，并且集体法益作为个人法益保护的前置，为刑法的扩张提供实质根据。在网络传播有害信息犯罪中，网络生态环境法益作为个人法益保护的前置，是预备行为实行化、共犯行为正犯化等预防性刑事立法的实质根据，可以规避来自刑法恣意性的批判。我们以网络生态环境法益审视网络传播有害信息的刑事立法会发现，刑法扩张的痕迹消逝于无形，因为若网络生态环境本身就是值得保护的法益，那么用刑罚的手段防止有害信息在网络中的传播以保护风清气正的网络生态环境就不能视为刑法的扩张。以宣扬恐怖主义、极端主义罪为例,若以传统法益为参照,刑法禁止在网络上传播宣扬恐怖主义、极端主义的有害信息是为了防止后续可能引发的恐怖主义、极端主义犯罪,是为预备行为的实行化;若以网络生态环境法益为参照,在网络中传播宣扬恐怖主义、极端主义有害信息的行为本身即是侵害网络生态环境法益的实行行为,刑法给予制裁不是预防后续可能引发犯罪的恶害,而是该行为本身的恶害。

事实上,在刑法规制网络传播有害信息中,预防性刑事立法倾向是相对于传统法益而言的,因为它通过遏制有害信息在网络中的传播以预防后续可能发生的犯罪;对于网络生态环境法益而言,遏制有害信息本就是针对病症的对症下药,而非疾病预防,所以并不存在滥用药物的风险。笔者发现,刑法通过认可集体法益的"技术"操作,巧妙地化解了预防性刑事立法面临的刑法扩张批判。但是,集体法益具有很大的工具性扩张的潜能❶,需要对这种技术性的扩张方式保持警惕,防止它披着合目的性的外衣而行恣意之实。笔者认为,刑法认定前置集体法益除了限于对重大社会风险的防范,还必须确保前置的集体法益是实际可被证明和丈量的。集体法益遭受的最多批评莫过于它会使得法益概念精神化、稀薄化,从而减损法益概念对立法的批判功能,产生滥用刑法的危险。❷ 这一批评不无道理,但这是集体法益走向极端化的恶果。任何事物都有两面性,"过犹不及"的道理警示人们,事物只有在合理的限度内才能发挥其应有的效用,故不能用事物的极端化呈现去否定事物本身。笔者认为,防止前置的集体法益走向虚

---

❶ 孙国祥. 集体法益的刑法保护及其边界 [J]. 法学研究, 2018 (6): 37 – 52.

❷ 刘艳红. 环境犯罪刑事治理早期化之反对 [J]. 政治与法律, 2015 (7): 2 – 13.

无的极端，应确保前置的集体法益是实际可被证明和丈量的。换句话说，就是实际可被民众感知和确认的。网络生态环境法益便是这么一种可以被实际证明、丈量和感知、确认的集体法益。因为网络生态环境是否风清气正具有一系列的评价指标，即证明网络生态环境污染物是否存在，包括但不限于虚假信息、淫秽色情信息、暴力恐怖信息等有害信息。而有害信息的传播范围包括但不限于信息的浏览数、点击数、时长等，便是网络生态环境受污染程度的丈量单位。

（三）应严格限制对侵害前置集体法益的再预防

如果说"风险社会"中民众因为未知风险而陷入恐慌，需要刑法管控风险，预防犯罪的发生，那么对预防性刑事立法的过分依赖导致刑法的无节制扩张将使社会笼罩恐怖的阴霾。"风险社会"需要预防性刑事立法，同时也要防止过度的预防性刑事立法。笔者认为，规制网络传播有害信息的预防性刑事立法除了受言论自由、刑法谦抑性等价值理念的约束，在技术层面还应严格限制对侵害前置集体法益行为的再预防，防止预防性刑事立法陷入循环往复的境地。前置的集体法益是对个人法益的提前保护，一般情况下不能再对前置的集体法益提前保护。例如，刑法不能处罚仅仅实施编造未实施传播虚假信息的行为，因为编造虚假信息是传播虚假信息的预备行为，处罚单独的编造行为是对网络生态环境法益这一集体法益的提前保护。如若允许，则还可以对单独的编造行为再予以预防，那么刑法的早期化便没有了尽头。

例外的情况是，被保护的法益特别重大，以至于不能容忍任何侵害该法益的苗头出现。典型的是恐怖主义犯罪，刑法对其持零容忍的态度，恐怖主义犯罪体系的设置意在掐灭任何可能引发恐怖主义犯罪的苗头，所以应将网络传播宣扬恐怖主义、极端主义信息的预备行为——非法持有宣扬恐怖主义、极端主义信息的行为纳入规制范围。

第三节　小　结

长久以来，"限制的处罚"被认为是刑法谦抑性的标签，这一认识有其历史渊源。但是，在网络社会，刑法谦抑性所处的社会背景发生了翻天覆地的变化，"限制的处罚"已经不再契合网络社会刑法规制相关行为的需要，这在刑法规制网络传播有害信息方面表现尤为明显。刑法规制网络传播有害信息一系列的犯罪化及司法扩张对刑法的谦抑性造成了强烈的冲击。事实上，"限制的处罚"不是刑法谦抑性一成不变的内容，"必要的处罚"才是刑法谦抑性恒久的品格。"限制的处罚"只是"必要的处罚"的一个面向，因为"限制的处罚"在面对刑法干涉性和恣意性时视为"必要"。若刑法本身滞后于社会的现实需要，何谈"限制"？笔者认为，刑法规制网络传播有害信息中出现的犯罪化及司法扩张只要是基于严密法网的需要，基于刑法所保护法益的叠加，基于社会形势对定罪量刑情节进行明确或更新，基于激活或者废止休眠条款，都可视为"必要"，就不违反刑法的谦抑性。

我国《刑法》在规制网络传播有害信息方面呈现出明显的预防性特征，即预备行为实行化、共犯行为正当化、前置化处罚持有行为、刑法上合作义务的增加等刑法规制的前置化现象。刑法预防性走向以"风险社会"理论的盛行和刑法安全价值的凸显为背景，并借由集体法益的生成和法益保护的早期化证成其正当性。

第五章

网络服务提供者的刑事责任

第一节 类型化的刑事责任认定路径

一、网络服务提供者的概念

我国《刑法》使用了网络服务提供者的概念，但未对其作出界定。从广义上理解，网络服务提供者指的是在网络中为信息流动提供服务或为公众提供信息服务的单位或个人，似乎是一个不言自明的概念。然而，网络服务提供者的内涵看似很容易"意会"，但其外延却难以"言传"。事实上，"网络服务提供者"一直缺乏一个能被普遍认同的定义。❶

（一）国外法律中的"网络服务提供者"

在美国，1996 年的《通讯端正法》（*Communications Decency Act of* 1996）第 230 条对交互式计算

---

❶ 杨彩霞. 网络服务提供者刑事责任的类型化思考 [J]. 法学，2018（4）：162 – 172.

机服务提供者（provider of interactive computer service）、网络内容服务提供者（information content provider）和访问软件服务提供者（access software provider）进行了界定。❶ 依该法案的规定，交互式计算机服务提供者是指能够为多个用户访问计算机服务器提供信息服务、系统或者访问软件的供应商。网络内容服务提供者指的是通过互联网或任何其他交互式计算机服务提供信息，并对信息的制作、改变负全部或部分责任的个人或实体。访问软件服务提供者指的是客户端或服务器端软件服务提供者或者能够实现过滤、屏蔽、许可、禁止或选择、分析、提炼或发送、接收、显示、转发、缓存、搜索、组织、重组、翻译信息内容中的一项或者多项功能工具的提供者。1998 年的《数字千年版权法》（*Digital Millennium Copyright Law*）将网络服务提供者定义为：①在用户指定的节点之间，为数字化在线通信提供传输、路由或者连接服务，且不改变收发信息内容的实体；②在线服务或网络接入的提供者，或其设施的运营商及实体。此外，该法案在避风港规则部分区分了接入、传输服务，系统缓存服务，信息存储服务，信息定位服务四种类型的网络服务提供者。❷

在欧盟，2016 年 7 月 6 日二读通过的《网络与信息系统安全指令》（*Network and Information Security Directive*）是由欧盟出台的首部网络安全指导性立法，它使用了基础服务运营者（operators of essential services）和数字服务提供者（digital service providers）的概念，其中数字服务提供者主要指电子商务、搜索引擎和云计

❶ See 47 U. S. Code § 230（f）（1996）.

❷ H. R. 2281 – Digital Millennium Copyright Act ［EB/OL］.（2018 – 08 – 01）［2021 – 04 – 26］. https：//www. congress. gov/bill/105th – congress/house – bill/2281/text.

算服务提供者。❶ 2001 年的《网络犯罪公约》 （*Convention on Cybercrime*）在第一章术语界定中，将网络服务提供者定义为任何向用户提供使用计算机系统进行通信服务的公立或私营实体，以及任何其他为此类通信服务或此类服务的使用者提供计算机数据处理或存储的实体。❷ 2000 年的《电子商务指令》 （*Directive on Electronic Commerce*）的特色在于提出了中介服务提供者（intermediary service providers）的概念，包括纯粹传输服务、缓存服务、储存服务等情形。❸

　　在德国，2007 年《电信媒体法》与欧盟《电子商务指令》有关网络服务提供者的界定相类似，将网络服务提供者分为内容提供者、接入服务提供者、缓存提供者和存储服务提供者。❹ 日本的相关法律将网络服务提供者界定为"使用特定电子通信设备传播他人的通信信息，以及使用其他特定电子通信设备为他人通信提供服务者"❺。

❶ Directive（EU）2016/1148 of the European Parliament and of the Council of 6 July 2016 concerning measures for a high common level of security of network and information systems across the Union ［EB/OL］．（2018 – 08 – 01）［2021 – 04 – 26］．https：// eur – lex. europa. eu/eli/dir/2016/1148/oj.

❷ See ETS 185 – Convention on Cybercrime，23. XI. 2001.

❸ Directive 2000/31/EC of the European Parliament and of the Council of 8 June 2000 on certain legal aspects of information society services，in particular electronic commerce， in the Internal Market ［EB/OL］．（2018 – 08 – 01）［2021 – 04 – 26］．https：//eur – lex. europa. eu/legal – content/EN/TXT/HTML/？ uri = CELEX：32000L0031&from = EN.

❹ 王华伟．网络服务提供者刑事责任的认定路径：兼评快播案的相关争议 ［J］．国家检察官学院学报，2017（5）：3 – 32.

❺ 罗勇．论"网络服务提供者"的法律界定：以中日比较为中心 ［J］．学术交流，2016（6）：95 – 101.

（二）我国法律中的网络服务提供者

在我国，"网络服务提供者"是一个法律概念，在法律、行政法规、司法解释等不同层面的规范性文件中都有使用。在法律层面，2015年《刑法修正案（九）》❶ 和2012年《全国人民代表大会常务委会关于加强网络信息保护的决定》❷ 单独使用了"网络服务提供者"的表述。2010年《侵权责任法》并列使用了"网络用户"和"网络服务提供者"的概念。❸ 2016年《慈善法》并列使用了"网络服务提供者"和"电信运营商"的概念。❹ 2016年《反恐怖主义法》并列使用了"互联网服务提供者"和"电信业务经营者"的概念。❺ 2017年《网络安全法》使用了"网络

---

❶ 《刑法修正案（九）》第28条规定："网络服务提供者不履行法律、行政法规规定的信息网络安全管理义务，经监管部门责令采取改正措施而拒不改正，有下列情形之一的，处三年以下有期徒刑、拘役或者管制，并处或者单处罚金……"

❷ 《全国人民代表大会常务委员会关于加强网络信息保护的决定》第5条规定，网络服务提供者应当加强对其用户发布的信息的管理，发现法律、法规禁止发布或者传输的信息的，应当立即停止传输该信息，采取消除等处置措施，保存有关记录，并向有关主管部门报告。

❸ 《侵权责任法》第36条规定，网络用户、网络服务提供者利用网络侵害他人民事权益的，应当承担侵权责任。网络用户利用网络服务实施侵权行为的，被侵权人有权通知网络服务提供者采取删除、屏蔽、断开链接等必要措施。网络服务提供者接到通知后未及时采取必要措施的，对损害的扩大部分与该网络用户承担连带责任。网络服务提供者知道网络用户利用其网络服务侵害他人民事权益，未采取必要措施的，与该网络用户承担连带责任。

❹ 《慈善法》第27条规定，广播、电视、报刊以及网络服务提供者、电信运营商，应当对利用其平台开展公开募捐的慈善组织的登记证书、公开募捐资格证书进行验证。

❺ 《反恐怖主义法》第19条第1款规定，电信业务经营者、互联网服务提供者应当依照法律、行政法规规定，落实网络安全、信息内容监督制度和安全技术防范措施，防止含有恐怖主义、极端主义内容的信息传播；……。

运营者"❶"网络服务的提供者"等表述。根据该法的释义，"网络运营者"指的是网络的所有者、管理者和网络服务提供者。

在行政法规层面，2000 年《互联网信息服务管理办法》使用了"互联网信息提供者"和"互联网接入服务提供者"的概念❷，并区分了经营性和非经营性互联网信息提供者两个类别。依该办法的相关规定可以看出，"互联网信息提供者"主要指的是提供信息内容的网络服务提供者。2006 年《信息网络传播权保护条例》使用了"网络服务提供者"的表述，并且区分了提供网络自动接入❸、缓存服务❹、存储空间❺、搜索或链接❻等不同情形的网络服务形式。2013 年《国务院关于促进信息消费扩大内需的若干意见》

---

❶ 《网络安全法》第 24 条第 1 款规定，网络运营者为用户办理网络接入、域名注册服务，办理固定电话、移动电话等入网手续，或者为用户提供信息发布、即时通讯等服务，在与用户签订协议或者确认提供服务时，应当要求用户提供真实身份信息。用户不提供真实身份信息的，网络运营者不得为其提供相关服务。

❷ 《互联网信息服务管理办法》第 14 条第 1 款规定，从事新闻、出版以及电子公告等服务项目的互联网信息服务提供者，应当记录提供的信息内容及其发布时间、互联网地址或者域名；互联网接入服务提供者应当记录上网用户的上网时间、用户账号、互联网地址或者域名、主叫电话号码等信息。

❸ 《信息网络传播权保护条例》第 20 条规定，网络服务提供者根据服务对象的指令提供网络自动接入服务，或者对服务对象提供的作品、表演、录音录像制品提供自动传输服务，并具备下列条件的，不承担赔偿责任……。

❹ 《信息网络传播权保护条例》第 21 条规定，网络服务提供者为提高网络传输效率，自动存储从其他网络服务提供者获得的作品、表演、录音录像制品，根据技术安排自动向服务对象提供，并具备下列条件的，不承担赔偿责任……。

❺ 《信息网络传播权保护条例》第 22 条规定，网络服务提供者为服务对象提供信息存储空间，供服务对象通过信息网络向公众提供作品、表演、录音录像制品，并具备下列条件的，不承担赔偿责任……。

❻ 《信息网络传播权保护条例》第 23 条规定，网络服务提供者为服务对象提供搜索或者链接服务，在接到权利人的通知书后，根据该条例规定断开与侵权的作品、表演、录音录像制品的链接的，不承担赔偿责任；但是，明知或者应知所链接的作品、表演、录音录像制品侵权的，应当承担共同侵权责任。

使用了"互联网服务提供者"的表述。❶

在司法解释层面,有的规定使用了"网络服务提供者"的概念,但是未对其内涵和外延作进一步的解释。❷ 有的规定区分了"网络服务提供者"和"提供内容服务的网络服务提供者"。有的规定详细罗列了网络服务提供者的具体情形,包括"网站、网页、论坛、电子邮件、博客、及其他网络应用服务的建立、开办、经营、管理者"❸。2019 年 10 月《最高人民法院、最高人民检察院关于办理非法利用信息网络、帮助信息网络犯罪活动等刑事案件适用法律若干问题的解释》第 1 条直接将《刑法》第 286 条之一第 1 款规定的网络服务提供者解释为三种类型:一是网络接入、域名注册解析等信息网络接入、计算、存储、传输服务提供者;二是信息发布、搜索引擎、即时通信、网络支付、网络预约、网络购物、网络游戏、网络直播、网站建设、安全防护、广告推广、应用商店等信息网络应用服务提供者;三是利用信息网络提供的电子政务、通信、能源、交通、水利、金融、教育、医疗等公共服务提供者。上述看似细致的划分实际上外延不周延,且缺乏条理、

---

❶ 《国务院关于促进信息消费扩大内需的若干意见》第 18 条规定,加强个人信息保护。落实全国人大常委会《关于加强网络信息保护的决定》积极推动出台网络信息安全、个人信息保护等方面的法律制度,明确互联网服务提供者保护用户个人信息的义务,制定用户个人信息保护标准,规范服务商对个人信息收集、储存及使用。

❷ 例如,2017 年《最高人民法院、最高人民检察院关于办理侵犯公民个人信息刑事案件适用法律若干问题的解释》、2016 年《最高人民法院、最高人民检察院、公安部关于办理电信网络诈骗等刑事案件适用法律若干问题的意见》、2014 年《最高人民法院关于审理利用信息网络侵害人身权益民事纠纷案件适用法律若干问题的规定》、2012 年《最高人民法院关于审理侵害信息网络传播权民事纠纷案件适用法律若干问题的规定》等。

❸ 参见 2014 年《最高人民法院、最高人民检察院、公安部关于办理暴力恐怖和宗教极端刑事案件适用法律若干问题的意见》。

杂乱无章。

二、网络服务提供者类型化于刑事责任认定的意义

从国内外关于网络服务提供者的界定来看，网络服务提供者指代的主体范围宽泛，内涵不明朗，外延不明确。有观点认为，网络服务提供者是一个很笼统的概念，不宜直接作为一个法律概念来使用。❶ 所以在国内外立法中，网络服务提供者概念存在根据规制重点的不同进一步类型化并区分使用的现象。上述国内外法律规范中使用的网络内容服务提供者、访问软件服务提供者、数字服务提供者等实际上都是网络服务提供者类型化的下位概念。笔者认为，在网络服务提供者的刑事责任认定方面，确有必要将网络服务提供者概念进一步类型化。因为网络服务提供者所涵盖的不同主体提供的服务内容差异巨大，不同服务背后的技术支撑迥异，不同技术支撑的网络服务提供者参与信息传播的程度存在差别。这就决定了不同类型的网络服务提供者在有害信息传播过程中扮演的角色不同，有的直接制造并传播有害信息，有的帮助传播有害信息，有的对所有信息无差别地提供传输渠道。这也直接决定了不同类型的网络服务提供者对有害信息内容有无认知、各自行为与传播有害信息实行行为的关系为何等，从而在主观和客观两方面影响刑事责任的认定和承担。

此外，网络服务提供者并不是一个静止的概念，会随着信息技术的发展而变化。类似于现实社会中难觅补锅、打铁、磨剪刀等老匠人，信息技术的发展会催生新的网络服务形式，会对既有的网络服务形式进一步细化分工或者更新，那么可能催生新的网

---

❶ 翁洁. 论对我国网络服务提供者的法律界定 [J]. 新疆教育学院学报，2017
（3）：86 –92.

络服务提供者，也可能淘汰既有的网络服务提供者。对网络服务提供者类型化可以应对新旧服务提供者更迭的情势。一方面，新的网络服务提供者若能归入既有的类型，那么可以适用既有的规制策略；另一方面，若新的网络服务提供者不能归入既有的类型，也不会扰乱既有的规制策略，只需根据规制的需要，新增类型并制定新的规制策略即可。

我国《刑法》只是很笼统地使用了网络服务提供者的概念，并未对它作进一步的类型化区分，导致《刑法》规定本身难以自洽。《刑法》第 286 条之一"拒不履行信息网络安全管理义务罪"概括性地规定了网络服务提供者信息网络安全管理义务，以及不履行该义务造成的危害后果。但是，不同类型的网络服务提供者依服务内容及技术架构的不同，能够履行的信息网络安全管理义务也不同。不加区别地赋予所有网络服务提供者统一的信息网络安全管理义务属强人所难。以网络接入、传输服务为例，它提供数字化的信息传输通道，完全不涉及所传输信息的内容，让相关服务者承担信息内容的审核义务和造成违法信息大量传播后果的刑事责任是不现实的。类型相对于概念，更能反映社会生活的复杂性。从方法论角度而言，类型化是根据特征对事物进行的分组、归类，这也意味着类型化是探究、发现、总结事物特征的思维过程；是将复杂的社会生活条理化、明晰化的有效途径；是法律介入社会生活，区分不同社会关系，实现科学化、精确化社会治理的基本前提。因而，刑法规制网络服务提供者传播有害信息，需要根据参与情况的不同区分类型，进而明晰各自的刑事责任，做到刑法规制有的放矢，才能节约刑事司法资源，有效遏制有害信息的传播，确保刑法适用公平，实现法律效果和社会效果的统一。

三、网络服务提供者的分类

对事物进行分类的关键在于分类标准的选择。根据法律规制的需要，选择不同的标准可以将网络服务提供者进行不同的排列组合。例如，《互联网信息服务管理办法》根据服务是有偿还是无偿区分了经营性和非经营性互联网信息提供者；《网络安全法》则根据服务的重要程度区分了关键信息基础设施的运营者。刑法规制的中心是行为，刑法规制网络服务提供者传播有害信息的中心在于其参与有害信息传播的行为是什么，即为有害信息的传播提供了什么"服务"或帮助。所以，笔者选择的分类标准是"服务内容"，对照国内外的立法，以"服务内容"为标准对网络服务提供者进行区分是主流。

以"服务内容"为标准进行分类的难点在于服务的内容应该细化到什么程度。网络服务提供者数量众多，提供的服务内容繁杂，每一个网络服务提供者的服务内容或多或少都存在差异，不可能原封不动地一一列举。例如，同样是新闻门户网站，甲网站提供评论服务，乙网站不提供评论服务，便没有必要将之分为允许用户评论的网络服务提供者和不允许用户评论的网络服务提供者。笔者认为，"服务内容"细化至相同技术架构和服务模式即可。

"有害"是人对信息内容作出的否定性评价，对信息内容的考察是刑法规制有害信息传播行为的第一个步骤。所以，笔者以主体在服务过程中与信息内容接触的程度为标准，将网络服务提供者分为网络内容服务提供者、网络中介服务提供者和网络接入、传输服务提供者三种类型。

第一种类型是网络内容服务提供者。网络内容服务提供者是信息内容的直接接触者，是指为公众提供信息内容服务的单位或个人，包括向公众提供自己创造的信息，或是转载、加工、编辑、筛选等他人创造的信息，其本质在于网络服务提供者主动将信息内容呈现给公众。例如，网站自己发布淫秽视频或深度链接其他网站的淫秽视频供用户观看；网站转发他人发布的煽动分裂国家的帖子等。

第二种类型是网络中介服务提供者。网络中介服务提供者是信息内容的间接接触者，指的是自己不提供信息，而为他人的信息通信提供技术服务的单位和个人。借鉴国外主流做法及网络信息通信技术的当下状况，笔者将网络中介服务提供者进一步分为网络存储服务提供者和网络信息定位服务提供者。网络存储服务提供者指的是通过服务器或系统为用户提供信息存储空间的单位或个人。在我国，网络存储服务提供者种类繁多，典型的有网络云盘、贴吧、QQ 空间、微博等，用户将信息存储在上述空间中，可供自己或他人浏览、下载。网络信息定位服务提供者指的是为用户提供信息搜索或链接服务的单位或个人，典型的有百度、谷歌等搜索引擎，能使用户快速定位到所需的信息。

第三种类型是网络接入、传输服务提供者。网络接入、传输服务提供者一般不接触信息内容，它们只是创造个人和网络之间的基本联系，允许他们下载和上传信息。网络接入服务提供者指的是利用接入服务器和相应的软硬件建立业务节点，并利用电信基础设施将业务节点与网络相连接，为用户提供网络接入通道的单位和个人。在我国，网络接入服务的提供者主要有中国电信、中国移动、中国联通等。网络传输服务提供者指的是基于用户请求为其接收或发送信息提供传输服务的单位或个人，例如上传、下载、即时通信、电子邮件收发、访问网站都涉及信息的网络传输。

此外，比较有争议的是网络缓存服务提供者和网络平台是否是与网络内容服务提供者，网络中介服务提供者，网络接入、传输服务提供者并列的类型。

首先，关于网络缓存服务提供者。在德国，网络缓存服务提供者是与网络接入、传输服务提供者等并列的一个类型。2007 年德国《电信媒体法》将缓存服务分为两种，第一种是仅仅为实现信息在网络中的传输而自动进行的短暂的信息存储。这种存储时间一般不长于信息传输所需要的时间，网络服务提供者一般不知道缓存的信息内容，只是网络接入和信息传输的一种技术手段，通常被归为网络接入、传输服务提供者的类型当中。第二种是指通过代理服务器提供缓存服务的独立网络服务提供主体。❶ 代理缓存的服务模式是代理缓存服务器在接到用户请求后，自动下载用户指定的信息存储在服务器中，以后用户请求相同信息时，把存储在服务器的资源直接提供给用户。代理缓存服务模式下，网络服务提供者选择了某些内容，并有意地决定创建它的副本，这与第一种自动的技术性缓存有明显区别。代理缓存服务实际上是网络内容服务或者网络存储服务的一种形式。所以，网络缓存服务可以被网络接入、传输服务和网络内容服务、网络存储服务囊括，不应成为一种独立的类型。

其次，关于网络平台。当下有很多观点认为，网络平台是一种独立的网络中介服务提供者类型。❷ 但是，笔者认为，网络平台

---

❶ 王华伟. 网络服务提供者刑事责任的认定路径：兼评快播案的相关争议 [J]. 国家检察官学院学报，2017（5）：3 –32.

❷ 有观点将网络平台服务提供者视为网络中介服务提供者的一个独立类型。参见：杨彩霞. 网络服务提供者刑事责任的类型化思考 [J]. 法学，2018（4）：162 –172.

涵盖的服务类型相当广泛,可能涵盖信息内容、网络接入、网络存储、信息定位等多种服务内容,实际上是一个多种类型的网络服务提供者角色的叠加。类型化是一个化繁为简的过程,将网络服务提供者进行细分的意义正是在于将网络平台这类叠加多种服务类型的网络服务提供者化繁为简,进而采取不同的规制策略。以淘宝这一网络交易平台为例,平台提供的网络存储服务可以让卖家发布商品信息;平台提供的信息定位服务可以让买家迅速地搜索到目标商品;平台提供的数据传输服务可以让买卖双方实现实时交流和交易。对于淘宝这样一个综合服务提供平台,法律无法采取单一的策略予以规制,而必须将存在规制必要的环节还原为网络接入、传输、存储、信息定位等某一特定的类型。从某种意义上说,刑事司法的过程就是揭示网络平台服务内容本质,进而依循不同路径认定刑事责任的过程。所以笔者认为,网络平台服务提供者是多种类型网络服务提供者的叠加,不宜作为与网络接入、传输服务提供者,网络中介服务提供者,网络内容服务提供者并列的类型。

四、不同类型网络服务提供者刑事责任认定的差异

网络内容服务提供者一般是有害信息的直接提供者,按照刑法的一般理论和规定追究其刑事责任是普遍的共识。网络中介服务提供者和网络接入、传输服务提供者因技术架构、服务内容不同,传播有害信息的刑事责任认定存在差异,且主要表现在排除犯罪的事由方面。

(一) 网络接入、传输服务提供者

国内外法律对网络接入、传输服务提供者限制或免除承担法律责任的条件可以总结为对所传输的信息"不干涉"。美国《数字

千年版权法》规定的网络接入、传输服务提供者承担责任的例外
条件是：①信息的传输不是由服务提供者发起或下达的指令；
②网络连接、信息传输或存储都是自动的技术过程，服务提供者
没有对信息进行筛选；③除对他人请求的自动响应外，服务提供
者不选择信息的接收者；④服务提供者在信息的中间存储或临时
存储的过程中所制作的信息副本，不以其他人通常可以访问的方
式保存在系统或网络上，并且传输给预期接收者的副本在系统或
网络上的留存时间不超过通信所需的合理必要时间；⑤服务提供
者不修改传输的信息内容。❶ 欧盟《电子商务指令》对"纯粹传输
服务提供者"承担责任限制条件作了规定：①不是信息传输的启
动者；②不选择所传输信息的接收者；③不选择或修改所传输的
信息。❷ 我国《信息网络传播权保护条例》虽然涉及的是网络侵犯
著作权的规定，但是也贯彻了网络中介服务提供者责任认定上的
类型化区分。该条例第 20 条规定的网络接入、传输服务提供者免
责条件是：①信息传输指令由服务对象发出；②信息是自动传输；
③未选择或改变所传输信息的内容；④向指定的服务对象提供信
息，防止他人获得信息。上述规定所列事由反映了网络接入、传
输服务的核心特征——不干涉信息、对信息内容的控制力弱。笔
者认为，网络接入、传输服务提供者在传播有害信息刑事责任的
限制方面可以借鉴上述规定，只要其没有干涉信息传播的方向和

❶　H. R. 2281 – Digital Millennium Copyright Act［EB/OL］.（2018 – 08 – 01）［2021 –
04 – 29］. https：//www. congress. gov/bill/105th – congress/house – bill/2281/text.

❷　Directive 2000/31/EC of the European Parliament and of the Council of 8 June 2000 on
certain legal aspects of information society services，in particular electronic commerce，in
the Internal Market［EB/OL］.（2018 – 08 – 01）［2021 – 04 – 29］. https：//eur –
lex. europa. eu/legal – content/EN/TXT/HTML/？ uri = CELEX：32000L0031&from =
EN.

信息的内容便可以此为抗辩。

(二) 网络中介服务提供者

国内外法律对网络中介服务提供者限制或免除承担法律责任的条件可以总结为对所传输的有害信息"不知情"。美国《数字千年版权法》规定的网络存储服务提供者承担责任的例外条件是，不知道侵权的存在或者也不知道明显昭示侵权的事实或情况。但是其一旦知道侵权存在或了解明显昭示侵权的事实或情况，就必须迅速删除侵权信息。● 欧盟《电子商务指令》规定的排除网络存储服务提供者法律责任的条件是，服务提供者不知道违法活动或违法信息的存在，就损害赔偿而言，服务提供者对明显昭示违法的事实或情况不知情。但是，服务提供者知道上述事实后，应迅速采取行动，删除或禁止对信息的访问。● 我国《信息网络传播权保护条例》也采取了类似规定。● 相较于网络接入、传输服务提供者，网络存储服务提供者是传播有害信息的"密切关系人"。因为，首先，网络存储服务提供者具备了知晓用户传播有害信息内容的可能性；其次，网络存储服务提供者在技术上决定了有害信息能否持续地呈现在公众之中；再次，网络存储服务提供者直接以有害信息媒介的身份面对公众；最后，网络存储服务提供者具备管理有害信息的技术可能性，不会给其经营增加过重的成本。

● H. R. 2281 – Digital Millennium Copyright Act [EB/OL]. (2018 – 08 – 01) [2021 – 09 – 19]. https：//www. congress. gov/bill/105th – congress/house – bill/2281/text.

● Directive 2000/31/EC of the European Parliament and of the Council of 8 June 2000 on certain legal aspects of information society services, in particular electronic commerce, in the Internal Market [EB/OL]. (2018 – 08 – 01) [2021 – 09 – 19]. https：//eur – lex. europa. eu/legal – content/EN/TXT/HTML/? uri = CELEX：32000L0031&from = EN.

● 参见《信息网络传播权保护条例》第 22 条。

网络信息定位服务提供者与网络存储服务提供者排除承担责任的条件类似，即不知晓由其指引或链接网站的违法事实，对明显昭示违法的事实或情况不知情。但是一旦知晓违法事实或了解明显昭示违法的事实或情况，应迅速移除或屏蔽指引或链接。❶

前文提到的"黄鳝门"案件，腾讯公司为主播进行淫秽色情直播提供了技术服务，主要包括信息传输、信息储存等服务。所以在该案件中，腾讯公司既是网络传输服务提供者又是网络中介服务提供者。就其网络传输服务提供者的身份而言，腾讯公司没有对女主播的淫秽色情直播进行干涉，就其网络中介服务提供者的身份而言，腾讯公司对女主播的淫秽色情直播不知情，故无须承担相关的刑事责任。

（三）网络内容服务提供者的鉴别与刑事责任认定

网络平台提供的服务类型广泛，可能涵盖信息内容、网络接入、网络存储、信息定位等多种服务内容，是多种类型的网络服务提供者角色的叠加。当下，网络服务提供者多以网络平台的样态呈现在公众面前，为公众提供综合的网络服务，俨然成为网络空间信息交互的综合平台。网络服务提供者也不再局限于单纯地提供"通道"服务，它们褪去了被动性、工具性的印记，转而积极地控制平台内流动的信息，成为干预信息传播的那只"看不见的手"。实践中，准确认定网络服务提供者传播有害信息刑事责任的前提是，厘清特定的网络服务提供者在具体案件中所扮演的角色为何。笔者以百度搜索平台为例进行分析。

百度对自己的定位是"全球最大的中文搜索引擎、最大的中

---

❶ 刘文杰. 从责任避风港到安全保障义务 [M]. 北京：中国社会科学出版社，2016：91－92.

文网站"❶。在人们固有的印象中,百度是搜索的代名词,"百度一下"人们便可快速查找到所需要的信息,再加上百度网站首页突出呈现搜索引擎简洁、干净的页面设计,很容易让人误认为百度只是一个简单的信息定位服务提供者。但是,2007 年 8 月 28 日《中国青年报》登载"涉黄页面死而复生——搜索网站先进技术如何不帮倒忙"一文❷、2016 年的"魏则西事件"反映出百度快照和百度推广功能存在的问题,都说明百度远非"搜索"这么简单。

1. 百度快照

百度快照是附加于百度搜索的一项功能,用户使用百度对某关键词进行检索,检索结果页面除了涉及关键词的网页链接,还有该网页的百度快照链接,用户点击百度快照链接便能浏览目标网页的内容。依照百度官方的解释,百度快照指的是被收录的网页在百度上的纯文本备份,用户可以通过"快照"快速浏览页面内容。但是百度只保留文本内容,快照页面中图片、音乐等非文本信息还是直接从原网页调用,如果无法链接原网页,快照上的图片等非文本内容就无法显示。2007 年 8 月 28 日,《中国青年报》报道,一些原始网页已经删除的色情图片,却在百度快照中重现,百度快照令涉黄页面死而复生。笔者发现,在百度快照页面都会有一条百度公司的免责声明:百度和网页作者无关,不对其内容负责。那么百度快照在色情等有害信息传播中扮演的是什么角色呢?仍然是形式上呈现的网络中介服务提供者中的信息定位服务

---

❶ 参见百度百科 [EB/OL]. (2018 – 08 – 14) [2021 – 05 – 02]. https://baike.baidu.com/item/% E7% 99% BE% E5% BA% A6/6699? fr = aladdin.

❷ 中国青年报中青在线. 涉黄页面死而复生—搜索网站先进技术如何不帮倒忙 [EB/OL]. (2018 – 08 – 15) [2021 – 05 – 02]. http://zqb.cyol.com/content/2007 – 08/28/content_1873726.htm.

提供者吗？

2002 年，百度公司申请了名为"一种使用快照的方式实现对网上信息进行记录和分析的方法"的发明专利。❶

从技术原理可以发现，百度快照在抓取源网页的信息内容之后，其运作完全脱离了源网页，如图 5 - 1 所示。不论是快照信息的存储、传输、分析还是提供，都与源网页没有任何关联。笔者认为，信息定位服务是给用户提供含有检索内容的网页链接或指引，百度快照已经超出了信息定位服务的范畴，其对他人网页内容的复制、存储也不是基于信息传输的技术必要，百度快照复制、存储网页内容后由百度自己提供给用户，属于网络内容服务提供者，是有害信息的直接提供者。

第一，百度快照超出了临时性存储的必要时间。百度快照的存储路径是 http：//cache. baiducontent. com，可以发现，百度快照复制的网页内容存储于百度自己的服务器"快照库"之中，但不是为了提高信息的传输效率对网页内容的临时性存储。笔者在 2018 年 8 月 15 日 17：36 通过百度对某网站进行检索，点击该网站首页的百度快照显示的是 2018 年 8 月 13 日 17：28 的快照，说明百度快照对网页的内容存储时间已经达到 2 天，这显然超出了基于信息传输技术所需的几个小时，甚至是几分钟的必要时间。

---

❶ 根据专利资料的记载，快照指的是一种使用快照的方式实现对网上信息进行记录和分析的方法。该方法通过由计算机快照系统、分析系统、检索系统和快照数据库组成的系统，对网上信息进行记录和分析。其工作步骤为，首先选定被监控的信息源并使用信息获取工具按照需要的方式多次获取信息源的信息，其次对获取的信息进行快照处理、存储并定期或实时按照需要对快照信息进行分析处理，最后对分析处理的结果数据按照需要的方式进行展示。参见百度在线网络技术（北京）有限公司发明专利——一种使用快照的方式实现对网上信息进行记录和分析的方法（CN1435782A）。

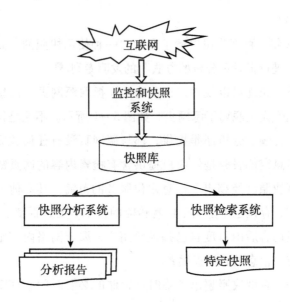

图 5 – 1　百度快照的技术原理

第二，百度快照是以自己的名义给用户提供信息。基于信息传输必要的临时性存储的前提是用户键入目标网站的网址、访问目标网站，而不是键入或点击中间服务提供者的网址。这说明，用户对于信息传输是否获取中间服务提供者的系统或服务器上存储的信息既没有主观上的认知，也不能人为地进行选择。❶ 但是，百度快照使用户可以选择不访问源网页，而是点击百度快照，从百度服务器调取相关内容浏览，用户也能轻易地认识到信息来自百度而非源网站。

第三，百度快照提供的内容独立于源网站。百度快照页面中声明百度快照"不代表被搜索网站的即时页面"，事实上在源网站

---

❶　王迁. 搜索引擎提供"快照"服务的著作权侵权问题研究 [J]. 东方法学，2010 (3)：126 – 139.

删除信息后，百度快照仍能显示已经被源网站删除的信息，说明百度快照提供的内容并不依托于源网站的意志，百度快照是在百度自身意志控制之下的信息传播行为。

用一个很通俗的比喻，百度快照实际上就是，百度将某人传播的信息复制之后自己存储起来，然后将复制件提供给有需要的另一个人。在刑事不法层面上与在天桥下买一张淫秽光碟然后自己刻印并卖给其他人没有区别。在责任的层面，因为百度快照的形成是针对海量信息的大规模机器行为，在没有人工介入的情形下，百度可以"不明知"有害信息的存在而排除成立犯罪。但是，一旦百度明知或应知有害信息的存在，则其承担的是网络内容服务提供者直接提供有害信息的刑事责任，而不是网络信息定位服务提供者帮助传播有害信息的刑事责任。

2. 百度推广

相较于百度快照，百度推广对信息的控制更为隐秘，用户往往难以发觉。2016 年的"魏则西事件"将百度推广推向了饱受公众质疑的风口浪尖。2014 年，西安电子科技大学学生魏则西被发现患有晚期滑膜肉瘤，魏则西及其家人通过百度搜索找到了武警总队第二医院，花费近 20 万元仍不治身亡。后查明，武警总队第二医院发布的是虚假信息，百度公司收了武警总队第二医院推广费用，并通过修改搜索规则把该医院医疗广告放在患者更容易找到的位置。❶ 事实上，百度公司对信息的控制远非检索结果排序如此简单，从百度推广的官方介绍可窥冰山之一角。百度推广在"平台优势"页面声称可以根据用户的意图把广告展现给精准用

---

❶ 边驿卒. 魏则西事件，说百度冤的请看下谷歌［EB/OL］.（2018 – 08 – 16）
　　［2021 – 05 – 03］. http：//news. ifeng. com/a/20160502/48656025_0. shtml.

户，主要方法有浏览定向、到访定向、贴吧定向、地理位置定向、移动定向、基本信息定向、用户兴趣定向等。❶ 由此可见，百度推广实际上参与、控制甚至是主导了信息的筛选、信息流动路径的规划、受众的选择，其实施的是典型的在自身意志控制之下的信息传播行为。百度推广绝非单纯的信息定位服务提供者，更应该认定为网络内容服务提供者。

2016 年 6 月 25 日，国家互联网信息办公室发布的《互联网信息搜索服务管理规定》第 7 条便支持上述观点，该条明确要求互联网信息搜索服务提供者不得以快照、相关推荐等形式提供含有法律法规禁止的信息内容。此外，之前广受关注的"快播案"也类似，法院判决最终认定快播公司不是单纯的技术提供者，同时也是网络视频内容服务的提供者，从而在满足其他主客观构成要件的情况下追究快播公司相关责任人员"传播淫秽物品牟利罪"的刑事责任。笔者认为，确定网络内容服务提供者，从而苛以传播有害信息犯罪的刑事责任须同时满足四个条件：第一，网络内容服务提供者对所传播信息的内容有认知，即要求网络服务提供者明知或应知所传播的信息内容。第二，网络内容服务提供者基于自己的意志，主动传播有害信息，即要求有害信息的传播并非网络服务提供者无意识或基于技术必要而自动实施的，例如仅仅

---

❶ 浏览定向：根据用户当前浏览网页中的关键词和最近浏览网页中的关键词分别进行即时定向投放，历史定向投放；到访定向：定向到访问过指定网站、安装过指定 App 的用户，跟紧竞争对手；贴吧定向：定向 2100 万个贴吧、定向吧目录；地理位置定向：根据用户所处商圈、地标、国内省市、国外地区等位置进行定向，并可指定到过某地的人群；移动定向：定向手机操作系统、网络环境、手机设备 ID、苹果手机识别号、用户百度唯一 ID；基本信息定向：根据年龄、性别、学历等信息进行定向；用户兴趣定向：可指定关注特定兴趣的人群等。参见百度推广 [EB/OL]. (2018 – 08 – 16) [2021 – 05 – 05]. http://e.baidu.com/advantage.

为信息传输而采取的临时性缓存。主动传播包括网络内容服务提供者发布、转发有害信息，以及编辑、汇编、筛选、增删等主动处理、改变他人制作的有害信息并传播的情形。第三，网络内容服务提供者直接与有害信息的内容相关联，直接提供信息的内容，而不是信息传播技术服务。第四，网络内容服务提供者直接面对公众，两者直接发生关系。它与网络中介服务提供者不同，网络中介服务提供者处于网络内容提供者和公众之间，促成网络内容提供者和公众之间发生关系。

第二节　刑法上合作义务的增加

一、刑法上合作义务增加的现实背景

　　2015 年《刑法修正案（九）》增设了"拒不履行信息网络安全管理义务罪"。该罪规定了网络服务提供者刑法上的信息网络安全管理义务，若网络服务提供者拒不履行该义务，导致有害信息大量传播，将追究刑事责任。网络服务提供者的信息网络安全管理义务来源于法律、法规的直接规定，所以拒不履行信息网络安全管理义务的犯罪属于纯正的不作为犯罪。有学者称为"网络服务提供者不作为传播新罪责"❶，也有学者认为这是刑法针对网络服务提供者设立的独立刑事责任，是新的制度设计。❷ 还有学者指

---

❶　刘艳红. 网络时代言论自由的刑法边界 [J]. 中国社会科学, 2016 (10)：134 - 152.

❷　涂龙科. 网络服务提供者的刑事责任模式及其关系辨析 [J]. 政治与法律, 2016 (4)：108 - 115.

出，设置"拒不履行信息网络安全管理义务罪"是《刑法》为解决海量信息传播导致的内容监管问题而采取的赋予网络服务提供者刑法上合作义务的"代理式监管"规制思路。❶ 刑法对网络服务提供者采取赋予合作义务的"代理式监管"规制思路有其现实原因。

（一）网络服务提供者掌控信息技术、主导信息流动

第一，网络中的信息传播高度依赖网络服务提供者。在网络社会中，信息不再依附于有形载体，信息的传播也不再依靠有形载体的位置移动，人们只需一条网线、一台电脑，通过敲击键盘、点击鼠标，或者只需一部智能手机，通过触控屏幕，信息便可跨越千山万水，直达亿万受众。然而，人们在受益于技术发展给信息传播带来极大便利的同时也陷入了对技术的高度依赖。信息在网络中的传播远非敲击键盘、点击鼠标、触控屏幕等几个简单的身体动作所能完成的。网络中信息的生成、加工、处理、储存、传输、呈现都需要通过网络服务提供者提供的一系列数字化技术予以实现。例如，若没有网络接入、传输服务提供者提供的网络连接服务，那么每一台网络终端便成为信息的孤岛，无法实现信息的传输和互通；若没有微信、QQ、微博、论坛、电子商务等服务提供者提供的技术服务，那么便不可能实现人们之间自由、高效的信息流动，人们将变成网络社会的"聋哑人"。网络服务提供者决定了信息在技术上能否传输、能否储存、储存的时长；决定了信息呈现的形式，是文字、图片、音频或是视频；决定了信息传播者和受众之间可否互动等。可以说，网络服务提供者是网络

---

❶ 周光权. 拒不履行信息网络安全管理义务罪的司法适用 [J]. 人民检察，2018
（9）：16 – 22.

信息传播的中枢❶，没有网络服务提供者，信息将寸步难行。从技术角度而言，在整个网络社会中，网络服务提供者具有最强的信息控制能力，因而对于有害信息而言，网络服务提供者具有在技术上阻断其传播的绝对优势。

此外，用户也不再像传统社会那样可以通过有害信息载体的数量或者有害信息载体投放的地域决定有害信息传播的范围。有害信息一经发布，用户对有害信息的控制能力即被复制、转发、存储等网络技术所瓦解。

第二，网络服务提供者是信息内容的权威发布者和舆论的强力引导者。网络服务提供者不仅提供技术服务，有的还提供内容服务。一些以提供信息内容为主业的网络服务提供者，例如新浪网、凤凰网、央视网、人民网等各大门户网站，一方面，依其拥有的巨大社会资源，较易获得官方的重大、权威信息，又因其掌握巨大的社会资源亦可为信息内容的真实性、权威性背书，且门户网站本身会更加审慎地核查信息，所以其发布的信息更具权威性和可信性。另一方面，依其技术资源可持续不断地推送它们关注的重点信息，形成强大的舆论氛围，强力地引导舆论的动向。因此，网络服务提供者发布的信息能更深刻地建构网络社会，能更深远地引导人们的认知。

第三，网络服务提供者是信息传播技术的主要管控者。通常情况下，用户使用某项网络服务需要同意网络服务提供者制定的服务协议，服务协议载明了用户在使用服务时必须遵守的规则。基于网络服务提供者在信息传播中的优势地位，服务协议一般是不可协商、不可更改的格式条款，用户只能作出同意或不同意的

❶ 于波. 论网络中介服务商承担审查义务的合理性［J］. 兰州学刊，2014（1）：169 – 175.

选择。若用户不同意服务协议，则不能使用或正常使用该服务。即使用户同意服务协议，在使用服务的过程中也经常受到网络服务提供者的监督和约束。例如，人们上网会遇到某信息无法发送，某信息被禁止评论或者转发，某信息被删除，某信息无法检索等。网络服务提供者对于用户使用其服务颇有"我的地盘我做主"的姿态。以微信为例，腾讯公司是网络即时通信服务——微信——的提供者，制定了《腾讯微信软件许可及服务协议》❶ 作为用户使用微信必须遵守的规则。该协议在开篇便表明用户只有接受该协议的全部条款才可以下载、安装或使用相关服务，并且用户的下载、安装、使用、获取微信账号、登录等行为即视为已经阅读并同意协议的约束。之后，该协议详细规定了微信提供服务的内容、形式、许可范围、软件的下载、安装、卸载、更新的技术规程，以及微信账号使用规范、用户注意事项等微信运行规则和风险责任。尤其值得注意的是，该协议第八部分的用户行为规范，包括信息内容规范、软件使用规范、服务运营规范，并载明腾讯公司在用户违反协议规定时有权不经通知随时对相关内容进行删除、屏蔽直至注销账号等一系列处罚。腾讯公司制定了一整套通过微信服务传播信息的规则，以管控、约束用户使用微信服务的行为。

（二）网络服务提供者之于信息内容监管的意义

网络服务提供者自己参与传播有害信息纳入刑法规制是应然之义。但是鉴于网络服务提供者在信息传播过程的中心地位，世界各国都开始尝试让网络服务提供者承担用户使用其提供的技术

---

❶ 腾讯微信软件许可及服务协议［EB/OL］.（2021 – 05 – 06）［2021 – 05 – 08］. https：//weixin. qq. com/cgi – bin/readtemplate？ lang ＝ zh ＿ CN&t ＝ weixin ＿ agreement&s ＝ default.

服务从事违法犯罪活动造成危害的刑事责任❶，以期掐断网络违法犯罪的路径。刑法规制用户传播有害信息存在两方面的障碍：第一，作为有害信息传播主体的用户身份更为隐秘、分散，刑法规制难度大。网络中存在大量匿名用户、IP 代理等，可以使传播有害信息的用户轻易静默，轻易消失。无论是取证还是行为人的确定、追踪都困难重重。第二，单个用户传播有害信息的社会危害性往往不大，经常达不到严重侵害法益的"量"的要求。例如，用户在新浪微博发布一两部淫秽视频，达不到"传播淫秽物品罪"所要求的 40 个淫秽视频的入罪门槛。截至 2020 年 9 月，新浪微博日活跃用户达到 2.24 亿，月活跃用户共 5.11 亿。❷ 一方面，没有意思联络的单个用户都在微博上发布一两部淫秽视频，积聚在微博这一网络服务平台的淫秽视频数量将数以亿计；另一方面，即使只有单个用户发布了一两部淫秽视频，也有可能被亿万受众所观看。无论从现有刑事立法还是刑事司法的实际出发，惩治只发布一两部淫秽视频的单个用户或是没有意识联络的众多用户是不可能，也不现实的，然而其社会危害不亚于传播巨量的淫秽视频。网络服务提供者在有害信息传播过程中，起到了信息汇积、放大的作用，其对有害信息传播的贡献度远远大于用户。

网络有害信息的传播特征决定了有害信息的传播者和受众可以是巨量、无限、不可控的，但是传播渠道是有限、可控的。网络服务提供者是网络信息传播的核心和枢纽，控制住网络服务提供者就控制住了传播渠道，相当于遏制住了有害信息传播的咽喉。

---

❶ 敬力嘉. 论拒不履行网络安全管理义务罪：以网络中介服务者的刑事责任为中心展开 [J]. 政治与法律，2017 (1)：50 - 65.

❷ 新浪微博数据中心. 微博 2020 用户发展报告 [EB/OL]. (2021 - 05 - 06) [2021 - 05 - 08]. https：//data. weibo. com/report/reportDetail? id = 456.

事实上，网络服务提供者担当了网络信息传播中的"守门人"角色。❶"守门人"概念最早由美国社会心理学家卢因所提出❷，其本质上是对可进入传播渠道的信息选择权，即信息传播总是有"门区"的，而守门人根据规则或个人的意见对信息能否进入传播渠道或者继续在传播渠道中流动作出选择。只不过网络服务提供者作为"守门人"面临海量的信息和更为宽阔的传播渠道，相较于纸媒等传统"守门人"防守的门区更宽，任务量更重。据百度内容安全中心发布的报告显示，2020 年，百度公司通过人工智能技术、人工主动巡查、接收外部各类意见反馈和投诉举报，一共处理了各类有害信息 516 亿余条。❸ 这仅仅是百度公司一个网络服务提供者一年处理的有害信息数量，若网络服务提供者在有能力处理有害信息的情况下，消极处理或积极参与有害信息的传播，那么有害信息的数量可能是民众所无法想象的。因此，在刑法上赋予网络服务提供者信息网络安全管理义务可以有效地阻断有害信息的传播渠道，防控有害信息的大范围传播。但是在目前的刑事立法和司法中，网络服务提供者的刑事责任被严重忽视，甚至完全成为网络用户刑事责任的附属。❹ 在以网络平台为信息集散地的网络社会中，追究网络服务提供者拒不履行信息网络安全管理

---

❶ "守门人"又称把关人，是传播学中描述信息控制的基本理论。它的主要内容是，在群体传播过程中，存在一些把关人，他们将符合群体规范或自身价值标准的信息引入传播渠道。参见：郭庆光. 传播学教程［M］. 北京：中国人民大学出版社，1999：62.

❷ 许哲，刘会玲. 自媒体语境下把关人理论之重构：从渠道模式到营销模式［J］. 编辑之友，2018（2）：74 – 79.

❸ 百度发布 2020 年信息安全综合治理年报［EB/OL］.（2021 – 05 – 06）［2021 – 05 – 08］. https：//baijiahao. baidu. com/s？ id = 1691178485883046579&wfr = spider&for = pc.

❹ SUN ZY. Research on the Internet service provider's criminal liability in the perspective of Internet rumor crime［J］. China Legal Science，2016，4（4）：118 – 141.

义务的刑事责任应该是预防和惩治网络传播有害信息犯罪的重点。

二、网络服务提供者信息网络安全管理义务解析

信息网络安全管理义务，❶ 即网络服务提供者刑法上的合作义务。这一义务看上去不言自明，但学界存在认知上的偏差，以至于对"拒不履行信息网络安全管理义务罪"的理解出现错误，故有必要对信息网络安全管理义务的内容进行厘定。

（一）信息网络安全管理义务的特征

依据《刑法》第 286 条之一的规定，信息网络安全管理义务具有以下三个特征。

第一，信息网络安全管理义务主体是网络服务提供者。不能将监管部门或其他主体的信息网络安全管理义务和网络服务提供者的信息网络安全管理义务混同，更不能将监管部门的信息网络安全管理义务强加给网络服务提供者。《网络安全法》第 25 条规定了网络服务提供者制定网络安全事件应急预案，且当发生网络安全事件时立即启动应急预案的义务。❷ 该法第 53 条规定了国家网信部门制定网络安全事件应急预案的义务。❸ 这两种应急预案不能混同，当网络安全事件发生时，若网络服务提供者和网信部门都没有制定应急预案，而造成严重危害结果的，不能将责任都归咎于网络服务提供者。

---

❶ 本书中的"信息网络安全管理义务"指的是刑法所认可的义务，不是指所有法律规范规定的义务。

❷ 《网络安全法》第 25 条规定，网络运营者应当制定网络安全事件应急预案，及时处置系统漏洞、计算机病毒、网络攻击、网络侵入等安全风险；在发生危害网络安全的事件时，立即启动应急预案，采取相应的补救措施，并按照规定向有关主管部门报告。

❸ 《网络安全法》第 53 条第 1 款规定，国家网信部门协调有关部门建立健全网络安全风险评估和应急工作机制，制定网络安全事件应急预案，并定期组织演练。

第二，义务来源是法律和行政法规。信息网络安全管理义务来源是法律和行政法规。在我国，除了法律和行政法规规定了网络服务提供者的信息网络安全管理义务，部门规章等低位阶的规范性文件也散见相关规定，例如，公安部的《互联网安全保护技术措施规定》、国家互联网信息办公室的《即时通信工具公众信息服务发展管理暂行规定》和《互联网信息搜索服务管理规定》等。它们不能作为网络服务提供者刑法上的信息网络安全管理义务的来源。但是，因为"拒不履行信息网络安全管理义务罪"中监管部门"责令改正"的行为属于行政行为，其依据不仅有法律、行政法规，还包括了部门规章等。实践中，监管部门要厘清不同情形，做好行政处罚和《刑法》处罚的衔接：法律、行政法规有规定，但部门规章没有规定；法律、行政法规有规定，部门规章也有规定；法律、行政法规没有规定，但部门规章有规定等。此外，因为有关网络服务提供者信息网络安全管理义务的规定较为分散，学术研究中也有误将部门规章的规定作为信息网络安全管理义务来源的情形。例如，有学者在研究中把信息网络安全管理义务分为禁止性规范设定的义务和命令性规范设定的义务，但是在举例论证禁止性规范设定的义务时，援引的却是国家互联网信息办公室制定的《互联网直播服务管理规定》。❶

第三，义务内容的属性是监督和管理。信息网络安全管理义务是网络服务提供者对用户使用其服务的监督和管理。网络服务提供者承担的法律义务类型多样，信息网络安全管理义务只是其中的一种，是对用户使用其服务的监督和管理。网络服务提供者履行信息网络安全管理义务目的是对用户行为的约束，而不是对

---

❶ 谢望原. 论拒不履行信息网络安全管理义务罪 [J]. 中国法学, 2017 (2): 238 - 255.

网络服务提供者自身行为的约束。《英雄烈士保护法》第 19 条规定了网络服务提供者广泛宣传英雄烈士事迹和精神的义务❶便不属于信息网络安全管理义务，不能因为网络服务提供者没有广泛宣传英雄烈士事迹和精神，而将侮辱烈士的有害信息大量传播的危害结果归咎于网络服务提供者。《互联网信息服务管理办法》第 13 条规定，网络信息服务提供者需保证所提供的信息内容合法。❷ 第 15 条规定，网络信息服务提供者不得传播反对宪法基本原则、危害国家安全等有害信息。❸ 这些是对网络信息服务提供者自身言行的约束，不能理解为信息网络安全管理义务，否则便赋予了网络服务提供者言论审查的义务。

综上，笔者认为，信息网络安全管理义务指的是网络服务提供者承担的由法律、行政法规赋予的对用户使用其服务的监督和管理责任。

（二）信息网络安全管理义务的内容

"当前我国对信息网络安全管理义务的设置缺乏明确性、系统

---

❶ 《英雄烈士保护法》第 19 条规定，广播电台、电视台、报刊出版单位、互联网信息服务提供者，应当通过播放或者刊登英雄烈士题材作品、发布公益广告、开设专栏等方式，广泛宣传英雄烈士事迹和精神。

❷ 《互联网信息服务管理办法》第 13 条规定，互联网信息服务提供者应当向上网用户提供良好的服务，并保证所提供的的信息内容合法。

❸ 《互联网信息服务管理办法》第 15 条规定，互联网信息服务提供者不得制作、复制、发布、传播含有下列内容的信息：（1）反对宪法所确定的基本原则的；（2）危害国家安全，泄露国家秘密，颠覆国家政权，破坏国家统一的；（3）损害国家荣誉和利益的；（4）煽动民族仇恨、民族歧视，破坏民族团结的；（5）破坏国家宗教政策，宣扬邪教和封建迷信的；（6）散布谣言，扰乱社会秩序，破坏社会稳定的；（7）散布淫秽、色情、赌博、暴力、凶杀、恐怖或者教唆犯罪的；（8）侮辱或者诽谤他人，侵害他人合法权益的；（9）含有法律、行政法规禁止的其他内容的。

性和类型性。"❶ 网络服务提供者信息网络安全管理义务的来源只能是法律和行政法规，目前规定了网络服务提供者信息网络安全管理义务的法律主要有《网络安全法》《全国人民代表大会常务委员会关于加强网络信息保护的决定》《反恐怖主义法》《英雄烈士保护法》《慈善法》等；行政法规主要有《互联网信息服务管理办法》《出版管理条例》《信息网络传播权保护条例》《电信条例》《计算机信息网络国际联网安全保护管理办法》等。其中，与网络传播有害信息相关的信息网络安全管理义务主要有以下 8 类义务❷，如表 5 - 1 所示。

表 5 - 1　信息网络安全管理 8 类义务

序号	义务类型	主要内容
1	建章立制的义务❸	制定内部安全管理制度和操作规程； 确定网络安全责任人； 制定网络安全事件应急预案
2	采取安全技术措施的义务❹	按照法律、行政法规和国家强制标准采取安全技术措施

---

❶ 童德华，马嘉阳. 拒不履行信息网络安全管理义务罪之"义务"的合理性论证及类型化分析 [J]. 法律适用，2020（21）：79 - 93.

❷ 前文提到的"黄鳝门"案件，腾讯公司对"黄鳝门"视频采取的技术封堵措施，以及为警方调查提供线索和协助不是腾讯公司的自觉行为，而是涉及网络服务提供者信息网络安全管理义务中采取安全技术措施的义务、数据留存的义务、情况报告的义务、协助执法的义务等。

❸ 参见《网络安全法》第 21 条、第 25 条、第 34 条，《电信条例》第 59 条，《计算机信息网络国际联网安全保护管理办法》第 10 条。

❹ 参见《网络安全法》第 10 条、第 21 条、第 33 条，《计算机信息网络国际联网安全保护管理办法》第 10 条。

续表

序号	义务类型	主要内容
3	数据留存的义务❶	日常运营数据留存； 用户违法数据留存
4	情况报告的义务❷	网络服务安全缺陷、漏洞风险报告； 用户违法情况报告
5	安全维护的义务❸	对服务提供持续安全维护
6	核验用户资料的义务❹	用户身份核验； 用户资格核验
7	协助执法的义务❺	为执法活动提供技术支持和协助； 配合监管部门监督、检查、调查
8	接受投诉、举报的义务❻	畅通网络信息安全投诉、举报通道； 及时处理信息安全投诉、举报

法律、行政法规还赋予了网络服务提供者某些空泛、不明确

---

❶ 参见《网络安全法》第 21 条、第 47 条、第 48 条，《全国人民代表大会常务委员会关于加强网络信息保护的决定》第 5 条，《反恐怖主义法》第 19 条，《英雄烈士保护法》第 23 条，《互联网信息服务管理办法》第 14 条、第 16 条，《电信条例》第 61 条，《计算机信息网络国际联网安全保护管理办法》第 10 条。

❷ 参见《网络安全法》第 22 条、第 25 条、第 47 条、第 48 条，《全国人民代表大会常务委员会关于加强网络信息保护的决定》第 5 条，《反恐怖主义法》第 9 条、第 19 条，《英雄烈士保护法》第 23 条，《互联网信息服务管理办法》第 16 条，《电信条例》第 61 条，《计算机信息网络国际联网安全保护管理办法》第 10 条。

❸ 参见《网络安全法》第 22 条。

❹ 参见《网络安全法》第 24 条、《全国人民代表大会常务委员会关于加强网络信息保护的决定》第 6 条、《反恐怖主义法》第 21 条、《慈善法》第 27 条、《出版管理条例》第 36 条。

❺ 参见《网络安全法》第 28 条、第 49 条，《反恐怖主义法》第 9 条、第 18 条、第 51 条。

❻ 参见《网络安全法》第 49 条。

的信息网络安全管理义务。概括说来有两类：一类是单纯的价值表述，例如《电信条例》第 5 条规定，电信业务经营者应当为用户提供准确、安全的电信服务。❶ 另一类是宣示性、象征性的表述，例如《反恐怖主义法》第 17 条规定互联网有关单位进行反恐怖主义宣传和教育的义务。❷ 这两类义务因为缺乏明确的内容，缺乏对网络服务提供者具体的要求，不能作为《刑法》"拒不履行信息网络安全管理义务罪"中违反信息网络管理义务的依据。此外，关于信息网络安全管理义务的内容有以下两个问题需要厘清。

第一，网络服务提供者是否不加区别地承担一般性的信息网络安全管理义务。笔者发现，法律、行政法规对网络服务提供者的信息网络安全管理义务只是作了一般性的规定，没有区分不同类型的网络服务提供者。有观点批判我国目前对网络服务提供者不区分网络中介服务提供者类型，为其设定积极的、一般性的监管义务，坚持"全有"的判断逻辑。❸ 笔者认为，不能武断地进行批判，目前法律、行政法规有关网络服务提供者信息网络安全管理义务的规定主要是概括性的表述，例如建章立制的义务、采取安全技术措施的义务。网络接入、存储、信息定位等不同类型的网络服务提供者完全可以根据各自的技术架构和服务内容制定行业所认可的不同管理制度，采取不同的安全技术措施。事实上，在国家相关安全技术标准和监管部门的态度上都可以发现对不同类型的网络服务提供者的信息网络安全管理义务作了区分。例如，

---

❶ 《电信条例》第 5 条规定，电信业务经营者应当为电信用户提供迅速、准确、安全、方便和价格合理的电信服务。

❷ 《反恐怖主义法》第 17 条第 3 款规定，新闻、广播、电视、文化、宗教、互联网等有关单位，应当有针对性地面向社会进行反恐怖主义宣传教育。

❸ 杨彩霞. 网络服务提供者刑事责任的类型化思考 [J]. 法学，2018（4）：162 – 172.

2017 年 5 月国家质量监督检验检疫总局、国家标准化管理委员会发布的网络接入、传输服务技术要求国家标准——《接入网技术要求　吉比特的无源光网络（GPON）》（GB/T 33845—2017），单独设置了网络接入服务提供者的信息安全技术要求。

第二，信息网络安全管理义务是否包括对用户传播信息内容的主动审查。有学者认为，网络服务提供者的信息网络安全管理义务包括对用户传播信息内容的主动审查义务。[1] 也有学者认为，各类网络服务提供者都不应该承担主动审查用户传播信息内容的义务。[2] 笔者认为，网络服务提供者的信息网络安全管理义务不包括对用户传播信息内容的主动审查。

从应然的层面分析，首先，如果网络服务提供者负有对用户传播信息内容的主动审查义务，必然导致对公民信息秘密和信息活动的审查和监视[3]，制造社会对立和恐慌，瓦解网络服务提供者与用户之间的信任，甚至会危及政府与民众之间的信任。其次，如果网络服务提供者负有对用户传播信息内容的主动审查义务，必然严重侵害公民的言论自由，网络服务提供者为规避自身的刑法风险，在网络社会秩序维护与言论自由保障的博弈时更可能倒向秩序维护的立场，因为即使错删了非有害的信息不需要承担法律责任，但是若失误没有删除有害信息，则需承担刑事责任，在删除与不删除之间势必选择删除以趋利避害。再次，如果网络服

---

[1] 李永升、袁汉新认为，信息网络安全管理义务是指网络服务提供者对网络用户呈现于其控制、管理的网络领域的信息，进行主动审查，发现是违法信息、用户信息和刑事案件证据的，负有采取合理措施防止违法信息大量传播、防止用户信息泄露以及防止刑事案件证据灭失的义务。参见：李永升，袁汉兴. 正确把握刑法中的信息网络管理义务 [N]. 人民法院报，2017 - 04 - 26 (6).

[2][3] 皮勇. 论网络服务提供者的管理义务及刑事责任 [J]. 法商研究，2017 (5)：14 - 25.

务提供者负有对用户传播信息内容的主动审查义务，将成为网络服务提供者垄断信息供给、左右舆论导向的藉由，成为网络社会管控言论的威权主义主体。技术不是天生造福人类的东西，也可以用来统治和压迫那些没有执掌该种技术的人，控制他们，支配他们，事先知道他们要干什么，事后知道他们干了什么，最终做到让他们干什么他们就干什么。❶ 从形式上看，主动审查用户传播的信息内容是一种义务，实际上将成为控制用户信息的倚仗。因为网络服务提供者是信息有害与否判断标准的执行者，其本身的利益、立场、偏见将毫无疑问地贯彻在对用户信息内容的主动审查之中。然而，用户对于网络服务提供者管控其信息的行为却毫无应对之力。最后，如果网络服务提供者负有对用户信息内容的主动审查义务，增加了信息流动的环节，且这一环节很大程度上需要人的主观判断，网络中的海量信息汇入人的主观判断，则将严重阻滞信息的流动。如果网络服务提供者负有对用户信息内容的主动审查义务，也将极大地增加网络服务提供者的经营成本，影响正常的经营活动。

从实然的层面分析，我国法律、行政法规也没有赋予网络服务提供者主动审查用户传播信息内容的义务。有学者提出，《反恐怖主义法》第19条❷赋予了网络服务提供者"主动审查含有恐怖主义、极端主义内容信息"的义务。❸ 笔者认为，这是混淆了信息网络安全管理义务的内容和设置该义务目的造成的错误。从条

---

❶ 邓子斌. 斑马线上的中国 [M]. 北京：法律出版社，2016：5.

❷ 《反恐怖主义法》第19条第1款规定，电信业务经营者、互联网服务提供者应当依照法律、行政法规规定，落实网络安全、信息内容监督制度和安全技术防范措施，防止含有恐怖主义、极端主义内容的信息传播。

❸ 皮勇. 论网络服务提供者的管理义务及刑事责任 [J]. 法商研究，2017（5）：14–25.

文表述可以很容易地看出，"依法落实网络安全、信息内容监督制度和安全技术防范措施"是信息网络安全管理义务的内容，而"防止含有恐怖主义、极端主义内容的信息传播"是设置该义务的目的，不能将义务的内容和设置义务的目的混淆。例如，《刑法》第 232 条规定的故意杀人罪为民众设置了"不能杀人"的禁止性义务，"不能杀人"是义务的内容，"保障个人的生命安全"是设置该义务的目的，不能将"不能杀人"的义务内容和"保障个人生命安全"的目的相混淆，认为没有"保障个人生命安全"需要追究故意杀人罪的刑事责任。只要网络服务提供者依法落实了网络安全、信息内容监督制度，即前文所述的建章立制等义务，并依法采取了安全技术防范措施，即前文所述的采取安全技术措施等义务，能否防止含有恐怖主义、极端主义内容的信息传播并不在《刑法》的强制之列。俗话说，"道高一尺，魔高一丈"，技术一直在进步、在更新，纵使网络服务提供者制定了良好的规程制度，拥有当下先进的安全防护技术，也不能确保其不被规避和攻破。

三、刑法上合作义务增加的意义

网络服务提供者刑法上合作义务的增加，形成了不履行监管义务的不作为犯责任模式。除此之外，我国《刑法》还存在网络服务提供者的正犯责任模式、共犯责任模式和帮助行为正犯化责任模式。

正犯责任模式是网络服务提供者主动、直接实施传播有害信息的实行行为，即主动、直接将有害信息内容提供给公众，从而承担网络传播有害信息犯罪的正犯责任，例如淫秽色情网站、邪教网站等。正犯责任模式主要适用于对网络内容服务提供者传播有害信息的刑事责任认定，网络内容服务提供者正犯责任的认定仍然可以在传统刑法的理论框架内解决，但是其难点在于面对纷繁复杂的网络服务提供者，如何鉴别某个传播有害信息的特定主体是否属于内容服务提供者。当下，网络服务提供者通常都是叠加多重服务类型，例如网络平台，或是以某一类型的服务为主业，附随有其他类型的服务内容，例如微博除了提供给用户存储信息的空间，也会推送某些信息给用户，那么就不能一味地认为微博属于网络存储服务提供者，也有可能是网络内容服务提供者。

共犯责任模式是网络服务提供者与他人共谋，实施教唆或帮助他人传播有害信息的共犯行为，从而与他人共同承担网络传播有害信息犯罪的刑事责任。在帮助信息网络犯罪活动罪增设之前，片面共犯的情形也纳入共犯责任模式进行处理。❶ 在"帮助信息网络犯罪活动罪"增设之后，片面帮助行为依此罪定罪处罚。所以，此处的共犯责任模式仅仅指的是《刑法》第 25 条规定的二人以上共同故意犯罪的情形。对网络服务提供者苛以传播有害信息犯罪的共犯责任应该满足两个条件：一是网络服务提供者与传播有害信息的实行行为人存在意思联络；二是传播有害信息的实行行为人本身构成犯罪。共犯责任模式下，网络服务提供者的刑事责任依附于实行行为人的刑事责任。

对于帮助行为正犯化责任模式来说，在我国《刑法》中，网络服务提供者帮助行为正犯化是 2015 年《刑法修正案（九）》增设的"帮助信息网络犯罪活动罪"。该罪将明知他人利用信息网络

---

❶ 《最高人民法院 最高人民检察院关于办理利用互联网、移动通讯终端、声讯台制作、复制、出版、贩卖、传播淫秽电子信息刑事案件具体应用法律若干问题的解释（二）》第 6 条规定，电信业务经营者、互联网信息服务提供者明知是淫秽网站，为其提供互联网接入、服务器托管、网络存储空间、通信传输通道、代收业务费等服务，并收取费用的，以传播淫秽物品牟利罪定罪处罚。

犯罪，为其犯罪提供网络服务的情形单独设立罪名予以规制，使得网络服务提供者帮助他人传播有害信息的行为摆脱了对被帮助者实施犯罪的依附。具体为：一方面，网络服务提供者作为传播有害信息片面帮助犯的情形不依循原有的共犯责任模式，不再依附于正犯而单独成罪；另一方面，网络服务提供者虽与被帮助者共谋传播有害信息但被帮助者不构成犯罪亦可单独成罪，不再依附于被帮助者而独立成罪。

刑法理论上对"帮助信息网络犯罪活动罪"是否属于帮助行为正犯化存在争议，张明楷教授、黎宏教授等人便持否定观点。他们认为，"帮助信息网络犯罪活动罪"是帮助犯的量刑规则。[1]在"帮助信息网络犯罪活动罪"的立法过程中也不少主张帮助犯从属正犯，没有独立定罪的必要。[2] 笔者认为，帮助信息网络犯罪活动罪属于帮助行为正犯化，具有独立的意义。首先，网络犯罪中，帮助行为的作用和地位显著跃升，帮助行为可以左右后续相关犯罪行为的进程，甚至可以说没有帮助行为就不可能有后续相关犯罪的发生。例如，没有网络接入、传输服务提供者提供网络连接，行为人就无法进入网络，何谈网络犯罪。其次，网络犯罪中，帮助行为的社会危害实现机理发生变化。传统犯罪中，帮助行为镶嵌在实行行为之中，帮助行为与实行行为是分别具有独立物理形态的行为相互结合。例如，甲乙共同盗窃，甲入室行窃，乙在室外望风，甲的入室行窃行为与乙的望风行为具有独立物理形态，两者可以相互结合也可以相互分离，没有帮助行为，实行

---

[1] 张明楷. 论帮助信息网络犯罪活动罪 [J]. 政治与法律, 2016 (2)：2 – 16；黎宏. 论"帮助信息网络犯罪活动罪"的性质及其适用 [J]. 法律适用, 2017 (21)：33 – 39.

[2] 张铁军. 帮助信息网络犯罪活动罪的若干司法适用难题疏解 [J]. 中国刑事法杂志, 2017 (6)：38 – 48.

行为仍可实施。网络犯罪中，帮助行为渗透到实行行为之内，实行行为浸润在帮助行为之中，实行行为的物理形态由帮助行为建构。例如，行为人在微博中发布一条有害信息，该"发布"行为便是由网络连接、传输、存储等帮助行为所建构，离开了上述帮助行为，实行行为便无从实施。再次，帮助信息网络犯罪活动罪着眼于未然、潜在犯罪之预防，通过遏制帮助行为清除滋生潜在犯罪的土壤，其重点不在于实现已然犯罪的全面处罚。最后，网络犯罪中，帮助行为具有"职业化"倾向。帮助行为的社会危害不仅局限在促成特定的某个实行行为，也并非分解于被帮助的实行行为之中，本身具有的职业化、流程化、反复实施的特点才是其社会危害的突出体现，具有独立的规制意义。

从司法实践来看，"帮助信息网络犯罪活动罪"不是帮助犯的量刑规则，它已然摆脱了被帮助者所实施犯罪的依附。以福建省厦门市同安区法院审理的一起案件为例，2017 年 2 月至 2017 年 9 月，被告人李某某在网上向他人租用服务器，并购买了 5 个网站由其本人经营管理。其间，被告人李某某在前述 5 个网站上专门发布六合彩特码、赌博网站等相关内容的广告，为他人实施六合彩特码诈骗、开设赌博网站等犯罪活动提供广告推广并收取费用。法院审理认为，被告人李某某的行为构成帮助信息网络犯罪活动罪。❶ 这起案件中，在刑事责任追究方面，法院并没有以被帮助的六合彩特码诈骗行为、开设赌博网站行为成立犯罪为被告人李某某成立帮助信息网络犯罪活动罪的前提。在事实认定方面，法院甚至都没有考察被帮助的行为是否构成犯罪，只以笼统的"犯罪活动"略过；在量刑方面，法院也没有区分主从犯，从轻、减轻

---

❶ 参见：福建省厦门市同安区人民法院（2018）闽 0212 刑初 204 号刑事判决书。

或者免除处罚。被告人李某某实施的帮助信息网络犯罪活动行为完全是作为独立的正犯行为予以规制的。

网络服务提供者的四种刑事责任认定模式贯穿着刑法规制网络服务提供者传播有害信息的两条主线。一条主线是从表面上看到的，网络服务提供者的行为，即区分正犯行为、共犯行为、帮助行为正犯化、不履行监管义务的不作为的刑事责任。另一条主线是网络服务提供者传播有害信息的心态，即对传播有害信息的认知，如表5-2所示。从正犯责任模式、共犯责任模式、帮助行为正犯化责任模式到不履行监管义务的不作为犯责任模式，网络服务提供者对传播有害信息的认知和传播意愿由强到弱。

表5-2 网络服务提供者传播有害信息行为-心态匹配表

行为	心态
正犯行为	具体的明知
共犯行为	具体的明知+共谋
帮助行为正犯化	概括的明知
不履行监管义务的不作为	不知情

第一，对传播有害信息具体的明知。正犯刑事责任模式下，网络服务提供者对有害信息的内容和传播行为有明确的认知，从主观方面的认识因素来说属于具体的明知。共犯刑事责任模式下，网络服务提供者与实行行为人存在共同犯罪的意思联络，不仅要认识到自己正在为犯罪提供服务，对实行行为人实施的传播有害信息犯罪行为的内容、过程也要达到具体清楚的程度，即"具体的明知+共谋"。

第二，对传播有害信息概括的明知。帮助行为正犯化刑事责任模式下，我国《刑法》规定"帮助信息网络犯罪活动罪"要求

"明知他人利用信息网络实施犯罪"。笔者认为，网络服务提供者与被帮助者之间不存在共谋，其只须认识到自己正在为被帮助者的犯罪活动提供服务，对被帮助者实施犯罪活动的具体内容、过程不需要有明确的认识，属于概括的明知即可。2016年，浙江省绍兴市中级人民法院审理的一起帮助信息网络犯罪活动罪案件就认定，网络服务提供者为被帮助者提供网络技术服务，对被帮助者的违法行为有一定的认知，但对被帮助者实施犯罪的具体内容、过程情况并不明确知道，仍成立"帮助信息网络犯罪活动罪"。❶

第三，对传播有害信息不知情。不履行监管义务的不作为犯责任模式下，网络服务提供者对被服务者传播有害信息的行为不知情。❷考察网络服务提供者成立"拒不履行信息网络安全管理义务罪"时对传播有害信息的主观认知心态可以分三种情况：首先，网络服务提供者拒不履行信息网络安全管理义务，在监管部门责令采取改正措施之前对被服务者实施传播有害信息违法犯罪活动的情况不知情，否则直接成立传播有害信息犯罪的共犯或帮助信息网络犯罪活动罪。其次，若在监管部门责令网络服务提供者采取改正措施的内容中具体、明确告知了网络服务提供者其服务的对象存在传播有害信息的违法犯罪行为，网络服务提供者仍然继续为传播有害信息的违法犯罪活动提供技术服务的，则其后续的服务行为成立"帮助信息网络犯罪活动罪"。因为网络服务提供者对被服务者传播有害信息的行为从不知情转为了明知。按照相关司法解释的精神，网络服务提供者接到主管机关书面告知后仍为

---

❶ 参见浙江省绍兴市中级人民法院（2016）浙06刑终307号刑事判决书。
❷ 此处的"不知情"指的是网络服务提供者对被服务者实施违法犯罪的活动不知情。就该罪的主观方面而言，笔者主张网络服务提供者不履行信息网络安全管理义务，以及经监管部门责令后据不改正是故意的心态，对违法信息大量传播等危害后果的发生是过失的心态。

有害信息传播提供网络接入、服务器托管等技术服务的，可认定
网络服务提供者对传播有害信息属于明知。● 需要注意的是，监管
部门责令改正之前产生的危害不能纳入"帮助信息网络犯罪活动
罪"中予以评价。最后，若监管部门责令网络服务提供者采取改
正措施的内容只是告知网络服务提供者信息网络安全管理规程不
完善、技术标准不达标等事项，而无涉被服务者存在具体违法犯
罪活动的情况，网络服务提供者自信即便不履行相关信息网络安
全管理义务也不会出现有害信息大量传播等结果的，成立"拒不
履行信息安全管理义务罪"。这种情形下，在我国《刑法》规定的
致使违法信息大量传播等后果出现之前，网络服务提供者对被服
务者实施传播有害信息的情况自始不知情。根据上述分析可以发
现，"拒不履行信息网络安全管理义务罪"中，监管部门责令改正
的内容不是对具体违法犯罪行为的告知，要求网络服务提供者对
具体的违法犯罪行为采取措施，而是网络服务提供者遵守法律、
行政法规要求的制定信息网络安全管理规程、采取法定的技术安
全管理标准等一般性的义务。

　　在刑事立法上，上述四种刑事责任认定模式以行为和心态为
经纬共同构造了一张规制网络服务提供者传播有害信息的严密法
网，行为和心态两条主线共同反映出网络服务提供者参与传播有
害信息的程度。现实中，网络服务提供者的处境很特别，一方面
他们在技术上控制着信息，但另一方面他们经常不知道信息的内
容。在刑事司法上，网络中介服务提供者传播有害信息的主观心
态往往很难查明或证明，且其常常高举"技术中立"的旗帜"明

● 参见 2010 年《最高人民法院、最高人民检察院关于办理利用互联网、移动通讯
终端、声讯台制作、复制、出版、贩卖、传播淫秽电子信息刑事案件具体应用法
律若干问题的解释（二）》第 8 条的规定。

修栈道"，给传播有害信息的行为人提供帮助"暗度陈仓"。上述四种刑事责任认定模式涵盖了网络服务提供者对传播有害信息行为具体的明知、概括的明知，甚至是不知情的情形，主观心态的证明难度逐渐降低。这样即使具体的明知难以证明而无法适用正犯或共犯责任模式，亦可选择适用"帮助信息网络犯罪活动罪"或"拒不履行信息网络安全管理义务罪"，从而避免无法归责的结果出现。这与"巨额财产来源不明罪"的设置思路相类似，虽然这是退而求其次的无奈之举，但相较于放纵犯罪，亦算是两害相权取其轻。

第三节 小 结

网络服务提供者是一个混杂的概念，对其进行分类是刑事责任认定的逻辑起点和基本路径。网络内容服务提供者是有害信息的直接传播者，按照刑法的一般理论和规定追究其刑事责任是普遍的共识。网络中介服务提供者不是有害信息的直接提供者，只是为他人传播有害信息提供了某种技术服务。国内外普遍规定了网络中介服务提供者承担刑事责任的例外条件，笔者将其总结为对有害信息"不知情"，一旦知情，须迅速停止对传播有害信息的技术服务。网络接入、传输服务提供者一般不接触信息的内容，只要其没有对有害信息传播施予干涉，就无须承担传播有害信息的刑事责任。现实中，网络服务提供者多是提供综合服务的网络平台，准确认定其传播有害信息刑事责任的前提是厘清网络平台在具体案件中所扮演的角色。

网络服务提供者除了需要承担直接或者间接参与传播有害信

息的刑事责任，《刑法》还赋予其信息网络安全管理义务。若其拒不履行该义务、造成有害信息大量传播的，需要承担"拒不履行信息网络安全管理义务罪"的刑事责任。该罪是纯正的不作为犯罪，其作为义务来源于《刑法》的直接规定，在处罚上不存在障碍。但是，《刑法》并未直接规定该项作为义务的内容，而是将作为义务的内容引向了法律、法规的规定。笔者认为，法律、法规规定的信息网络安全管理义务包括建章立制的义务，采取安全技术措施的义务，数据留存的义务，情况报告的义务，安全维护的义务，核验用户资料的义务，协助执法的义务，接受投诉、举报的义务等 8 种类型。

第六章

特定网络用户的作为义务

第一节　不作为犯的处罚转向

一、网络用户传播有害信息的情势

　　网络用户是网络服务提供者的相对方，是网络服务的使用者。❶网络用户虽然不具有网络服务提供者那样的信息控制能力，但是依托某些便捷、高效的网络服务，可以获得强大的信息传播能力，再加上网络用户的体量巨大，其传播有害信息的危害不容小觑。网络用户传播有害信息具有平台依附性，即网络用户必须使用特定的网络平台提供的服务才能在网络中传播信息。网络平台的类型、模式决定了网络用户传播有害信息的特征，决定了网络用户的信息传播能力。因此，研究网络用户传播有害信

---

❶　此处的"网络用户"指的是网民使用网络服务的情形，不包括网络服务提供者之间彼此使用网络服务的情形，例如网络中介服务提供者使用网络接入、传输服务提供者服务的情形。

息就必须立足于特定的网络平台。目前，我国使用人数最多、使用范围最广的社交平台，同时也是有害信息传播重灾区的是微信、微博和网络直播平台。

微信——腾讯公司的官方界定是"跨平台的通信工具"。❶ 据腾讯公布的《二零二零年第四季及全年业绩》显示，微信月活跃账户数达 12.25 亿，每天超过 1.2 亿用户在朋友圈发表内容，3.6 亿用户阅读公众号文章，4 亿用户使用小程序。❷ 微信已经深刻影响着人们的生活，甚至正如微信官方宣称的一样，微信本身成为人们生活的一种方式。微信联结的用户数量如此之多、信息流量如此巨大，容易成为有害信息滋生和传播的温床。

微博，是微博客的简称。❸ 新浪官方将其提供的微博服务描述为包括但不限于用户使用微博服务发布观点、评论、图片、视频、转发链接、长微博等。❹ 据新浪微博数据中心发布的数据显示，截至 2020 年 9 月微博月活跃用户共 5.11 亿，日活跃用户达到 2.24

---

❶ 微信支持单人、多人参与，在发送语音短信、视频、图片、表情和文字等即时通信服务的基础上，同时为用户提供包括但不限于关系链拓展、便捷工具、微信公众账号、开放平台、与其他软件或硬件信息互通等功能或内容的软件许可及服务。参见：腾讯微信软件许可及服务协议 [EB/OL]. (2021 - 06 - 06) [2021 - 07 - 08]. https：//weixin. qq. com/cgi - bin/readtemplate? lang = zh_CN&t = weixin _agreement&s = default.

❷ 参见腾讯公司. 腾讯公布二零二零年第四季及全年业绩 [EB/OL]. (2021 - 05 - 06) [2021 - 07 - 08]. https：//static. www. tencent. com/uploads/2021/03/24/b02a 6670e499fa9b1fac9a3e09753de7. pdf.

❸ 国家互联网信息办公室于 2018 年 2 月发布的《微博客信息服务管理规定》对微博客的定义是，基于使用者关注机制，主要以简短文字、图片、视频等形式实现信息传播、获取的社交网络服务。

❹ 新浪微博. 微博服务使用协议 [EB/OL]. (2021 - 05 - 07) [2021 - 07 - 07]. https：//weibo. com/signup/v5/protocol.

亿。❶ 虽然微博用户数量不及微信用户数量庞大，但是微博所具有的"急速扩展的无核裂变"❷ 传播方式使得微博的信息传播能力甚至强于微信，这样微博也容易成为有害信息盘踞的空间。❸

　　根据 2016 年国家互联网信息办公室《互联网直播服务管理规定》的定义，网络直播指的是基于网络，以视频、音频、图文等形式向公众持续发布实时信息的活动。网络直播实际上是集文字、图片、声音、视频为一体的实时信息场域，通过网络将主播和其他用户集结在特定的时空。据中国互联网信息中心统计数据显示，截至 2020 年 12 月我国网络直播用户规模达到 6.17 亿，占网民总数的 62.4%。❹ 近几年，我国网络直播产业呈井喷式发展，各类直播平台和主播数量快速增长，极大丰富了民众的精神文化生活。然而事有利弊，网络直播也滋生了诸多违法犯罪的现象，在网络直播中传播有害信息是其中较为严重的问题，甚至成为有害信息滋生、传播的"重灾区"❺，主要表现为虚假信息泛滥、涉恐问题

---

❶ 新浪微博数据中心．微博 2020 用户发展报告［EB/OL］．（2021 – 05 – 06）［2021 – 07 – 06］．https：//data. weibo. com/report/reportDetail？id = 456.

❷ 王娟娟．微博言论的自由与规制［J］．法学杂志，2012（12）：73 – 77.

❸ 2021 年 3 月，微博社区管理中心对 151000 余条时政有害信息进行了屏蔽、删除，对 15012 个发布时政有害信息的账号采取了禁止发布微博和评论、限制访问、关闭账号等处置措施；在违法信息涉黄信息方面，处理微博 2900 万余条，微博系统拦截涉黄内容 320 万余条，关闭发布涉黄信息账号 933956 个。参见新浪微博社区管理官方微博"微博管理员"．微博 2021 年 3 月社区管理工作公告［EB/OL］．（2021 – 05 – 07）［2021 – 07 – 07］．https：//weibo. com/ttarticle/p/show？id = 2309404628017862279267.

❹ 中国互联网络信息中心．第 47 次中国互联网络发展状况统计报告［EB/OL］．（2021 – 05 – 05）［2021 – 07 – 07］．http：//cnnic. cn/hlwfzyj/hlwxzbg/hlwtjbg/202102/P020210203334633480104. pdf.

❺ 张贺．网络直播当纳入法治轨道［N］．人民日版，2018 – 08 – 23（5）.

初现、涉黄直播不止、暴力直播盛行等❶。

二、特定网络用户管控信息的作为能力

网络用户是网络服务的使用者，而不是网络服务的管理者，通常只对自己直接传播有害信息或者参与他人传播有害信息的行为负责。刑法处罚网络用户直接或者参与传播有害信息的行为不存在法理和规范上的障碍。但是，现实中某些特定的网络用户因网络平台的传播规则、自身对网络空间的经营或者特殊的身份等，具备了比其他普通用户更强的信息传播能力或信息控制能力，包括对其他用户传播信息的放大能力和对其他用户传播信息的管理能力。因此，要求特定的网络用户承担依其信息传播能力或控制能力管控信息成为刑法规制网络传播有害信息的一个有效的切入点。下面仍然以微信、微博、网络直播用户为例加以说明。

（一）微信用户

微信从诞生开始便是一款社交产品，即使现在发展成为多种功能复合的网络综合服务平台，社交仍然是它最核心的功能，也是支持其他功能的基础。❷ 微信用户之间的联结、交往等关系也决定了有害信息在微信中传播的特征。

1. 微信用户传播有害信息的特征

第一，有害信息传播相对封闭和私密。信息在微信用户之间的传播不是随意或基于单方意思表示即可完成的，因为微信用户之间的联结不是随意或单向的。微信用户之间实现信息交流的前提是成为微信"朋友"或者处于同一个微信群之中。成为微信

---

❶　刘司墨，王佳浩. 网络直播的刑事风险防控研究［J］. 中南财经政法大学研究生学报，2018（3）：16－22.

❷　彭兰. 网络传播概论［M］. 4 版. 北京：中国人民大学出版社，2017：116.

"朋友"必须经过一方发送添加"朋友"的申请,另一方接受申请,即只有双方用户同意才能成为彼此的微信"朋友",才能互通信息,才能查看对方的朋友圈内容。用户在微信朋友圈中只能看到自己"朋友"发布的信息,不能看到"朋友"的"朋友"发布的信息,也不能看到非自己"朋友"对自己"朋友"发布信息的评论或点赞。一般情况下,微信用户要处于一个微信群之中,只能将自己的"朋友"拉入微信群或"朋友"将自己拉入微信群中,也就是说,一个微信群中至少有一个用户是自己的"朋友"。依据微信的社交规则,即使用户彼此成为"朋友"或者处于同一个微信群中,用户仍可以控制自己发布信息的受众或者选择自己接收的信息。例如,微信朋友圈中的权限设置可以选择不让特定的"朋友"看自己的朋友圈信息内容,也可以选择不看特定"朋友"的朋友圈信息内容,还可以选择允许"朋友"查看朋友圈信息内容的范围是全部、最近半年还是最近三天。在微信群中也可以设置消息免打扰,取消微信群中新消息的提示等。

微信的上述社交规则实际上成为有害信息传播的壁垒,有害信息也相对封闭在以"朋友"为中心的社交圈之中,具有相对的私密性。微信以"朋友"为中心构造的社交网络或者说信息传播路径决定了信息的传播范围具有相对的局限性。据统计,2016 年,微信"朋友"数量在 200 人以上的占比仅为 45%,其中"朋友"数量在 500 人以上的占比仅为 13.5%。❶ 这与微博等社交平台具有显著的差异,微博是一个极为开放的平台,一般情况下,只要是微博用户,便可随意地查看、浏览、评论、转发其他用户发布的信息,无须以特定的关系为前提。若想持续地获得特定用户发布

---

❶ 企鹅智库.2017 微信用户生态研究报告［EB/OL］.（2018－08－26）［2021－07－09］. http：//www. useit. com. cn/thread－15112－1－1. html.

的信息，只要点击关注成为该用户的粉丝，便可获得该用户发布信息的自动推送，无须该用户的同意。所以，微博用户动辄千万甚至上亿的关注量是微信用户望尘莫及的。

第二，"强人际关系"可以为有害信息的传播"背书"。微信与手机通讯录的关联奠定了微信"朋友"之间的"熟人社交"基调。据中国互联网信息中心于 2017 年 12 月发布的调查报告显示，有 70.3% 的微信朋友圈用户的使用目的是"和朋友互动，增进和朋友之间的感情"；有 97.4% 的微信用户联系人中有"现实生活中的亲戚朋友"。❶ 这一调查表明，微信中的"朋友"关系总体上是由现实生活中的熟人构成的强人际关系。这种强人际关系在很大程度上可以为有害信息的传播"背书"。

首先，"强人际关系"可以为有害信息的可信度背书。微信"朋友"之间的强人际关系增强了有害信息的可信度。微信用户对信息的可信度判断主要有两个途径，一个是对信息内容的经验认知，通常包括用户的知识储备和过往经验。另一个是对信息来源的信赖，通常包括对权威部门或权威人士的信赖，例如来源于国家机关或专家学者的信息可信度较高，还包括对熟人的信赖，例如人们常说的"我父母怎么可能会骗我""我相信我朋友说的话"等话语便是基于对亲友的感情或品行的了解而选择相信信息的内容。前文已论述，信息在网络中呈现出巨量产出、高速传播等特征，微信虽然是一个相对封闭的空间，但也存在各类信息交织，且信息快速流动。一方面，各类信息交织导致微信用户的知识储备和过往经验不足以涵摄微信中的所有信息内容。另一方面，信

---

❶ 中国互联网信息中心. 2016 年中国社交应用用户行为研究报告 [EB/OL]. (2018 - 08 - 27) [2021 - 07 - 09]. http：//www.cnnic.cn/hlwfzyj/hlwxzbg/sqbg/201712/P020180103485975797840.pdf.

息的快速流动和增进朋友间联系的信息传播目的导致微信用户对微信中信息内容的快餐式消费，用户普遍不会花时间和精力去考证微信"朋友"传播信息的内容。事实上，微信中传播的信息都打上了"朋友"的印记❶，用户在无法凭借经验的认知判断信息内容可信度的时候，更多的便是依凭对"朋友"的信赖而选择相信信息的内容。由此，微信中传播的每一条有害信息在传播过程中都有用户与熟人的情感和熟人品行的"背书"，可信度更强。

其次，"强人际关系"为有害信息传播的有效性背书。微信"朋友"之间的强人际关系增加了有害信息传播的到达率❷。微信中的"朋友"大部分都是在现实生活中有联系的熟人，在现实生活中有交集，或有共同的情感依存，或有共同的兴趣爱好，或有共同的宗教信仰，或有学习、工作等共同的社会生活内容，所以进入朋友圈或微信群中的信息更能成为共同的需求，微信中信息的传播更为精准。❸ 用户对信息的回应、点击推送链接、浏览信息内容的比例也将提高，这样微信中的强人际关系便为信息传播的有效性进行了"背书"。

最后，"强人际关系"为有害信息不被揭露背书。微信"朋友"之间的强人际关系增加了法律规制有害信息传播的难度。一方面，微信中的信息在熟人间传播相对私密，微信平台服务提供者，甚至是公权力都不可轻易介入和干涉，否则便有对民众进行秘密监视之嫌。这与微博的开放性不同，监管部门可以随时随地正当地查看微博用户传播的信息内容，进而介入和干涉信息的传

❶ 主要指微信朋友圈、微信单人聊天、微信群这三项微信社交的基本功能，不包括微信公众号、微信小程序等应用功能。
❷ 到达率指的是传播活动所传达的信息接受人群占所有传播对象的百分比。
❸ 靖鸣，周燕，马丹晨. 微信传播方式、特征及其反思 [J]. 新闻与写作，2014（7）：41 –45.

播。另一方面，用户在微信上传播信息实际上是对信息受众的选择，不然完全可以选择在网络论坛或微博等大众传媒上传播信息。此外，在微信平台上仍然可以选择信息的受众，如果信息只发送给三五好友，则可以使用单人聊天功能；如果信息需发送给一定数量的某类人群，则可以自行组建微信群进而传播信息；如果信息可供全部"朋友"浏览，则可以在朋友圈中发布。这样经过传播者筛选的受众举报有害信息的可能性小，且举报"朋友"本身似乎也为情感所不忍。所以，从理论上说只要"朋友"信得过，在微信中传播有害信息是不可能被发觉的，微信中的强人际关系便为有害信息传播不被暴露、揭发进行了"背书"。

2. 微信群主❶管控信息的能力

微信群具有相对封闭和私密的特点，通过追究微信群中有害信息直接传播者的责任或者微信服务提供者的责任进而遏制有害信息传播的通常做法并不能进入微信群治理的核心领域。一方面，监管部门不可能进入群空间去审查、监控微信群聊的内容，否则将严重侵害公民的言论自由。❷ 一般情况下，只有在有人举报并提供一定证据、公安机关或其他监管部门依据法定程序、出具法定文书的情况下才可调取、查看相关涉案人员的微信群聊记录，极具被动性。理论上说，只要微信群"朋友"可靠，有害信息在微信群中的传播是不可能被发现和管控的。另一方面，监管部门也不可能要求微信群服务提供者进入微信群空间对群聊的内容进行引导、审查和管控。很难想象，在每一个微信群中都设置一个系统管理员，微信群聊将会是一种什么样的局面，民众还会继续使

---

❶ 本书使用的"微信群"概念包括微信朋友圈和微信群组；"微信群主"概念包括微信群和微信朋友圈的建立者、管理者。

❷ 不排除秘密监控的情形。

用该功能吗？也很难想象，在每一个微信群中都设置一个系统管理员，微信群服务提供者将会付出多大的人力、物力成本？事实上，民众无法容忍对微信群聊内容的监控和审查，微信群服务提供者也不敢宣称对群聊内容进行监控和审查。2018 年 8 月，网络上出现了"微信使用@符号会被人工监控"的谣言，声称微信群聊中只要使用@符号，微信用户就会被过滤筛选出来，人工监控就会被激活，微信官方对此进行了辟谣。❶

根据微信群的社交规制，微信群中最有权力的成员是群主，群主的态度可以影响、主导甚至是决定微信群聊的言论方向，可以"牵引群成员交流的偏好走向"。❷ 一方面，微信群聊的主要议题或者说微信群聊的言论方向是由群主设定和主导的。微信群是群主基于特定的社交目的或信息交流目的而发起或组建的，群成员也是基于该特定目的而筛选添加的。群主组建微信群的特定目的构成了群成员信息交流的交集，成为群成员共同的兴趣点或话题。例如，"家庭成员群"的主要话题是亲属之间的近况，"工作群"的主要话题是业务交流，"家长群"的主要话题是孩子在学校的表现，"业主群"的主要话题是小区该如何管理等。另一方面，群主可以通过行使管理权限，达到控制群聊言论方向的意图。微信群主的管理权限主要有三项：一是"群公告"的设置。根据微信群的社交规则，群主可以编辑群公告，群成员不可以编辑群公告。微信群主可以通过群公告设置微信群聊的规则，周知所有群成员遵守，以此确保微信群言论的主体方向。二是添加群成员。

---

❶ 凤凰网．朋友圈八月十大谣言：微信使用@符号会被人工监控 [EB/OL]．(2018－09－03) [2021－07－10]．http://tech. ifeng. com/a/20180831/45147975 _0. shtml.

❷ 刘继忠，肖子木．互联网群组的交流特性及其信息安全管理研究 [J]．新闻春秋，2018 (1)：75－80.

群主可以启用"群聊邀请确认"功能，此时群成员需要群主确认才能邀请朋友进群，以此确保群主对群成员组成的绝对控制。三是删除群成员。群主可以将发表偏离微信群主体议题或者发表有害信息的群成员剔除出群，直至将所有的群成员剔除而解散该群。

因群主是微信群聊言论自律的直接主体，具有对微信群言论的管控能力和管控的正当性。有观点认为，无论基于道德义务还是群空间自律或是排除"共犯"嫌疑，群主都负有管理群组的责任与义务。❶ 这样，群主便成为公权力嫁接的对象。监管本质上是一种公权力，通过赋予群主监管群聊言论的责任，将公权力渗透进群聊的空间，由此对微信群传播有害信息的规制便直抵微信群的核心领域。

（二）微博用户

1. 微博用户传播有害信息的特征

与用户使用微信的主要目的是社交不同，用户使用微博的重心是传播信息内容。从某种程度上说，微博可以视为一种社交化的大众传播平台，在微博中具有公共价值的信息内容往往更容易得到广泛传播。❷ 微博这种以大众传播为主、以社交为辅的使用方式，构筑了一种以信息内容为纽带的社会联结，这也决定了有害信息在微博中的传播特征。

第一，有害信息传播的开放性。微博用户通过发布的信息内容获得其他用户的关注，这种以信息内容为用户联结核心的定位决定了微博是一个开放的信息平台。一方面，微博信息内容具有公开性。根据微博平台制定的规则，微博用户发布的信息可以对

---

❶ 刘继忠，肖子木. 互联网群组的交流特性及其信息安全管理研究［J］. 新闻春秋，2018（1）：75－80.

❷ 彭兰. 网络传播概论［M］. 4版. 北京：中国人民大学出版社，2017：110.

其他所有用户开放，只要注册成为微博用户，便可以随时随地浏览其他用户发布的信息，不需要经过其他用户同意，用户对他人微博信息的评论也对其他用户公开，无论用户之间是否建立诸如微信"朋友"那样的联结关系。在司法实践中，有法官直接认为微博中发布的信息可供不特定的读者阅读，没有私密性，一旦发布便可能不以发布者的意志为转移而广泛传播。❶ 另一方面，微博信息内容具有公共性。相较于微信主要用于增进朋友之间的感情不同，微博更多地用来关注新闻、热点以及获取自己感兴趣的信息等相对公开化的内容。据中国互联网信息中心于 2017 年 12 月发布的调查报告显示，微博主要是进行信息传播的公开平台，有60.7% 微博用户的使用目的是"及时了解新闻热点"，58.0% 微博用户的使用目的是"关注及获取感兴趣的内容"。❷ 微博更近似于一个社会公共信息系统，为用户提供巨量、多元、质量参差不齐的信息。微博这种"不设防"的交往规则和主要获取公共信息内容的使用目的，使得有害信息一经用户发布，便迅速地进入公众领域，成为社会公共信息系统的组成部分。

第二，有害信息传播范围特别广、传播速度特别快。有人将微博中的信息传播描述为"病毒式传播""裂变式传播"❸，这反映了信息在微博中传播范围特别广、传播速度特别快的特点。一方面，微博用户"非对称"联结。微博用户的"非对称"联结规则将亿万用户联结成一个网络，信息通过这张巨网可以迅速地传

---

❶ 参见浙江省杭州市中级人民法院（2014）浙杭民终字第 1106 号民事判决书。

❷ 中国互联网信息中心 . 2016 年中国社交应用用户行为研究报告 [EB/OL]. (2018 – 08 – 27) [2021 – 07 – 11]. http://www.cnnic.cn/hlwfzyj/hlwxzbg/sqbg/201712/P0 20180103485975797840. pdf.

❸ 王玉华 . 网络公共事件传播中微博伦理失范与规制研究 [D]. 合肥：中国科学技术大学，2014.

播到亿万用户。所谓"非对称"联结规则是指微博用户之间的联结可以是单向的，也可以是双向的。某一用户可以基于单方意愿，通过"关注"行为和另一用户建立联结，从而在自己的微博客户端界面中持续地获取被联结用户发布信息的更新。在此过程中，联结关系的建立无须被联结用户的同意，被联结用户亦乐于被他人关注。❶当然被联结用户同样可以关注发起联结的用户，形成"相互关注"的关系。与微信用户之间"对等""对称"的联结关系给用户之间的交往带来阻滞不同，微博用户之间建立起了无障碍联结，可以将用户之间的关系网无限地延展开来。除了有目的地关注选定的用户，微博平台也提供了一些延展用户联结的路径，例如某一用户所关注的人和关注该用户的人（在微博中称为"粉丝"）都是对其他用户公开可见的，若用户甲对用户乙或其发布的某信息内容有兴趣，用户甲还想发现更多具有同样兴趣点的用户，那么用户甲可以在用户乙的微博界面查看用户乙所关注的人或者关注用户乙的人，以此寻找和拓展可联结的用户。微博的"非对称"联结规则造就了众多关注量数十万、上百万的用户，甚至某些微博用户动辄千万甚至上亿的关注量。截至 2021 年 5 月 10 日，湖南卫视节目主持人何炅的微博粉丝数量为 1.2 亿，如此意味着，如果何炅在微博中发布一条有害信息，则将直接同步推送给 1.2 亿用户。

另一方面，微博信息"裂变式"传播。微博信息的"裂变式"传播使得信息飞速延展。首先，微博用户发布的信息会即时推送给该用户的粉丝，或者被不是粉丝的其他用户获取，这是以发布信息的用户为中心的信息传播方式，打开了微博中信息传播的第

---

❶ 微博这种"不设防"的联结模式与微信"设防"的联结模式不同，微信用户往往排斥与陌生用户建立联结关系。

一道门。其次，微博的传播能力绝不限于粉丝，根据微博平台设定的规则，用户对于其他用户发布的信息可以转发、评论和点赞，其中的转发和点赞功能真正使得信息传播呈燎原之势。用户可以将其他用户发布的信息转发到自己的微博中，在形式上与自己发布的信息一样，会即时推送给自己的粉丝，自己的粉丝仍然可以继续再转发，形成一种每个用户都是信息传播的中心从而"去中心化"的传播方式，信息的传播得以飞速地延展。除了转发，用户还可以对浏览过的微博信息点赞，表达对信息内容的一种态度。用户在点赞的同时，留下了一条访问该信息的路径，微博平台将其设定为其他用户可以任意查看❶，成为提供给其他用户的信息访问指引。最后，微博平台还提供了信息搜索排行榜，即所谓的"热搜"。当某一信息在短时间内获得非常高的搜索量时，便可上微博热搜榜，微博平台会将该搜索推送给所有的微博用户。❷ 此外，微博平台还提供"好友搜"服务，用户通过该功能可以查看"一度好友"和"二度好友"❸ 中多个好友共同搜索过的信息内容。显然，微博平台在通过各种途径延展信息的传播范围。如此，即使是一个微博关注量很少的用户发送一条有害信息，若经过何炅的转发，也将迅速推送给亿万用户；若不仅仅是何炅一人转发，那么该条有害信息可能迅速推送给全网的微博用户。

第三，"微内容"可以实现传播即时化。"微内容"可以促进微博中信息传播的即时化。微博中发布的信息字数通常较少❶，用

---

❶ 在微博移动客户端，进入其他用户的主页，点击"更多基本资料"选项，选择"赞""更多"即可查看该用户赞过的全部微博。

❷ 目前，微博热搜每分钟更新一次。

❸ "一度好友"指的是自己关注的用户，"二度好友"指的是自己关注的用户所关注的用户。

❶ 之前微博将单条信息的字数限制在 140 个字之内，现在取消了该字数限制。

户可以将自己的所见所闻、所思所想以碎片化的文字实时记录、发布。这正好迎合了当下快节奏的生活情境，迎合了人们因为浮躁、忙碌、文化水平等因素而无心阅读长篇、深奥信息的现实状态。此外，"微内容"契合手机等移动网络终端❶，可以实现微博信息随时随地的发布、接收、浏览，也可以实现信息传播的现场化。微博中信息内容微小化，信息生产、摄取快速化造就了信息的"快餐式"消费，难免造成信息生产、传播效率与信息质量的失衡，导致各类有害信息丛生。

2. 微博"大 V"管控信息的能力

在微博中，有部分用户的头像旁配有字母"V"的标识，这部分用户被称为加"V"用户，其中，具有较大影响力的称为"大V"用户。"大 V"是一个新兴、流行的非正式化网络名词，被权威媒体列为"2013 年度十大流行语".❷ 现在"大 V"已普遍用来指代微博中具有特定身份和一定影响力的用户，其中"大 V"中的"大"标识的是用户的影响力，"V"标识的是用户的身份。

在微博中，用户加"V"认证通常需要满足两方面的条件：一个是用户真实身份得到微博平台的确认；另一个是用户关注数和粉丝数达到一定的数量。目前，微博中低等级的橙"V"认证要求关注数大于等于 50 人，粉丝数大于等于 100 人；高等级的金"V"认证要求用户的微博月阅读量超过 1000 万，粉丝量大于 1 万.❸对于"大 V"的界定一般考量的是粉丝数量，但是目前并没有统

❶ 新浪微博数据中心发布的《2017 微博用户发展报告》显示，截至 2017 年 9 月，微博月活跃用户共 3.76 亿，其中移动端占比达 92%。

❷ 陈熙涵.《咬文嚼字》公布"2013 年度十大流行语"：年度热词"中国梦"排第一［N］. 文汇报，2013 – 12 – 19（3）.

❸ 详见新浪微博认证［EB/OL］.（2018 – 09 – 17）［2021 – 07 – 10］. http：//verified. weibo. com/verify.

一的划分标准，有人提出粉丝数量在 10 万以上的称为"大 V"❶，有人提出粉丝数量在 50 万以上的才能称为"大 V"❷，也有人提出粉丝数量在 100 万以上的是"大 V"❸。

"大 V"拥有的粉丝数量众多、社会影响力巨大，说明"大 V"具有很强的信息传播能力，无论从信息传播的受众数量还是从传播的效果来看，都不是一般用户可以企及的。若网络"大 V"参与有害信息的传播，造成网络生态环境恶化等社会危害结果的严重程度也不是一般用户可以"比肩"的。事实上，"大 V"传播有害信息被追究刑事责任的现象并不鲜见，典型的有"秦火火""拆二立四""边民""格祺伟""董良杰""傅学胜"等"大 V"造谣、传播虚假有害信息。微博平台也经常处置一些传播有害信息的"大 V"，2021 年 3 月处置了"@红袖添饭 ing""@ - 黑川 - "等传播时政类有害信息的头部用户❹ 65 个❺，2021 年 2 月处置"@箫汲"等头部用户 25 个❻。

---

❶ 胡继东. 论微博大 V 的形成、影响与社会管理 [J]. 思想理论教育, 2013 (23): 70 - 74.

❷ 刘青. 微博大 V 权力探析 [J]. 湘潭大学学报（哲学社会科学版）, 2016 (2): 129 - 133.

❸ 《咬文嚼字编辑部》公布的"2013 年度十大流行语"中对"大 V"的界定是"在微博上十分活跃并拥有众多粉丝的公众人物，通常把粉丝超过 50 万的微博用户称为网络大 V"。季乃礼教授也主张拥有 50 万以上粉丝的微博用户是"大 V"，详见: 季乃礼. 比较视角下的网络大 V 分析 [J]. 天津行政学院学报, 2014 (6): 11 - 17.

❹ 头部用户指的是微博月阅读量排行靠前的用户。

❺ 新浪微博社区管理官方微博"微博管理员". 微博 2021 年 3 月社区管理工作公告 [EB/OL]. (2021 - 05 - 10) [2021 - 07 - 11]. https: //weibo. com/ttarticle/ p/show? id =2309404628017862279267.

❻ 新浪微博社区管理官方微博"微博管理员". 微博 2021 年 2 月社区管理工作公告 [EB/OL]. (2021 - 05 - 10) [2021 - 07 - 11]. https: //weibo. com/ttarticle/ p/show? id =2309404616431214920049#_0.

除了自身具有很强的信息传播能力,"大 V"还是信息网络传播中的意见领袖。意见领袖这一概念是 20 世界 40 年代由美国社会学家保罗·拉扎斯菲尔德、伯纳德·贝雷尔森和黑兹尔·高德特等人在《人民的选择》一书中提出的。他们在研究美国总统选举中选民的投票行为时发现,很少选民因为大众传媒的竞选宣传而改变投票意向,但是传媒可以影响或说服"关键少数人",并通过"关键少数人"去影响他们的追随者,这些"关键少数人"便属于意见领袖。现实中,意见领袖不仅存在于选举中,还涉及生活的各个领域。在传统意义上,意见领袖指的是具有一定权威、经常向他人提供信息或发表意见,并能以此对他人施加影响从而掌握一定话语权的人。随着网络技术的发展和网络社会的形成,传统的线性传播结构瓦解,"去中心化"的网状传播模式生成,普通网民通过发布信息、发表意见,从而聚集众多的关注者,获得更多的话语权和影响力,成为网络社会的意见领袖。"大 V"就是这样一类能够影响信息传播过程和效果的人群,在网络社会中发挥着意见领袖的作用。❶ 他们拥有数量庞大的粉丝群体,发布的信息拥有较高的微博信息阅读量、评论数和转发数,并且活跃在信息传播的舞台之上。"大 V"作为意见领袖在信息传播中具有以下作用。

第一,"大 V"具有设置公众议题的能力,能把个人关注上升为公众关切。根据议题设置理论,在大众传播中,如果为某些议题安排议事日程,就能够引起公众重视、影响公众舆论。"大 V"拥有众多粉丝和较高阅读量,他们可以通过发布、转发、评论、点赞相关信息,引起粉丝的关注和讨论,再通过粉丝的扩散,形

---

❶ 刘兴凯. "大 V"的网络生态乱象及其规制 [J]. 内蒙古社会科学(汉文版),2014(5):155 – 159.

成对某一问题的集体关切，造就强大的舆论氛围。2011 年 1 月，身为"大 V"的中国社会科学院农村发展研究所于建嵘教授在微博中发布"随手拍照解救乞讨儿童"的信息，通过微博打拐，在短时间内便引起了全国网友的极大关注和响应，网友纷纷在微博中发布遇到的乞讨儿童照片，以期为发现和解救被拐儿童提供线索和帮助。设置议题是话语权的体现，存在被滥用的风险，实践中也存在利用"大 V"设置议题的能力传播有害信息的现象。曾因曝光"表哥"杨达才等事件成为"大 V"的周禄宝为谋取利益，利用其在网络中的影响力，通过在微博等平台编制并发布或威胁发布他人负面信息给他人造成网络舆论压力的方式，敲诈勒索他人财物被追究刑事责任。❶ 由于"大 V"传播虚假信息的情况非常严重，网络上一度出现了将"大 V"称为"大谣"的情况。

第二，"大 V"具有引导议题的能力，能够左右舆论的走向。"大 V"引导议题的主要途径是对信息进行解释、改造或评价，将带有个人思想的信息传播给他人❷，从而影响他人对事件或问题的看法。"大 V"不仅发布自己原创的信息，还传播自己获取的信息。但是在传播自己获取信息的过程中往往受制于个人的认知水平、利益立场、价值观念、文化背景而对信息进行选择性的忽略、注意、理解、引申、裁剪抑或歪曲。粉丝关注"大 V"往往蕴含着粉丝对"大 V"的信任、认同、崇拜等正向的情感，正是在这些情感或先入为主观念的作用下，"大 V"实现了对粉丝认知的支配，进而影响舆论的走向。

---

❶ 参见昆山市人民法院（2014）昆刑二初字第 0426 号刑事判决书。
❷ 王艳. 民意表达与公共参与：微博意见领袖研究 [D]. 北京：中国社会科学院研究生院，2014.

（三）网络直播用户

1. 网络直播用户传播有害信息的特征

2016 年被称为"中国网络直播元年"❶，其最显著的特征是网络直播与网络社交的深度结合，网络直播社交化。一方面，受益于软硬件技术的发展，通过手机摄像头、PC 录屏，依托工具化的直播软件，人人都可以参与直播，进行内容生产，再加上 5G 时代的到来，上网流量成本下降、网速提升，以及 Wi-Fi 的普及，直播内容生产的门槛显著降低。另一方面，网络直播的同步交互体验提升，主播与其他用户实时互动频繁，直播的代入感、现场感增强。可以说，网络直播正向着全民直播迈进，诚如斗鱼直播平台宣传的那样，它是"每个人的直播平台"。如此，网络直播的内容也呈现出泛生活化的样态，裹挟着质量参差不齐的信息。网络直播的特点和社交化的发展趋势，决定了有害信息传播的特征。

第一，网络直播中有害信息传播者与受众实时互动。相较于微信、微博而言，网络直播最大的特点是实现了有害信息传播者和受众的实时互动，实现了有害信息传播者和受众的同时在场，有害信息一经生成，便直达受众。网络直播将主播和其他用户绑定在了同一个信息场域，有害信息的生成、传播和接收三个环节几乎同步完成。这样既避免了有害信息传播过程中可能遇到的阻碍，例如微博中可能因为触发了系统禁止的敏感词而无法发布信息的情况，又使得有害信息的传播和接收几乎没有时间间隔，促成了有害信息传播即时且无损耗。

第二，网络直播增加了有害信息生成的不确定性。主播与其

---

❶ 中国互联网信息中心.2016 年中国社交应用用户行为研究报告［EB/OL］.（2018-08-27）［2021-07-12］. http：//www. cnnic. cn/hlwfzyj/hlwxzbg/sqbg/201712/P020180103485975797840. pdf.

他用户的实时互动增加了有害信息生成的不确定性。主播在开启直播的时候，其他用户可以通过幕弹、评论等方式与主播或其他用户实时交流，这些交流的内容对参与直播的所有用户都可见。主播可能为了迎合用户，应用户的要求展示淫秽色情、暴力恐怖等内容；用户自己也可能在幕弹或聊天内容中发布相关有害信息；用户与用户之间还可能相互侮辱、诽谤。网络直播中某些有害信息的生成可能是突发的，具有不确定性。

2. 主播管控信息的能力

网络直播是一个临时、实时的信息场域，网络直播中的有害信息难以被发觉、不易被监管。网络直播中有害信息的生成、传播和接收三个环节几乎同步完成，决定了对有害信息的管控需前移至信息的生成环节。因为有害信息一旦生成，便意味着传播和接收同步完成，否则不能称为直播，只能定义为视频文件。所以，在有害信息生成之后进行管控，整个有害信息传播已经完结，管控便失去意义。然而，对有害信息的生成进行管控具有非常大的难度。一方面，网络直播用户数量庞大，实时监管不可能全覆盖。法律虽然已经规定网络直播平台应当加强对直播互动环节的实时管理，配备相应管理人员❶，但是某些大型的网络直播平台高峰期的用户人数可以达数百万，全覆盖地实时监管是不可能实现的任务。另一方面，网络直播是一个持续的过程，有害信息的生成可能发生在直播的任何一个时间点，监管不易发觉。主播是网络直播这一信息场域的发起者、组织者，是网络直播过程中言论的设置者、引导者，主播全程主导网络直播活动，对网络直播中的信息传播具有管控的能力。

---

❶ 参见 2016 年国家互联网信息办公室《互联网直播服务管理规定》第 11 条。

三、不作为犯的处罚根据

具有管控信息的能力回答的是履行作为义务能力的问题，是刑法处罚不作为犯的一个条件。是否具有管控信息的义务回答的是作为义务来源的问题，是刑法处罚不作为犯的基本前提和根据。作为义务不是凭空产生的，虽然微信群主、微博"大V"、网络直播主播等特定网络用户具有比其他普通用户更强的信息传播能力和信息控制能力，但也不能当然地认为他们具有管控其他用户传播有害信息的作为义务，更不能当然地认为，在刑事立法上赋予或者在刑事司法上认定他们具有刑法上管控其他用户传播有害信息的作为义务具有正当性。笔者认为，应该从不作为犯的处罚根据来论证特定网络用户作为义务的正当性。

不作为犯分为纯正不作为犯和不纯正不作为犯。纯正不作为犯指的是刑法明文规定了保证人和不作为义务内容的犯罪，纯正不作为犯的作为义务来源于刑法的明文规定，在处罚上不存在法理障碍，那么探讨纯正不作为犯的重点在于刑事立法上设置纯正不作为犯的正当性问题。不纯正不作为犯指的是刑法没有规定保证人和不作为义务的内容，行为人以不作为形式实施了通常由作为实施的构成要件的犯罪，不纯正不作为犯的作为义务并非来源于刑法的明文规定，那么探讨不纯正不作为犯的重点在于在解释论的范畴内论证作为义务来源的正当性问题。

关于不纯正不作为犯义务来源的理论主要有形式的作为义务说、实质的作为义务和机能说。形式的作为义务说以列举的方式阐明不纯正不作为犯的义务来源[1]，但是并没有提及产生作为义务

---

[1] 不纯正不作为犯的义务来源主要包括法律规定的义务、职务或业务要求的义务、先行行为引起的义务、法律行为引起的义务。

的理由，即没有论述为什么被列举的义务可以成为刑法上的作为义务，没有被列举的义务为什么不能成为刑法上的作为义务，要满足什么条件才能成为刑法上的作为义务。实质的作为义务说试图寻找作为义务来源的实质根据以回答形式的作为义务说无法回答的上述问题，试图提出一个普适的原则来证成不纯正不作为犯的作为义务。● 实质的作为义务说脱离形式的制约，存在破坏罪刑法定主义原则的风险，并且存在内容空洞化的弊端。

机能说主张不纯正不作为犯的作为义务具有两种机能，一是监督特定危险源的机能，二是保护特定法益免受危险的机能，进而将不纯正不作为犯的作为义务区分为基于风险支配的监督义务和基于制度照料的保护义务。❷ 基于风险支配的监督义务要求行为人保证其所控制的风险不得造成法益损害。基于风险支配的监督义务又分为基于对危险源的支配产生的监督义务和基于对危险领域的支配产生的阻止义务。所谓基于对危险源的支配产生的监督义务指的是导致法益侵害结果发生的危险源处于行为人的控制之下，行为人因此支配了导致法益侵害结果发生的原因，行为人对该危险源的控制便成为其作为义务的来源。例如，豢养猛兽的行为人必须保证猛兽不伤人，保证猛兽这一危险源不会向外输出伤害。所谓基于对危险领域的支配产生的阻止义务指的是法益遭受损害的危险发生在行为人支配的领域时，行为人具有阻止危险发

● 实质的义务说内部又有不同的主张：例如较密切的社会关系说，该说认为应从家庭关系、血缘关系等社会内部存在的人与人的密切关系中确定作为的义务；信赖关系说，该说认为应从行为人和被害人之间的现实存在的强弱关系来解释作为义务形成的理由。参见：孙春雨. 我国刑法中不作为犯罪理论与实务 [M]. 北京：中国人民公安大学出版社，2012：65.

❷ 金德霍伊泽尔. 刑法总论教科书 [M]. 6 版. 蔡桂生，译. 北京：北京大学出版社，2015：375 - 376.

生的作为义务。例如，他人表演淫秽色情节目时，演出场所的管理者负有阻止义务。基于制度照料的保护义务要求行为人必须保证其所负责的法益不受损害，主要包括监护等基于法规范产生的保护义务、职务等基于制度产生的保护义务、合同等基于自愿产生的保护义务等。笔者赞同机能说，因为机能说在阐释义务来源实质根据的同时，其内容又未陷入空洞化。

　　纯正不作为犯主要面临的是刑法立法上为行为人设置作为义务的正当性问题，不纯正不作为犯主要面临的是刑法解释上证成行为人具有作为义务的正当根据问题。所以，要确立特定网络用户管控有害信息的作为义务首先应在刑法解释的范畴内，以现行刑法规定的犯罪构成为基础证成行为人负有作为义务的正当根据，若在现行刑法规定的犯罪构成中无法证成行为人负有作为义务的正当根据，则考虑在立法上设立纯正不作为犯是否具有正当性。

第二节　特定网络用户不作为犯罪的处罚模式

一、微信群主不作为犯罪的处罚模式

　　笔者注意到，微信群传播有害信息的法律规制出现了一种新的动向，即以建立、管理微信群的群主为切入点来干预、规范微信群的言论，具体为赋予微信群主监管微信群信息内容的责任，即使微信群主没有参与甚至不知道具体某个有害信息的传播行为，但若其怠于监管或放任群成员传播有害信息，则可追究群主的责任。最为典型的是国家互联网信息办公室发布的《互联网群组信息服务管理规定》第9条规定的网络"群组建立者、管理者应当履行群组管理责任"直接赋予了微信群主全面监管微信群信息内容的责任。

因为公权力及网络服务提供者几乎都不能直接干预微信群的言论，刑法对传播有害信息行为的规制常常是隔靴搔痒，难及要害。所以，我国《刑法》中也出现了追究未直接传播有害信息的微信群主责任的规定，且群主的责任呈现出扩张的趋势。有司法解释规定，利用网络建立主要用于传播淫秽电子信息的群组，成员达30人以上的，对建立者、管理者和主要传播者，以"传播淫秽物品罪"论处。❶

在具体的司法实务中，群主刑事责任更为扩张甚至突破了设立群组目的为非法的要求。以绍兴市越城区人民法院审理的秦某、王某犯传播淫秽物品罪一案为例，2016 年 3 月底，李某某（群内昵称"快乐同行"）建立了名为"都市，快乐，交友群"的微信群，后该微信群成员迅速增加至 160 余人。2016 年 4 月初，李某某将该群群主权限转移给被告人秦某（群内昵称"雷夫人"）。在被告人秦某担任群主期间，被告人王某（群内昵称"小月"）和林某某（群内昵称"广东男迪迪"）、赵某某（群内昵称"天道酬勤"）共上传视频链接 120 部。经鉴定，其中 94 部属于淫秽物品。另查明，自"都市，快乐，交友群"的微信群建立以来，被告人王某在群内共上传视频链接 67 部，经鉴定，其中 47 部属于淫秽物品。法院判决，被告人秦某、王某利用互联网群组传播淫秽电子信息，构成"传播淫秽物品罪"，且系共同犯罪。❷ 笔者发现，该

---

❶ 参见 2010 年《最高人民法院、最高人民检察院关于办理利用互联网、移动通讯终端、声讯台制作、复制、出版、贩卖、传播淫秽电子信息刑事案件具体应用法律若干问题的解释（二）》第 3 条的规定。

❷ 参见绍兴市越城区人民法院（2016）浙 0602 刑初 760 号刑事判决书。

判决在认定微信群主秦某的刑事责任部分并没有关于该微信群是否是主要用于传播淫秽电子信息的使用目的考察，只是在群成员王某成立犯罪时一并追究群主秦某的共犯责任。笔者假设，该群的主要使用目的是正常的同城信息交流，王某等人上传的淫秽视频链接只是群聊内容中的极小部分，且很快被其他信息淹没，那么秦某构成传播淫秽物品罪的正当性是否仍然存在？

（一）基于不纯正不作为犯的考察

微信群主与群成员之间的关系不属于法律承认的社会关系、制度的持续性存在，微信群主不负有基于制度照料的保护义务。所以，要确立微信群主的作为义务需着眼于微信群主是否负有基于风险支配的监督义务的判断。笔者认为，微信群主不具有基于对危险领域的支配产生的阻止义务，但是在某些情形中具有对危险源的支配产生的监督义务。

判定微信群主不具有基于对危险领域的支配产生的阻止义务的理由是微信群的社交规则并未赋予微信群主对微信群足够程度的支配能力。一方面，微信群主的管理权有限。根据微信群的社交规则，群主不具有删除群成员所发信息的权限。如此意味着群主在监管群言论方面除了宣示规则、剔除群成员，或向有关部门举报外，在遏制有害信息传播方面难有作为。因为群主不能删除群成员所发布的信息，也不能限制群内信息的转发，已经发布的有害信息并不能因为群主的监管而消除，也不因群主的监管而阻断有害信息的传播环节，其仍然存在于群聊中，群成员可随时浏览、转发。另一方面，群主可随意转让。根据微信群的社交规则，群主可以基于单方意志而转让。群主只需要在"群管理"选项下，点击"群主管理权转让"，并可任意选择群内的一名成员成为新的群主。如此意味着原群主可以随时随地将群主身份转让给其他任何一名群成员，而无须取得该成员的同意，甚至该成员在没有留意的情况下可能都不知道自己成为新群主。如果说创建微信群的群主因创建群的行为而负有监管群聊言论或推定知道负有监管群聊言论的责任，那么受让的群主监管微信群聊言论责任的来源是什么，其又如何知道何时开始负有监管群聊言论的责任？

笔者认为，在某些情形中微信群主具有对危险源的支配产生的监督义务。判定微信群主具有对危险源的支配需满足两个条件：第一个条件是微信群主支配了危险源；第二个条件是该危险源会对刑法所保护的法益造成侵害。

1. 微信群主对危险源的支配

无论如何，单纯地建立一个微信群成为微信群主是无法产生传播有害信息危险的，所以危险源不是来自微信群主建立微信群成为群主或者从他人处受让微信群主的行为，而是由于微信群主附加在微信群的其他因素，微信群成为传播有害信息的危险源。笔者认为，微信群主附加在微信群导致微信群成为传播有害信息危险源的因素有两种：一种是微信群主建立微信群的主要目的是传播有害信息；另一种是微信群主建立微信群的主要目的不是传播有害信息，但微信群主实际主要将微信群用于传播有害信息，即通常为传播有害信息而使用。这两种情形下，微信群主制造或者说引起了微信群成员传播有害信息的危险，若该危险会危害刑法保护的法益，那么微信群主便具有监督微信群成员传播有害信息的作为义务，微信群主不履行监督义务可以成立不作为犯罪。此处有两个问题应该注意：第一，微信群主创建微信群目的中的有害信息类型与微信群成员实际传播的有害信息类型应该相同，否则群主不具有监督群成员传播有害信息的作为义务。例如，甲为传播淫秽信息创建了某微信群，实际上也为传播淫秽信息而使用，群成员乙在该群中传播贩卖枪支、弹药的违禁品信息，则原则上甲不负有监督乙传播违禁品信息的作为义务，因为传播违禁品信息的危险源并非由甲所引起。第二，经微信群主明示或默示同意，微信群的使用目的可以迁移或者说微信群用以传播的有害信息类型可以改变，微信群主对群成员传播改变后的有害信息类型负有监督义务。例如，甲为传播淫秽信息创建了某微信群，一段时间后甲又经常发布销售违禁品的信息，群成员乙也跟随甲经常发布销售违禁品的信息，甲对乙发布销售违禁品的信息则应承担不作为的责任。

2. 危险源对刑法所保护法益的危害

对危险源的支配产生的监督义务中的危险源是能够对刑法所保护的法益造成危害的危险源。微信群的相对封闭性和私密性决定了微信是一个公共空间和私人空间并存的信息场域。区分微信群的公共空间和私人空间属性对判定危险源是否危害刑法所保护的法益具有重要意义。

首先，微信中公共空间和私人空间的区分直接影响信息"有害"与否的判断。"有害"是一个相对的概念，同一信息作用于不同对象，即同一信息因受众不同对信息"有害"与否的判断可能不同。对信息作出"有害"与否判断的前提是必须选择一个信息作用的对象。公共空间指向的是公众，信息"有害"与否可以寻求一般意义上的标准予以判断；私人空间指向的是个人，信息"有害"与否的判断因人而异、千差万别，必须作个别考察，无法形成一般意义上判断标准。例如，在公众中传播的性爱视频属于有害信息，但夫妻间通过微信互发性爱视频可能有利于增进双方感情或生活和谐，对于夫妻来说，性爱视频可以是有益信息。

其次，微信中公共空间和私人空间的区分直接影响有害信息传播行为的可罚性。众所周知，公共空间和私人空间中言论自由的限度是不一样的。在私人空间中民众言论自由的限制少，公共空间中民众言论自由的限制多。在私人空间，即使行为人明知信息有害而刻意传播的，仍然可能不受处罚。例如，A 群组是一个由父母、子女及各自配偶、兄弟姐妹及各自配偶组成的二三十人的家庭成员微信群，甲某是该微信群的一员并在群中散布谣言，如果该微信群被界定为公共空间，则甲某的行为可认定为破坏社会公共秩序，具备了成立"寻衅滋事罪"的前提，之后再考察甲某行为引起公共秩序混乱的程度是否达到入罪的量的标准，即使未达入罪标准，也可能接受行政处罚。如果该微信群被界定为私人空间，则甲某散布谣言的行为不可能破坏社会公共秩序，不具备成立"寻衅滋事罪"的前提，也不可给予行政处罚。

最后，微信中公共空间和私人空间的区分直接影响行为是否对网络生态环境法益造成侵害。在公共空间或私人空间传播有害信息都可能构成犯罪，但在公共空间，网络传播有害信息犯罪侵害的法益除了各罪所承载的传统法益，还包括各罪共同侵害的网络生态环境法益。在私人空间，相关犯罪只侵害各罪所承载的传统法益，不会侵害网络生态环境法益。

以"宣扬恐怖主义罪"为例，如果只是通过微信单人聊天给某个人发送宣扬恐怖主义的信息，侵害的法益只是公共安全法益；若在微信公众号中向不特定的人发送宣扬恐怖主义的信息，则既侵害公共安全法益，又侵害网络生态环境法益。

网络生态环境法益是社会法益，指向的是公众在网络社会中的交往条件，私人空间中的有害信息不会使公众在网络社会中的交往条件发生质的改变。这与现实生活中污染一杯水和污染一条河的水的情形类似。

　　学界对微信公共空间和私人空间的属性界定存在差异。有观点认为微信传播的属性以私域为主❶，也有观点认为微信群已经初步成为公共领域❷。在司法实务中，对微信公共空间和私人空间的属性界定也存在分歧。以微信朋友圈和微信群的空间属性为例，既有将其认定为私人空间，也有将其认定为公共空间的判例。

　　2016 年，重庆市第一中级人民法院二审审理的张某某与王某某名誉权纠纷一案，上诉人王某某在其微信朋友圈中发表上诉人张某某是骗子等损害张某某名誉的言论，一审法院认为，王某某并没有在公开场合发表侮辱、诽谤张某某的言论，张某某在上诉请求中提出，一审法院认定微信朋友圈不属于公开场合属于理解错误，因为按照朋友圈现有特点，其在法律上应当定义为"一个不特定的人群"，属于公开场合。二审法院支持了一审法院的意见，认为微信朋友圈是一个相对封闭的空间，只有本人允许加入的朋友才能看到该留言，不是针对不特定的社会公众开放的网络空间。❸ 但是，2016 年，北京市第二中级人民法院在二审审理的杨某与梁某名誉权纠纷一案却直言：微信朋友圈是公共空间，并非法外之地，仍应遵守法律和社会公德。❹ 2016 年，长沙市中级人民法院二审审理的贺某与葛某名誉权纠纷一案，上诉人葛某与被上诉人贺某曾共同参与矿宝石经营，并共同加入了"矿宝石爱好者"微信群，后双方因共同经营公司的过程中产生纠纷，葛某便在"矿宝石爱好者"微信群中使用"骗子""人品太差""骗人"等侮辱性、人身攻击性的语言，对贺某进行人身攻击，并且使用了

❶ 张建松 "公私域" 视野下的微信传播属性 [J]. 青年记者，2017 (32)：4 – 5.
❷ 兰甲云，曾思怡. 微信公共领域里的失范行为及其法治规范建设 [J]. 湖南大学学报（社会科学版），2016 (2)：154 – 160.
❸ 参见重庆市第一中级人民法院 (2016) 渝 01 民终 7663 号民事判决书。
❹ 参见北京市第二中级人民法院 (2016) 京 02 民终 5309 号民事判决书。

"要员工潜规则""侵吞" 等影响人格尊严的言论，葛某的言论已经引起其他用户跟随声讨贺某。二审法院认为，微信群具有信息交流的广泛性、自由性、互动性等特点，具有较强媒体特性，是开放性的网络舆论平台。❶

在中国裁判文书网中搜集有关 "微信公共空间和私人空间的判例" 时发现，大多数判例都主张微信朋友圈和微信群属于公共空间，但是未阐述相关理由或相关理由非常空泛。笔者认为，不能一味地将微信朋友圈和微信群认定为公共空间，也不能一味地将微信朋友圈和微信群认定为私人空间，必须依凭客观的参数，具体情况具体分析。

第一，微信朋友圈或微信群的人数。微信朋友圈或微信群的人数是判断公共空间还是私人空间的基本参数。一定规模的公众是公共空间的构成要素之一。❷ 俗话说 "三人成众"，当某人的微信朋友圈只有一两人或者某微信群成员数只有二三人时，无论如何都不可能将它们认定为公共空间。在我国《刑法》中，人数已经作为了认定公众或公共空间的一个指标。例如，相关司法解释将个人成立 "非法吸收公众存款罪" 中的公众人数界定为 30 人以上，将单位成立 "非法吸收公众存款罪" 中的公众人数界定为 150 人以上。❸ 相关司法解释规定，邪教组织被取缔后，仍聚众闹事，人数达 20 人以上的，以 "组织、利用邪教组织破坏法律实施罪"

---

❶ 参见长沙市中级人民法院（2016）湘 01 民终 1335 号民事判决书。
❷ 陈勤奋. 哈贝马斯的 "公共领域" 理论及其特点 [J]. 厦门大学学报（哲学社会科学版），2009（1）：114－121.
❸ 参见 2010 年 12 月《最高人民法院关于审理非法集资案件具体应用法律若干问题的解释》第 3 条的规定。

处罚。❶ 相关司法解释规定在网络中以会员制方式传播淫秽电子信息，注册会员人数达 100 人以上，构成"传播淫秽物品牟利罪"；成员达 30 人以上的传播淫秽电子信息的群组，对其建立者、管理者和主要传播者以"传播淫秽物品罪"定罪处罚。❷ 笔者认为，可以参照传播淫秽电子信息群组人数 30 人以上的规定，将微信朋友圈和微信群公共空间和私人空间界分的人数标准设定为 30 人。微信朋友圈和微信群人数不到 30 人的，属于私人空间；30 人以上的，原则上认定为公共空间。通过微信单独向 30 人以上发送信息或者数个微信群成员人数累计达 30 人以上的，原则上也属于公共空间的范畴。❸ 应该注意的是，微信朋友或微信群成员人数并不是界定微信中公共空间或私人空间的绝对参数，还需要进一步考量以下因素。

第二，微信朋友圈或微信群成员之间的关系。微信是一个相对私密的社交平台，某些仅仅由关系密切的用户组成的微信朋友

---

❶ 参见 2001 年 6 月 4 日《最高人民法院、最高人民检察院关于办理组织和利用邪教组织犯罪案件具体应用法律若干问题的解释（二）》第 5 条的规定。

❷ 参见 2010 年 2 月《最高人民法院、最高人民检察院关于办理利用互联网、移动通讯终端、声讯台制作、复制、出版、贩卖、传播淫秽电子信息刑事案件具体应用法律若干问题的解释（二）》第 1 条、第 3 条的规定。

❸ 30 人只是作为微信公共空间和私人空间界分的人数参数，并不是成立犯罪的标准。例如，在成员数未达 30 人的微信群中发布宣扬恐怖主义的信息仍然构成犯罪，但是该恐怖主义信息没有流入公共空间，没有对网络清朗的环境法益造成侵害。又例如，2017 年《最高人民法院、最高人民检察院关于办理组织、利用邪教组织破坏法律实施等刑事案件适用法律若干问题的解释》第 2 条规定，"利用在线人数累计达到一千以上的聊天室，或者利用群组成员、关注人员等账号数累计一千以上的通讯群组、微信、微博等社交网络宣扬邪教的"，成立组织、利用邪教组织破坏法律实施罪。将 30 人作为微信公共空间和私人空间界分的人数参数，并不是要求将该罪的入罪标准从 1000 人的群成员数降至 30 人，而只是表明 30 人的群组已经是公共空间，1000 人反映的是该罪要求的公共空间更为庞大，要求的危害程度更高。

圈或组建的微信群，虽然人数达到 30 人以上，但在常理、常情上也难以被界定为公共空间。例如，甲某组建了一个微信群，群成员有甲某的配偶、子女、父母，兄弟姐妹及其配偶和子女，人数虽然超过了 30 人，也不宜认定为公共空间。无论从传统还是到现代，家庭始终是一个较为私密的领域，家庭成员之间的关系与社会公众之间的关系差异迥然，公众之间的交往规则或道德准则并不当然地适用于家庭成员之间的交往。例如，父母训斥子女，甚至叔伯训斥侄子、舅舅训斥外甥，即使言语过激，大都也被视为恨铁不成钢等情理之中。但是换作家庭成员之外的人训斥某人，则很可能被理解为侮辱。通常情况下，家庭成员之间的关系是个体交往的核心，法律也珍视和维护这一关系，甚至不惜牺牲部分公共利益来维护家庭成员之间的信赖关系，我国古代存在的"亲亲相隐不为罪"便是典型的例证。

另外，界定公共空间和私人空间的家庭成员应该限定在什么范围。笔者认为，可以参照《民法典》的有关规定，并根据现实生活情况作一定的扩大。具体为：直系亲属脉络中的祖父母、外祖父母，父、母，本人，配偶，子、女及各自配偶和配偶的父母，孙子、孙女及各自配偶；旁系血亲脉络中的叔、伯、姑及各自配偶，叔、伯、姑的子、女及各自配偶，叔、伯、姑的孙子、孙女及各自配偶，叔、伯、姑的曾孙子、曾孙女及各自配偶，舅、姨及各自配偶，舅、姨的子、女及各自配偶，舅、姨的孙子、孙女及各自配偶，舅、姨的曾孙子、曾孙女及各自配偶。需要说明的是，法律拟制的亲属关系，如养父母与养子女等收养关系、继父母与继子女等继养关系也属于上述范围。如果微信用户的朋友圈仅仅包括上述亲属人员，或者某个微信群成员都是由上述亲属人员组成的，则即使该微信用户的朋友圈人数或者该微信群的成员人数达到 30 人以上，也不宜认定为公共空间。如果微信用户的朋友圈或者某个微信群成员由上述亲属人员之外的人组成，包括同学、朋友、同事、战友等关系密切人，则宜认定为公共空间。

第三，建立和使用微信朋友圈或微信群的目的和方法。建立和使用微信朋友圈或微信群的目的和方法也是区分微信公共空间和私人空间的一项参数。某些微信用户的朋友圈人数或某个微信群聊的成员数众多，且不具有前文所述的亲属关系，但因为用户特定的使用目的和方法，其有别于公共空间的情势。例如，某微信用户在 100 人，且主要成员为邻居的微信群中传播性爱视频，可认定为在公共空间传播性爱视频。但是若某微信群是由专科医生组建、以治疗性功能障碍为目的，且实际也为该目的而使用的医疗工作群，该专科医生陆续将自己诊疗的病人拉入该群，为治疗的需要，该专科医生在微信群中上传了性爱视频，那么不宜认定该专科医生在公共空间传播性爱视频。若该微信群中的病人擅自在微信群中传播性爱视频，或该医生不是基于医疗目的和医疗需要，在医疗必要限度内传播性爱视频，也应认定为在公共空间传播性爱视频。所以，在考量建立和使用微信朋友圈或微信群的目的和方法时，必须做到特定的微信朋友圈或微信群是基于特定的目的而使用，不容许任何背离该目的不正当使用行为。

第四，微信公共空间和私人空间的属性具有易变性。微信中公共空间和私人空间的属性与现实生活中公共空间和私人空间的属性有明显不同。现实生活中的公共空间和私人空间因受制于物理场所、硬件设施等更具稳定性，不易变动。例如，车站、码头、机场等场所定性为公共空间，私人住宅、私家车等定性为私人空间，不会轻易改变。但是微信中公共空间和私人空间的变化几乎不需要成本，且操作简便，所以相对容易。一个只有三五好友组成的微信群属于私人空间，但是这三五个群成员分别再将各自的好友拉入该微信群，达到一定人数后该微信群即可演变为公共空间；一个由父母、兄弟等组成的微信群再加入外人之后也可以由私人空间演变为公共空间。反之亦然，某微信用户拥有二三百个"朋友"，通常情况下其朋友圈可以认定为公共空间，但是若该用户将朋友圈权限设置为所有"朋友"都不可以看，那么该用户在朋友圈发布信息实际上仅仅具有存储信息的效果，类似于日记，属于私人的空间。此外，微信用户对微信公共空间和私人空间的属性相对是可控的，因为微信用户可以通过控制"朋友"的数量和类型，微信群主可以控制微信群成员的数量和类型，微信用户甚至还可以自由控制自己传播信息的范围来控制微信的空间属性。例如，前文所述的微信用户将朋友圈权限设置为所有"朋友"都不可以见，或者可以通过"朋友圈分组"功能，当用户在朋友圈发布信息时，指定部分分组的朋友可见。

综上，笔者认为，只有当微信群主对具有公共空间属性的微信群中的危险源具有支配地位时，在网络传播有害信息的范围内才负有对危险源的支配产生的监督义务。

（二）基于纯正不作为犯的考察

我国《刑法》没有明文规定微信群主的作为义务，基于纯正不作为犯的考察重点在于刑法立法上增加微信群主的合作义务、设置微信群主纯正不作为犯是否正当。笔者认为，赋予微信群主刑法上的合作义务是对微信群主的过分苛求，首先，群主的时间和精力受限。群主并不是一项职业，作为群主的个人不可能将主要的时间和精力用于关注微信群聊，群主更多地将微信群作为学习、工作的辅助或日常生活的消遣。再加上微信群成员可以随时随地在群内发言，有害信息在群内出现是群主防不胜防的。据

2016 年 3 月的一份调查报告显示，微信用户每天打开微信的平均
次数，有 5% 的用户不是每天都打开微信，有 11% 的用户每天打开
微信的次数为 5 次以下，有 22% 的用户每天打开微信的次数为 5 ~
10 次，有 25% 的用户每天打开微信的次数为 11 ~ 30 次，有 15% 的
用户每天打开微信的次数为 31 ~ 50 次，有 21% 的用户每天打开微
信的次数为 50 次以上；用户平均每天使用微信时长，有 7% 的用
户每天使用微信的时长为 10 分钟以内，有 15% 的用户每天使用微
信的时长为 10 ~ 30 分钟，有 24% 的用户每天使用微信的时长为
30 ~ 60 分钟，有 22% 的用户每天使用微信的时长为 60 ~ 120 分钟，
有 15% 的用户每天使用微信的时长为 120 ~ 240 分钟，有 17% 的用
户每天使用微信的时长为 240 分钟以上。❶ 笔者发现，虽然相较于
其他社交平台，微信的人均每天使用次数和使用时长都较高，但
是也只占人们时间和精力的很小部分。如前文所述，微信用户上
十亿且大多数用户都拥有一个微信群或多个微信群的情况下，微
信群主的总数量也是十分庞大的。如果让群主承担监管微信群言
论的责任，那么便意味着将有数量十分庞大的群体每天都频繁地
打开微信并长时间地在线，现实生活将混乱成什么模样？其次，
群主的专业能力受限。群主监管群聊言论的前提是对群成员发布
言论的性质进行判断，包括对群空间公共属性或私人属性的判断，
也包括对信息有害与否的判断等，似乎强人所难。最后，群主承
担监管责任会破坏人际间的信任关系。群主在承担监管责任的情
况下，面对群聊中出现的有害信息，群主通常可以采取的处置方
式有两种：一种是通知发布有害信息的群成员撤回信息或向其表

---

❶ 企鹅智库、中国信息通信研究院产业与规划研究所 . 2016 年微信影响力报告
[EB/OL]. （2018 - 09 - 04）［2021 - 07 - 12］. http：// www. sohu. com/a/
123625026_166488.

明不可在群内发布有害信息的态度；另一种是将发布有害信息的群成员剔除出群。假若某群成员发布了有害信息，未见群主采取上述两种处置措施，那么群主规避自身责任的途径便是向有关监管部门举报，这会引起群成员对群主的猜疑。另外，熟人之间的举报本身也为民众的情感所不忍和排斥。

微信群主承担纯正不作为犯的义务会导致公权力嫁接于群主而侵入私人的空间。《互联网群组信息服务管理规定》出台后就有学者批评群主承担监管责任的规定会导致公权力越位。❶ 微信群是一个公共空间和私人空间交织、变换的场域，公权力对微信的干涉必须区分公共空间和私人空间，但是群主却是不区分公共空间和私人空间的一种存在。如果要群主承担监管群聊言论的责任，是否需要前置性地完成群主是属于公共空间群主还是私人空间群主的身份认证？这显然是一项不现实也不可能完成的工作。

二、微博"大 V"不作为犯罪的处罚模式

微博是一种大众化的信息传播平台，具有大众传媒的性质，微博更多的是一种公众化的信息传播平台，承接了传统纸媒的大众传播功能。因为微博具有开放性，其他微博用户也可以利用"大 V"的微博空间传播信息，最为典型的是利用微博的评论功能，在"大 V"的微博空间中发布信息。根据微博平台设定的规则，微博评论区的内容对所有用户可见，一般的微博用户可以通过搭便车的方式，在"大 V"发布信息的评论区里发布有害信息，从而实现有害信息的快速、广泛传播。

笔者认为，从不纯正不作为犯的路径考察，微博"大 V"与

---

❶ 黄明涛. 互联网群组新规引发的质疑与法理分析：兼论群主负责制涉及的公权与私权冲 [J]. 电子政务, 2018 (4)：85 –91.

微信群主一样，若微博"大 V"开通微博的目的是传播有害信息或者微博通常是为传播有害信息而使用，那么其他用户通过"搭便车"的方式，在"大 V"发布信息的评论区里发布有害信息，"大 V"具有对危险源的支配产生的监督义务。

从纯正不作为犯的路径考察，即使"大 V"开通微博的目的不是传播有害信息或者微博通常也不是为传播有害信息而使用，那么在刑法立法上赋予"大 V"对其他用户通过"搭便车"的方式，在"大 V"发布信息的评论区里发布有害信息的管理义务也具有正当性。传统社会中，大众传播的主体、占据话语权主导地位、垄断传播渠道的报刊、杂志、广播、电视等媒介当然地成为把关人，它们可以将暴力、恐怖、色情、谣言等有害信息驱逐出大众传播之门。所以，传统大众传播媒介成为遏制有害信息传播的咽喉，对传统大众传播媒介进行管控成为世界各国法律规制有害信息传播的主要路径。传统大众传播媒介承担着对待传播信息甄别、筛选等管理义务，需要对通过其传播的所有信息负责，为这些信息"背书"，并承担信息传播可能带来的不利法律后果，不论信息是传统大众媒介自己创造并发布还是获取他人的信息并发布的。传统线性传播模式下，传播者和受众角色界限分明，把关人角色清晰、作用显著。网络社会"去中心化"传播模式下，传统意义上的受众也参与信息的生产和传播，从而瓦解了传统大众传播媒介在信息传播中的垄断地位，分化了传统大众传播媒介的话语权，消解了传统大众媒介的把关人作用。网络社会的话语权、信息传播的控制权和把关人的角色被重新分割。"大 V"作为网络社会中传播信息的活跃分子，承接了网络社会的部分话语权，对公众认知和公众舆论具有很强的引导能力，微博"大 V"也应承担起对应的把关人职责。

"大 V"在信息传播过程中的把关人地位决定了"大 V"在防止有害信息传播方面负有高于或多于一般微博用户的义务。"大 V"在防止有害信息传播方面承担高于一般用户的义务已为法律法规和司法实务所认可。国家互联网信息办公室发布的有关微博的管理规定提出,要根据微博用户的关注者数量等因素分级分类管理❶;最高人民法院出台的司法解释也已经有传播主体需承担与其信息传播能力相匹配注意义务的规定❷;有些法院判决中也明确指出,"大 V"比一般微博用户拥有更大的影响力,应承担更大的注意义务❸。2018 年,微博平台为避免评论区出现有害信息,向用户开放了评论管理功能,让用户可以对评论进行审核。❶当"大 V"发现评论区存在有害信息时,应及时处理,怠于履行评论区信息内容管理义务,造成有害信息大范围传播,严重危害社会的,应承担相应的不作为责任。

笔者认为,可以通过立法上赋予微博"大 V"与其信息传播

---

❶ 2018 年 2 月国家互联网信息办公室《微博客信息服务管理规定》第 9 条规定,微博客服务提供者应当按照分级分类管理原则,根据微博客服务使用者主体类型、发布内容、关注者数量、信用等级等制定具体管理制度,提供相应服务,并向国家或省、自治区、直辖市互联网信息办公室备案。

❷ 《最高人民法院关于审理利用信息网络侵害人身权益民事纠纷案件适用法律若干问题的规定》第 7 条规定,人民法院认定网络用户或者网络服务提供者转载网络信息行为的过错及其程度,应当综合以下因素:(1)转载主体所承担的与其性质、影响范围相适应的注意义务……

❸ 成都市锦江区人民法院在一起名誉权纠纷案的判决书中明确表述:"被告吴某某作为新浪微博名为'八卦我实在是太 CJ 了'的实名认证博主,系天涯社区娱乐八卦版版主、新浪微博社区委员会专家委员,拥有粉丝 300 余万,且是新浪微博认证的加'V'的知名博主。被告吴某某作为网络大'V',与普通网民相比,拥有更大的影响力,其应承担更大的注意义务。"参见成都市锦江区人民法院(2014)锦江民初字第 2620 号民事判决书。

❶ 即收到的评论不会直接在前台显示,只有通过博主审核才能显示。但是博主可以自己选择开启某条微博的评论审核功能,并不是所有微博都会强制开启,如果不开启,则评论可以正常显示。

和控制能力相匹配的信息网络安全管理义务，促使"大V"积极、主动管理自己的微博空间。当"大V"怠于履行对自己微博空间的信息网络安全管理义务，造成有害信息大量传播的，可以追究"大V"不作为犯罪的刑事责任。

三、主播不作为犯罪的处罚模式

主播是网络直播活动的策划者、组织者、主导者，是网络直播活动的启动者、主持者、终结者。在网络直播过程中，其他用户在与主播没有事先意思联络的情况下，可能在实时互动中发布有害信息，主播对其他用户传播有害信息的行为是否应该承担相应的责任？

从不纯正不作为犯的路径考察，笔者认为，主播在网络直播活动中具有管控其他用户发布信息的作为义务，且该作为义务属于主播基于对法益的危险发生领域的支配产生的阻止义务。

第一，主播对网络直播活动形成的信息场域具有支配能力。直播平台为网络直播提供了标准化的操作模式，且无须直播平台的人工介入。直播平台一般承担的是网络技术服务提供者的身份角色，通常情况下不会以自己的意志干预具体的直播过程。主播利用直播平台提供的标准化的操作模式，可以依据自己的意志选择开启网络直播、网络直播的内容以及结束直播，主播是网络直播活动的召集者和管理者。从某种程度上可以说，网络直播这一信息场域的开启、运行和关闭完全受主播的支配。

第二，网络直播过程中主播的危险阻止能力具有排他性。首先，主播能最早发现有害信息。在直播过程中，主播能最早发现有害信息。主播与微信群主不同，微信群主在设立微信群之后可能存在群聊这一信息场域"缺场"的情况，因为群主不可能24小时在线，始终关注或知晓群聊的内容，可能是群成员一个话题结束很久之后，群主通过聊天记录才知晓群聊的内容。主播在网络直播过程中一般不存在"缺场"的情况，而是全程"在场"，能够实时知晓网络直播活动中的所有信息内容。这是直播平台或者政府监管部门做不到的。其次，主播能及时处置有害信息。在网络直播过程中，主播能即时处置有害信息，制止传播有害信息的行为继续或持续发生。主播在发现其他用户发布有害信息后，可以及时、明确地表明不得传播有害信息的态度，制止其他用户继续发布有害信息；也可以将用户发布有害信息的事实向直播平台举报，由直播平台进行处理；还可以直接关闭网络直播防止有害信息的传播。如果主播不及时采取措施阻止其他用户传播有害信息，而是等直播平台或监管部门处置，那么有害信息传播行为已经实施完毕，危害已经现实的发生。最后，主播能有效地处置有害信息。在网络直播过程中，主播阻止有害信息传播的措施具有有效性。网络直播这一信息场域是由主播搭建和运行的，主播一旦失去了对网络直播内容的掌控，便可以直接关闭直播。

从纯正不作为犯的路径考察，因为直播是一个相对临时的信息场域，不可能要求主播进行连续、日常的信息管理，所以无法赋予主播刑法上的合作义务，去管理有害信息。

第三节　小　结

除了网络服务提供者，某些特定的网络用户也具有很强的信息传播和控制能力，典型的有微信群主、微博"大 V"和网络直播主播。通过这些特定的网络用户管控其他用户传播有害信息，即赋予或确定特定网络用户管控其他用户传播有害信息的作为义务成为刑法规制网络传播有害信息的一个有效途径。但是，特定网络用户的作为义务不是凭空产生的，需从纯正不作为犯和不纯正不作为犯两种路径进行正当性论证。就微信群主而言，基于不纯正不作为犯的考察，笔者认为，只有当微信群主对具有公共空间属性的微信群中的传播有害信息危险源具有支配地位时，才负有对危险源的支配产生的监督义务；基于纯正不作为犯的考察，在刑法立法上直接规定微信群主监管其他用户传播有害信息的义务不具有正当性。就微博"大 V"而言，基于不纯正不作为犯的考察，若微博"大 V"开通微博的目的是传播有害信息或者微博通常是为传播有害信息而使用，那么其他用户通过"搭便车"的方式，在"大 V"发布信息的评论区里发布有害信息，"大 V"具有对危险源的支配产生的监督义务；基于纯正不作为犯的考察，笔者认为，可以通过立法上赋予微博"大 V"与其信息传播和控制能力相匹配的信息网络安全管理义务，促使"大 V"积极、主动地管理自己的微博空间，当"大 V"怠于履行对自己微博空间的信息网络安全管理义务，造成有害信息大量传播的，可以追究"大 V"不作为犯罪的刑事责任。就网络直播主播而言，基于不纯正不作为犯的考察，笔者认为，主播在网络直播活动中具有管控其他用户发布信息的作为义务，且该作为义务属于主播基于对法益的危险发生领域的支配产生的阻止义务；基于纯正不作为犯的考察，因为直播是一个相对临时的信息场域，不可能要求主播进行连续、日常的信息管理。

结语：跳出网络工具价值的思考

　　网络的出现和发展给人类社会带来的不仅是生产、生活工具的革新，更催发了网络社会这一全新社会形态的形成和完善。人类目前正处于传统社会和网络社会并存的两种社会空间之中，且传统社会空间和网络社会空间并没有清晰的边界。网络社会以传统社会为基础和依托，但网络社会又呈现出有别于甚至颠覆于传统社会的情势变革。这必然导致人类基于传统社会形成的观念和交往规则并不能当然地适用于网络社会。观念滞后、规则失灵成为网络社会失范、无序的重要原因。

　　在信息传播领域，现代信息传播技术打破了传统社会在时间、空间、载体上对信息传播的束缚，显著拓宽了信息传播的广度，拓展了信息传播的深度和提升了信息传播的速度。这是网络在信息传播中工具价值的体现，人类依凭经验的认知便能察觉。然而网络和信息之于彼此的意义并非如此简单，它们处于循环往复的彼此建构之中。网络社会中信息传播模式发生了结构性的变化，无论是传播者还是信息的内容、媒介、受众、传播环境、传播目的、传播效果，都迥异于传统社会中信息传播的样态。信息传播模式的结构性变化又使得信息更深刻地建构着网络"社会现实"，由于人类接触的信息巨大、复杂，便不可能对信息所反映的全部事实都有经验的认知，人类在网络社会中的态度和行为更多的是对信息所建构的拟态环境的反映。

信息有好坏之分，但是网络社会并不存在特别的机制能够有效地识别、阻断有害信息的传播，反而激活了某些在传统社会不多发的有害信息，催生了有害信息传播的新形式，显著放大了有害信息传播的社会危害。刑法在规制网络有害信息传播方面存在观念滞后、规则失灵的问题，表现出病急乱投医、"头疼医头，脚疼医脚"的窘态。解决的方法是跳出网络工具价值的思维定式，挖掘网络社会中传播有害信息与传统社会中传播有害信息的深层次差异。

网络从人类生产、生活的一种工具进化为人类社会的一种空间形态，决定了网络在犯罪构成中的地位从犯罪对象、犯罪工具到犯罪空间的演变，网络已然成为传播有害信息犯罪的新场所。如此，网络传播有害信息犯罪行为不能再被理解为是通过网络这一工具去侵害传统社会中的法益，因为网络本身能够承载传播有害信息犯罪的行为和结果。我国有关传播有害信息犯罪的刑事立法和司法解释中普遍存在将网络作为犯罪工具的观念和规定，应予更新。

网络从人类生产、生活的一种工具进化为人类社会的一种空间形态，引发了信息之于社会的意义变化。网络社会中，信息犹如空气一样，是人类生存、生活不可或缺的存在，是网络环境的组成部分。传统社会人类浸润在空气之中，网络社会人类浸润在信息之中，人类希望新鲜的空气，同样也希望高品质的信息。但是，传播虚假、色情、暴力、恐怖等有害信息会降低网络信息的品质，污染网络生态环境。在网络社会中传播有害信息类似于在传统社会中排放有毒气体，都是对人类所处环境的污染，所以网络有害信息对人类的影响是浸润式的，只要身处其中便会遭受危害。谁都不愿意生活在充斥着有害信息的网络空间，网络生态环境应该上升为刑法所保护的法益。刑法在规制网络传播有害信息时需处理好网络生态环境法益和传统法益的关系。

网络从人类生产、生活的一种工具进化为人类社会的一种空间形态，引起刑罚介入社会生活的正当性诉求发生变化。并非所有侵害法益的行为都需要刑罚干预，并非所有越轨行为都需要动用刑罚进行处罚，只有当行为的客观社会危害、行为人的主观恶性、犯罪人或潜在犯罪人的再犯可能性达到一定的程度要求时，动用刑罚才具有正当性。刑罚正当性诉求的考察需要兼顾传统社会和网络社会的情势，尤其是传播有害信息行为客观危害在网络社会中的呈现形态，行为人在网络中对传播有害信息行为的明知情况，以及特定网络主体依托技术优势再出现传播有害信息犯罪的可能性等。

网络从人类生产、生活的一种工具进化为人类社会的一种空间形态，引起了刑法理念的变动。网络社会中，人类之间的交往愈发便利，但同时网络社会也面临着越来越多的不确定因素和难以预料的风险。相较于传统社会，网络社会传播有害信息的风险更加难以预见、难以掌控。为此，刑法在规制网络传播有害信息方面表现出的预备行为实行化、共犯行为正犯化、前置处罚持有行为、刑法上合作义务的增加等预防刑法的特征具有正当性。同时，刑法谦抑性理念也面临着从"限定的处罚"向"必要的处罚"的转变。

网络从人类生产、生活的一种工具进化为人类社会的一种空间形态，导致了社会主体的两级演化。由于网络是由信息技术架构的社会形态，网络社会的主体很容易划分成两级化的阵营，即网络服务提供者和网络用户。网络服务提供者和网络用户在网络社会中天然地存在因技术、资源导致的地位和"行为能力"的差异。就网络服务提供者而言，它是信息技术的核心掌握者和信息流动的实际控制者，刑法在规制网络传播有害信息时应以其为中心，区分不同类型的网络服务提供者不同的刑事责任模式，重点关注网络服务提供者的信息网络安全管理义务。就网络用户而言，它的所有行为都需依托特定的网络平台，刑法在规制其传播有害信息时应充分考察不同平台的特征分情况进行处置。此外，某些特定的用户因为网络平台的信息传播规则、自己特殊的身份或者自己对网络空间的经营，具有管控其他用户传播有害信息的能力，有必要通过刑法解释或者立法的方式确认或者赋予他们管控其他用户传播有害信息的作为义务。

因笔者水平有限，所研究的内容仍有很多疏漏有待进一步完善。书中许多观点和看法也只是笔者的一己之见，仍有较大的阐述和探讨空间。但是，网络传播有害信息的刑法规制确实是当下社会治理面临的重大而紧迫的课题。尤其是网络社会日新月异，新情况、新问题不断涌现，刑法必须紧跟时代的步伐，成为维护网络社会风清气正生态环境的坚实保障。

参考文献

一、著作类

[1] 蔡皖东. 网络空间信息传播建模分析 [M]. 北京：电子工业出版社，2017.

[2] 曹景秋. 法律价值的绿色转向：从人类中心主义法律观到天人和谐法律观 [M]. 北京：北京师范大学出版社，2010.

[3] 陈兴良. 刑法哲学 [M]. 5 版. 北京：中国人民大学出版社，2015.

[4] 戴元光，金冠军. 传播学通论 [M]. 上海：上海交通大学出版社，2000.

[5] 邓瑜. 媒介融合与表达自由 [M]. 北京：中国传媒大学出版社，2011.

[6] 邓子斌. 斑马线上的中国 [M]. 北京：法律出版社，2016.

[7] 杜雄柏. 传媒与犯罪 [M]. 北京：中国检察出版社，2005.

[8] 方鹏. 出罪事由的体系和理论 [M]. 北京：中国人民公安大学出版社，2011.

［9］冯军．德国刑法典［M］．北京：中国政法大学出版社，2000.

［10］高文苗．马克思自由观视域下网络言论行为研究［M］．北京：人民出版社，2016.

［11］郭庆光．传播学教程［M］．北京：中国人民大学出版社，1999.

［12］郝艳兵．不纯正不作为犯的作为义务适用论［M］．北京：法律出版社，2015.

［13］何庆仁．义务犯研究［M］．北京：中国人民大学出版社，2010.

［14］雷蔚真．网络迷群与跨国传播：基于字幕组现象的研究［M］．北京：中国传媒大学出版社，2012.

［15］李晓龙．刑法保护前置化研究：现象观察与教义分析［M］．厦门：厦门大学出版社，2018.

［16］李正新．犯罪化与非犯罪化研究［M］．武汉：武汉大学出版社，2016.

［17］林子仪．言论自由与新闻自由［M］．台北：元照出版有限公司，2002.

［18］刘仁文．网络时代的刑法面孔［M］．北京：社会科学文献出版社，2017.

［19］刘士心．刑法中的行为理论研究［M］．北京：人民出版社，2012.

［20］刘守芬．技术制衡下的网络刑事法研究［M］．北京：北京大学出版社，2006.

［21］刘文杰．从责任避风港到安全保障义务［M］．北京：中国社会科学出版社，2016.

［22］柳军．微内容网络舆情传播研究［M］．武汉：武汉大学出版社，2015．

［23］芦何秋．社交媒体意见领袖研究：以新浪微博平台为例［M］．武汉：武汉大学出版社，2016．

［24］马荣春．罪刑关系论［M］．北京：中国检察出版社，2006．

［25］彭兰．网络传播概论［M］．4版．北京：中国人民大学出版社，2017．

［26］邱小平．表达自由：美国宪法第一修正案研究［M］．北京：北京大学出版社，2005．

［27］邱兴隆．刑罚理性辩论：刑罚的正当性批判［M］．北京：中国检察出版社，2018．

［28］邱兴隆．刑罚理性导论：刑罚的正当性原论［M］．2版．北京：中国检察出版社，2018．

［29］邱兴隆．刑罚理性泛论：刑罚的正当性展开［M］．北京：中国检察出版社，2018．

［30］邱兴隆．刑罚理性评论：刑罚的正当性反思［M］．2版．北京：中国检察出版社，2018．

［31］任福兵．网络社会危机传播原理［M］．上海：华东理工大学出版社，2017．

［32］孙春雨．我国刑法中不作为犯罪理论与实务［M］．北京：中国人民公安大学出版社，2013．

［33］孙战国．犯罪化基本问题研究［M］．北京：中国法制出版社，2013．

［34］王晋．网络服务提供者著作权侵权责任研究［M］．北京：知识产权出版社，2016．

［35］王平．中国网络意见领袖的发展历程：基于互联网媒介变迁的视角［M］．北京：人民日报出版社，2017.

［36］王四新．网络空间的表达自由［M］．北京：社会科学文献出版社，2007.

［37］邬焜．信息哲学：理论、体系、方法［M］．北京：商务印书馆，2005.

［38］吴小坤．自由的轨迹：近代英国表达自由思想的形成［M］．桂林：广西师范大学出版社，2011.

［39］萧文生．传播法之基础理论与实务［M］．台北：元照出版有限公司，2017.

［40］谢晖，陈金钊．法律：诠释与应用［M］．上海：上海译文出版社，2002.

［41］熊永明，胡祥福．刑法谦抑性研究［M］．北京：群众出版社，2007.

［42］许福生．犯罪学与犯罪预防［M］．台北：元照出版有限公司，2018.

［43］许福生．刑事政策学［M］．台北：元照出版有限公司，2017.

［44］许恒达．法益保护与行为刑法［M］．台北：元照出版有限公司，2016.

［45］杨春然．刑法的边界研究［M］．北京：中国人民公安大学出版社，2013.

［46］于冲．网络刑法的体系建构［M］．北京：中国法制出版社，2016.

［47］于改之．刑民分界论［M］．北京：中国人民公安大学出版社，2007.

［48］于志刚，郭旨龙．网络刑法的逻辑与经验［M］．北京：中国法制出版社，2015.

［49］于志刚，郭旨龙．信息时代犯罪定量标准的体系化构建［M］．北京：中国法制出版社，2013.

［50］于志刚，于冲．网络犯罪的裁判经验与学理思辨［M］．北京：中国法制出版社，2013.

［51］于志刚，于冲．网络犯罪的罪名体系与发展思路［M］．北京：中国法制出版社，2013.

［52］于志刚．传统犯罪的网络异化研究［M］．北京：中国检察出版社，2010.

［53］于志刚．共同犯罪的网络异化研究［M］．北京：中国方正出版社，2010.

［54］于志刚．虚拟空间中的刑法理论［M］．北京：中国方正出版社，2003.

［55］喻国明，吴文汐，何其聪，等．移动互联网时代我国城市居民媒介接触与使用［M］．北京：人民日报出版社，2016.

［56］张明楷．法益初论［M］．北京：中国政法大学出版社，2003.

［57］张明楷．行为无价值论与结果无价值论［M］．北京：北京大学出版社，2012.

［58］张明楷．刑法学［M］．5版．北京：法律出版社，2016.

［59］张翔．德国宪法案例选释：第2辑　言论自由［M］．北京：法律出版社，2016.

［60］中国网络空间研究院．国外互联网不良信息监管：方法和技术［M］．北京：法律出版社，2017.

［61］钟宏彬．法益理论的宪法基础［M］．台北：元照出版有限公司，2012.

［62］周敏．阐释·流动·想象：风险社会下的信息流动与传播管理［M］．北京：北京大学出版社，2014.

［63］胡萨克．过罪化及刑法的限制［M］．姜敏，译．中国法制出版社，2015.

［64］拉斯韦尔．社会传播的结构与功能［M］．何道宽，译．北京：中国传媒大学出版社，2013.

［65］诺奇克．无政府、国家和乌托邦［M］．姚大志，译．北京：中国社会科学出版社，2008.

［66］奎因．互联网伦理：信息时代的道德重构［M］．王益民，译．北京：电子工业出版社，2016.

［67］维纳．控制论［M］．郝季仁，译．北京：科学出版社，1963.

［68］范伯格．刑法的道德界限（第二卷）：对他人的冒犯［M］．方泉，译．北京：商务印书馆，2014.

［69］范伯格．刑法的道德界限（第三卷）：对自己的损害［M］．方泉，译．北京：商务印书馆，2015.

［70］范伯格．刑法的道德界限（第四卷）：无害的不法行为［M］．方泉，译．北京：商务印书馆，2015.

［71］范伯格．刑法的道德界限（第一卷）：对他人的损害［M］．方泉，译．北京：商务印书馆，2013.

［72］施拉姆，波特．传播学概论［M］．陈亮，等，译．北京：新华书店出版社，1984.

［73］泽莱兹尼．传播法：自由、限制与现代媒介［M］．张金玺，赵刚，译．北京：清华大学出版社，2007.

［74］格雷克．信息简史［M］．高博，译．北京：人民邮电出版社，2013.

［75］松井茂记．媒体法：第三版［M］．台北：元照出版公司，2004.

［76］伊东研祐．法益概念史研究［M］．秦一禾，译．北京：中国人民大学出版社，2014.

［77］施塔姆勒．正义法的理论［M］．夏彦才，译．北京：商务印书馆，2012.

［78］齐白．全球风险社会与信息社会中的刑法：二十一世纪刑法模式的转换［M］．周遵友，江朔，等，译．北京：中国法制出版社，2012.

［79］金德霍伊泽尔．刑法总论教科书：第六版［M］．蔡桂生，译．北京：北京大学出版社，2015.

［80］麦克卢汉．理解媒介：论人的延伸［M］．何道宽，译．南京：译林出版社，2011.

［81］密尔．论自由［M］．程崇华，译．北京：商务印书馆，1959.

二、期刊类

［1］贝克，邓正来，沈国麟．风险社会与中国：与德国社会学家乌尔里希·贝克的对话［J］．社会学研究，2010（5）：208－231.

［2］蔡琳，马治国．从"生态中心主义"到科技立法的生态价值［J］．社会科学研究，2012（4）：45－50.

［3］陈勤奋．哈贝马斯的"公共领域"理论及其特点［J］．厦门大学学报（哲学社会科学版），2009（1）：114－121.

［4］陈泽宪．犯罪定义的法治思考［J］．法学研究，2008
（3）：140－141.

［5］崔执树．试论网络不良信息法律规制的完善［J］．情报
理论与实践，2005（3）：264－267.

［6］党东耀．媒介再造：媒介融合的本质探讨［J］．新闻大
学，2015（4）：100－108.

［7］丁柏铨．媒介融合：概念、动因及利弊［J］．南京社会
科学，2011（11）：92－98.

［8］董俊祺．韩国网络实名制治理及启示［J］．中国人民公
安大学学报（社会科学版），2015（6）：151－156.

［9］高铭暄，曹波．当代中国刑法理念研究的变迁及深化
［J］．法学评论，2015（3）：1－9.

［10］高铭暄，孙道萃．预防性刑法观及其教义学思考［J］.
中国法学，2018（1）：166－189.

［11］郭旨龙．信息犯罪定性和定量的体系化研究［J］．上海
政法学院学报（法治论丛），2017（2）：100－108.

［12］韩红根．网络有害信息与青少年健康成长［J］．青少年
保护，2003（4）：27－28.

［13］何荣功．"预防性"反恐刑事立法思考［J］．中国法
学，2016（3）：145－163.

［14］胡继东．论微博大Ⅴ的形成、影响与社会管理［J］．思
想理论教育，2013（23）：70－74.

［15］黄波．论刑法解释的技术［J］．南通大学学报（社会科
学版），2017（5）：52－57.

［16］黄明涛．互联网群组新规引发的质疑与法理分析：兼论
群主负责制涉及的公权与私权冲［J］．电子政务，2018（4）：

85 – 91.

[17] 姜涛. 基于法益保护位阶的刑法实质解释 [J]. 学术界, 2013 (9): 101 – 112.

[18] 姜涛. 基于主体间性分析范式的刑法解释 [J]. 比较法研究, 2015 (1): 78 – 92.

[19] 蒋建国. 微信群: 议题、身份与控制 [J]. 探索与争鸣, 2015 (11): 108 – 112.

[20] 蒋丽. 网络涉法行为的刑法谦抑性分析: 以淘宝网恶意刷单为例 [J]. 东南大学学报 (哲学社会科学版), 2016 (18): 91 – 94.

[21] 敬力嘉. 大数据环境下侵犯公民个人信息罪法益的应然转向 [J]. 法学评论, 2018 (2): 116 – 127.

[22] 敬力嘉. 论拒不履行网络安全管理义务罪: 以网络中介服务者的刑事责任为中心展开 [J]. 政治与法律, 2017 (1): 50 – 65.

[23] 靖鸣, 周燕, 马丹晨. 微信传播方式、特征及其反思 [J]. 新闻与写作, 2014 (7): 41 – 45.

[24] 兰甲云, 曾思怡. 微信公共领域里的失范行为及其法治规范建设 [J]. 湖南大学学报 (社会科学版), 2016 (2): 154 – 160.

[25] 劳东燕. 风险社会与变动中的刑法理论 [J]. 中外法学, 2014 (1): 70 – 102.

[26] 黎宏. 论 "帮助信息网络犯罪活动罪" 的性质及其适用 [J]. 法律适用, 2017 (21): 33 – 39.

[27] 黎鸣. 论信息 [J]. 中国社会科学, 1984 (4): 13 – 26.

［28］李丽蓉．网络社会的信息传播模式及不良信息监测技术
［J］．山西警官高等专科学校学报，2012（2）：64 - 66.

［29］李昕．美国反垃圾信息法及其对中国的启示［J］．华中
师范大学学报（人文社会科学版），2008（5）：36 - 41.

［30］梁根林．传统犯罪网络化：归责障碍、刑法应对与教义
限缩［J］．法学，2017（2）：3 - 13.

［31］梁根林．预备犯普遍处罚原则的困境与突围：《刑法》
第 22 条的解读与重构［J］．中国法学，2011（2）：156 - 176.

［32］刘畅．"网人合一"：从 Web 1.0 到 Web 3.0 之路［J］.
河南社会科学，2008（2）：137 - 140.

［33］刘琛．"互联网 + "时代的受众身份研究［J］．湖南科
技大学学报（社会科学版），2016（2）：145 - 150.

［34］刘继忠，肖子木．互联网群组的交流特性及其信息安全
管理研究［J］．新闻春秋，2018（1）：75 - 80.

［35］刘青．微博大 V 权力探析［J］．湘潭大学学报（哲学社
会科学版），2016（2）：129 - 133.

［36］刘淑珺．日本刑法学中的谦抑主义之考察［J］．刑事法
评论，2008（1）：278 - 315.

［37］刘司墨，王佳浩．网络直播的刑事风险防控研究［J］.
中南财经政法大学研究生学报，2018（3）：16 - 22.

［38］刘玮，王戒非．多元传播环境下的媒介化社会风险
［J］．现代传播，2014（7）：164 - 165.

［39］刘宪权．网络犯罪的刑法应对新理念［J］．政治与法
律，2016（9）：2 - 12.

［40］刘宪权．网络造谣、传谣行为刑法规制体系的构建与完
善［J］．法学家，2016（6）：105 - 119.

[41] 刘兴凯．"大 V"的网络生态乱象及其规制［J］．内蒙古社会科学（汉文版），2014（5）：155-159．

[42] 刘艳红．环境犯罪刑事治理早期化之反对［J］．政治与法律，2015（7）：2-13．

[43] 刘艳红．网络时代言论自由的刑法边界［J］．中国社会科学，2016（10）：134-152．

[44] 楼伯坤，王静．网络传播有害信息刑法规制初探［J］．广东行政学院学报，2014（6）：66-71．

[45] 罗勇．论"网络服务提供者"的法律界定：以中日比较为中心［J］．学术交流，2016（6）：95-101．

[46] 马克昌．我国刑法也应以谦抑为原则［J］．云南大学学报（法学版），2008（5）：1-5．

[47] 马民虎，马宁．网络与信息安全法的定位［J］．中国信息安全，2014（9）：62-65．

[48] 毛玲玲．传播淫秽物品罪中"传播"行为的性质认定："快播案"相关问题的刑事法理评析［J］．东方法学，2016（2）：68-76．

[49] 梅夏英．数据的法律属性及其民法定位［J］．中国社会科学，2016（9）：164-183．

[50] 莫洪宪，王树茂．刑法谦抑主义论纲［J］．中国刑事法杂志，2004（1）：13-24．

[51] 聂磊．新媒体环境下大数据驱动的受众分析与传播策略［J］．新闻大学，2014，（2）：129-132．

[52] 皮勇．论网络服务提供者的管理义务及刑事责任［J］．法商研究，2017（5）：14-25．

[53] 皮勇．全球化信息化背景下我国网络恐怖活动及其犯罪

立法研究：兼评我国《刑法修正案（九）（草案）》和《反恐怖主义法（草案）》相关反恐条款 [J]. 政法论丛，2015（1）：68-79.

[54] 曲新久. 论侵犯公民个人信息犯罪的超个人法益属性 [J]. 人民检察，2015（11）：5-9.

[55] 时延安. 以刑罚威吓诽谤、诋毁、谣言?：论刑罚权对网络有害信息传播的干预程度 [J]. 法学论坛，2012（4）：13-19.

[56] 孙道萃. 网络犯罪治理的基本理念与逻辑展开 [J]. 学术交流，2017（9）：128-135.

[57] 孙道萃. 网络刑法知识转型与立法回应 [J]. 现代法学，2017（1）：117-131.

[58] 孙道萃. 网络直播刑事风险的制裁逻辑 [J]. 暨南学报（哲学社会科学版），2017（11）：60-70.

[59] 孙国祥. 集体法益的刑法保护及其边界 [J]. 法学研究，2018（6）：37-52.

[60] 孙万怀，卢恒飞. 刑法应当理性应对网络谣言：对网络造谣司法解释的实证评估 [J]. 法学，2013（11）：3-19.

[61] 孙万怀. 论民意在刑事司法中的解构 [J]. 中外法学，2011（1）：143-160.

[62] 童伟华. 日本刑法中违法性判断的一元论与相对论述评 [J]. 河北法学，2009（11）：169-172.

[63] 涂龙科. 网络服务提供者的刑事责任模式及其关系辨析 [J]. 政治与法律，2016（4）：108-115.

[64] 万晨，靖鸣. 微信群表达失范及其边界 [J]. 新闻爱好者，2018（3）：22-26.

[65] 王飞跃. 犯罪工具没收研究 [J]. 中外法学, 2010 (4): 615 - 629.

[66] 王华伟. 网络服务提供者刑事责任的认定路径: 兼评快播案的相关争议 [J]. 国家检察官学院学报, 2017 (5): 3 - 32.

[67] 王娟娟. 微博言论的自由与规制 [J]. 法学杂志, 2012 (12): 73 - 77.

[68] 王骏. 违法性判断必须一元吗?: 以刑民实体关系为视角 [J]. 法学家, 2013 (5): 131 - 147.

[69] 王迁. 搜索引擎提供 "快照" 服务的著作权侵权问题研究 [J]. 东方法学, 2010 (3): 126 - 139.

[70] 王肃之. 网络犯罪法益的公共化与刑法回应路径探析 [J]. 北京邮电大学学报 (社会科学版), 2017 (2): 7 - 16.

[71] 王莹. 网络信息犯罪归责模式研究 [J]. 中外法学, 2018 (5): 1302 - 1323.

[72] 王永茜. 论集体法益的刑法保护 [J]. 环球法律评论, 2013 (4): 67 - 80.

[73] 王永茜. 论现代刑法扩张的新手段: 法益保护的提前化和刑事处罚的前置化 [J]. 法学杂志, 2013 (6): 123 - 131.

[74] 王勇. 媒介融合环境下网络有害信息传播与治理研究述评 [J]. 昆明理工大学学报 (社会科学版), 2013 (1): 79 - 85.

[75] 翁洁. 论对我国网络服务提供者的法律界定 [J]. 新疆教育学院学报, 2017 (3): 86 - 92.

[76] 邬焜. 中国信息哲学核心理论的五种范式 [J]. 自然辩证法研究, 2011 (4): 48 - 53.

[77] 向玉兰. 关于规制垃圾信息的立法思考 [J]. 企业经济, 2009 (3): 190 - 192.

［78］肖峰．重勘信息的哲学含义［J］．中国社会科学，2010（4）：32 – 43.

［79］谢望原．论拒不履行信息网络安全管理义务罪［J］．中国法学，2017（2）：238 – 255.

［80］徐卫东，李洁，等．刑法谦抑在中国：四校刑法学高层论坛［J］．当代法学，2007（1）：3 – 23.

［81］许哲，刘会玲．自媒体语境下把关人理论之重构：从渠道模式到营销模式［J］．编辑之友，2018（2）：74 – 79.

［82］阎二鹏．犯罪的网络异化现象评析及其刑法应对路径［J］．法治研究，2015（3）：48 – 54.

［83］颜廷．美国政治言论自由的限度［J］．南京大学学报（哲学．人文科学．社会科学版），2010（4）：35 – 43.

［84］杨彩霞．网络服务提供者刑事责任的类型化思考［J］．法学，2018（4）：162 – 172.

［85］杨绪峰．反思与重塑：刑法上类推解释禁止之研究［J］．环球法律评论，2015（3）：5 – 30.

［86］姚贝，王拓．法益保护前置化问题研究［J］．中国刑事法杂志，2012（1）：27 – 33.

［87］叶亚杰．论刑法谦抑性的价值与整合［J］．河北法学，2016（12）：110 – 115.

［88］尹建国．我国网络有害信息的范围判定［J］．政治与法律，2015（1）：102 – 113.

［89］于波．论网络中介服务商承担审查义务的合理性［J］．兰州学刊，2014（1）：169 – 175.

［90］于冲．侵犯公民个人信息罪中"公民个人信息"的法益属性与入罪边界［J］．政治与法律，2018（4）：15 – 25.

[91] 于志刚,郭旨龙."双层社会"与"公共秩序严重混乱"的认定标准 [J]. 华东政法大学学报,2014(3):134-133.

[92] 于志刚,郭旨龙. 网络恐怖活动犯罪与中国法律应对:基于100个随机案例的分析和思考 [J]. 河南大学学报(社会科学版),2015(1):11-20.

[93] 于志刚."双层社会"中传统刑法的适用空间:以"两高"《网络诽谤解释》的发布为背景 [J]. 法学,2013(10):102-110.

[94] 于志刚. 全媒体时代与编造、传播虚假信息的制裁思路 [J]. 法学论坛,2014(2):92-100.

[95] 于志刚. 网络"空间化"的时代演变与刑法对策 [J]. 法学评论,2015(2):113-121.

[96] 于志刚. 网络空间中犯罪帮助行为的制裁体系与完善思路 [J]. 中国法学,2016(2):5-24.

[97] 于志刚. 网络思维的演变与网络犯罪的制裁思路 [J]. 中外法学,2014(4):1045-1058.

[98] 喻国明,张超,等."个人被激活"的时代:互联网逻辑下传播生态的重构:关于"互联网是一种高维媒介"观点的延伸探讨 [J]. 现代传播,2015(5):1-4.

[99] 袁会,谢耘耕. 公共事件网络谣言的造谣者研究:基于影响较大的118条公共事件网络谣言的内容分析 [J]. 新闻记者,2015(5):58-65.

[100] 袁林. 超越主客观解释论:刑法解释标准研究 [J]. 现代法学,2011(1):163-172.

[101] 张东平. 传媒与犯罪的相关性解构与重构 [J]. 兰州学刊,2015(2):143-148.

［102］张建松 . "公私域"视野下的微信传播属性［J］. 青年记者，2017（32）：4 – 5.

［103］张明楷 . 论帮助信息网络犯罪活动罪［J］. 政治与法律，2016（2）：2 – 16.

［104］张明楷 . 论刑法的谦抑性［J］. 法商研究（中南政法学院学报），1995（4）：55 – 62.

［105］张明楷 . 网络诽谤的争议问题探究［J］. 中国法学，2015（3）：60 – 79.

［106］张明楷 . 网络时代的刑法理念：以刑法的谦抑性为中心［J］. 人民检察，2014（9）：6 – 12.

［107］张明楷 . 网络时代的刑事立法［J］. 法律科学（西北政法大学学报），2017（3）：69 – 82.

［108］张秋 . 面对网络有害信息，刑法如何"亮剑"［J］. 人民论坛，2017（12）：106 – 107.

［109］张铁军 . 帮助信息网络犯罪活动罪的若干司法适用难题疏解［J］. 中国刑事法杂志，2017（6）：38 – 48.

［110］张西明 . 从 Non – Regulation 走向 Regulation：网络时代如何保障言论自由［J］. 法学，2001（7）：47 – 54.

［111］张新宝，林钟千 . 互联网有害信息的依法综合治理［J］. 现代法学，2015（2）：53 – 66.

［112］张宇润 . 网络有害信息法律管制之我见［J］. 法学杂志，2005（2）：128 – 130.

［113］赵秉志 . 略谈惩治淫秽电子信息犯罪的司法解释［J］. 法制资讯，2010（2）：21 – 23.

［114］周翔，李镓 . 网络社会中的"媒介化"问题：理论、实践与展望［J］. 国际新闻界，2017（4）：137 – 154.

［115］周永坤．网络实名制立法评析［J］．暨南学报（哲学社会科学版），2013（2）：2-7.

［116］祝振媛，李广建．"数据—信息—知识"整体视角下的知识融合初探：数据融合、信息融合、知识融合的关联与比较［J］．情报理论与实践，2017（2）：12-18.

［117］左坚卫．互联网有害信息的界定和相关行为的处理刍议［J］．网络信息安全，2005（6）：35-36.

［118］ALEX C M. Dissemination of harmful matter to Minors over the Internet［J］．Seton Hall constitutional law journal，2001，12（1）：163-248.

［119］BILODEAU S. Responding to cybercrime［J］．LawNow，2003，27（5）：75-77.

［120］BOBA R. Using the Internet to disseminate crime information［J］．FBI law enforcement bulletin，1999，68（10）：6-9.

［121］BRENNER J E. Paying the pied piper：an examination of Internet service provider liability for third party Speech［J］．Pittsburgh journal of technology law and policy，2016，16（2）：155-182.

［122］CHOI B H. The anonymous Internet［J］．Maryland law review，2013，72（2）：501-570.

［123］CLOUGH J. Cybercrime［J］．Commonwealth law bulletin routledge，2011，37（4）：671-680.

［124］EMILY B L. A framework for identifying Internet information gatekeepers［J］．International review of law，computers & technology，2010，24（3）：263-276.

[125] GOLDMAN E. The ten most important section 230 rulings [J]. Tulane journal of technology and intellectual property, 2017, 20: 1 – 10.

[126] HABIB J. Cyber crime and punishment: filtering out Internet felons [J]. Media & entertainment law journal, 2004, 14 (4): 1051 – 1092.

[127] HARRIS C, Rowbotham J, Stevenson K. Truth, law and hate in virtual marketplace of ideas: perspectives on the regulation of Internet content [J]. Information & communications technology law, 2009, 18 (2): 155 – 184.

[128] HERMES J. Section 230 as gatekeeper [J]. Litigation, 2017, 43 (3): 34 – 41.

[129] JOHN C. Regulating Internet content: a co – regulatory approach [J]. University of New South Wales law journal, 2000, 23 (1): 198 – 204.

[130] JUDIT B. Liability of Internet service providers for third party content [J]. Victoria University of Wellington working paper series, 2008: 1 – 110.

[131] LAGESON S E. Crime data, the Internet, and free speech: an evolving legal consciousness [J]. Law & society review, 2017, 51 (1): 8 – 41.

[132] LARSON W C. Internet service provider liability: imposing a higher duty of care [J]. Columbia journal of law & the arts, 2014, 37 (4): 573 – 584.

[133] LOZA D S E. Cyber security and cybercrime [J]. Landslide, 2015, 8 (2): 6 – 11.

［134］MASKUN A M, et al. Cyber security: rule of use Internet safely? ［J］. Journal of law, policy and globalization, 2013, 15: 20 - 24.

［135］MEZEI K. Cyberterrorism and the terrorist use of the Internet ［J］. Law series of the annals of the West University of Timisoara, 2018 (2): 21 - 34.

［136］NICOLA L. Internet content governance and human rights ［J］. Vanderbilt journal of entertainment and technology law, 2014, 16 (4): 809 - 856.

［137］ROLF H W. Internet service provider liability: the Swiss perspective ［ J ］. Journal of intellectual property, information technology and electronic commerce law, 2010, 1 (3): 145 - 150.

［138］SAINT H. Section 230 of the communications decency Act: the true culprit of Internet defamation ［ J ］. Loyola of Los Angeles entertainment law review, 2015, 36 (1): 39 - 70.

［139］SMITH L. The new challenges of cybercrime ［J］. Federal sentencing reporter, 2008, 20 (5): 356.

［140］U. S. Department of Commerce, Technology Administration, National Institute of Standards and Technology. FIPS Publication 199 Standards for Security Categorization of Federal Information and Information Systems. 2004.

［141］WALL D S. Cybercrime, media and insecurity: the shaping of public perceptions of cybercrime ［ J ］. Computers & technology, 2008, 22 (1 - 2): 45 - 64.

［142］SUN Z. Research on the Internet service provider's criminal liability in the perspective of Internet rumor crime ［ J ］.

China legal science，2016，4（4）：118 – 141.

　　［143］ASHFORD C. Internet rights，Internet wrongs ［J］. Information & communications technology law，2006，15（3）：207 – 210.

　　［144］林紘一郎．情報法の客体論：「情報法の基礎理論」への第一歩［J］．情報通信学会誌，2011，29（3）：37 – 48.

　　［145］千代原亮一．サイバー暴力とサイバー侮辱罪［J］日本情報経営学会誌，2010，30（3）：88 – 98.

三、报纸文章

　　［1］杨雪．"老外街头扶大妈遭讹 1800 元"事件调查［N］.中国青年报，2013 – 12 – 04（5）.

　　［2］陈兴良．在技术与法律之间：评快播案一审判决［N］.人民法院报，2016 – 09 – 14（3）.

　　［3］李永升，袁汉兴．正确把握刑法中的信息网络管理义务［N］.人民法院报，2017 – 04 – 26（6）.

　　［4］邵长军．国外重拳打击网络政治谣言：国际视野［N］.人民日报，2017 – 11 – 27（23）.

　　［5］张贺．网络直播当纳入法治轨道［N］.人民日报，2018 – 08 – 23（5）.

四、学位论文

　　［1］崔德华．西方风险社会理论及对我国构建社会主义和谐社会的启示［D］.济南：山东大学，2008.

　　［2］高德胜．信息犯罪研究［D］.长春：吉林大学，2008.

　　［3］黄琰．信息刑法基本问题研究［D］.武汉：武汉大

学，2012.

[4] 王艳. 民意表达与公共参与：微博意见领袖研究 [D].
北京：中国社会科学院研究生院，2014.

[5] 王玉华. 网络公共事件传播中微博伦理失范与规制研究
[D]. 合肥：中国科学技术大学，2014.

[6] 张化冰. 互联网内容规制的比较研究 [D]. 北京：中国
社会科学院研究生院，2011.

[7] 张丽. 论刑罚对犯罪的制约 [D]. 成都：西南财经大
学，2009.

[8] 赵文胜. 论信息安全的刑法保障 [D]. 武汉：武汉大
学，2014.

[9] 周新. 淫秽电子信息犯罪研究 [D]. 武汉：武汉大
学，2014.